株式会社アトラエ
**Wevox チーム・田中 信**

Engagement

わたしたちの

# エンゲージメント
Engagement Practice Book for
**ENGAGEMENT
RUNNERS!**
実践書

日本能率協会マネジメントセンター

**Engagement Runner**（略称：ER）

「Run ＝実践、実行、活動の推進、運営」する者という意味が込められた、エンゲージメントを実践し、広げていく人たちを意味する造語であり、本書の重要キーワード

## 組織をよくするのは、わたしたちだ

みなさんは、どのような想いを持ち、この本を手に取っていただいたでしょうか?

本書は、エンゲージメント活動を推進する全ての「Engagement Runners」（エンゲージメントを実践し、広げていく人たちを意味する造語。以下、ER）に必要な、知識、考え方、アクション、スキルやスタンスを届けるために作られました。

エンゲージメントは一人ひとりが当事者であり、主人公であることを前提とした考え方です。そのため、ERをはじめとした組織の全ての人の、日々の「実践」が肝となってきます。頭だけで解決するものではなく、対話をしたり、ワークをしたりといった様々なアクション（=Run）と共に向き合うことがエンゲージメントには大切になってくるのです。

そんな実践を組織の中に生み出していくERにとって、最も大切なのはスキルの高さや知識量ではなく、「いい組織にしたい」「全員に活き活きと働いてほしい」といった真っ直ぐな想いです。

たとえ、スタートは誰かからの指示だったとしても、あなたの心の片隅に少しでも人や組織に対する想いがあれば、ERとして活躍する可能性が無限大に広がっていきます。この本を手に取った時点で、大きな拍手を送りたいぐらいです。

ただし、当然ながら想いだけでは、成果を出すことはできません。エンゲージメントは目に見えないものであり、一朝一夕でわかりやすい成果が出るものではありません。エンゲージメントの実践を組織に根付かせていくには、専門的なスキル、豊富なアプローチやアクションの引き出し、適切なスタンスなどが必要となってきます。

本書では、こうしたERにとって必要な知識や手法を実践的な観点で解説していきます。この本を通じて、あなた自身や組織全体のエンゲージメント実践力を高めてほしいと思っています。

この本は、頭から順番に読まなくても問題ありません。今、あなたの目の前にあるタスクやミッションに必要な箇所から読んでみてください。あるいは目次を眺めて、気になった箇所から読むのもいいでしょう。

「実践書」と名付けているように、常に机の片隅に置き、時には片手に持ちながら、日々のエンゲージメント活動のパートナーとして、この本を使っていただきたいです。この本は「読む」のではなく、「使う」ことで初めてその真価を発揮します。

組織づくりは得てして、堅くて、難しいものだと捉えられがちです。しかし、私たちは組織づくりはもっと楽しく、ワクワクするものだと思っています。

あなたにも、ワクワクしながらエンゲージメント活動に取り組んでほしい。ゲームのように、一つひとつのミッションを楽しく攻略していってほしい。こうした背景から、本書の構成やブックデザインは「ゲームの攻略本」からいくつかのヒントを得ています。

そして、もう一つ、この本に込めたのが、読者それぞれにとっての「実践」が生まれる本にしたい、という思いです。

組織づくりに正解はありません。どうすればエンゲージメントを感じられるか、どうすれば組織のエンゲージメント活動が促進されるか。「これ」という答えはないのです。

この本に書かれていることをヒントに、自分たちなりの正解を探してほしい。その結果、「これが、わたしたちのエンゲージメントの実践だ」と言える方法を見つけてほしい。そうした思いを『わたしたちのエンゲージメント実践書』という書名に込めました。

さて、イントロダクションはこのくらいにして、さっそくエンゲージメント実践の旅に出かけるとしましょう。

そうそう、目次をめくった後にある「Engagement Runner への問い」が投げかけられますが、びっくりしないようにしてくださいね。

それでは、はじめましょう！

# 目次

## ER マトリクス−アクション編

## 対話 & TEAM EXPERIENCE 編

## スキル＆スタンス編

※本書に記載した URL 閲覧日は 2025 年 1 月 29 日です。

# Engagement

# Engagement Runner への問い

あなたは
自分の仕事、自分がいる組織について
どう感じていますか？

　この問いは、あなたがエンゲージメント活動を通じて、いずれ（あるいは最初に）向き合うこととなる問いです。そして、職場の人たちにも同様に、向き合ってもらう問いとなります。

　この問いを見て、びっくりした人、うぅっとなった人、さっさとノウハウを教えてほしいと思った人が多いのではないでしょうか。そうした反応は誰しもが持つものだと思います。

　今は、明確な答えが自分の中になくても、この問いの意味について理解できていなくても、何も問題ありません。

　一つだけ覚えておいてほしいのが、あなたがこの問いと向き合い、自分なりの答えを見つけていくことが、組織のみんなが活き活きと働き、最大限の力を発揮できる未来へと繋がっていくということです。

　どうやったら、そうなるの？というナゾトキも含めて、本書を片手にエンゲージメント活動を楽しんでみてください！

# 基礎知識編

なぜ、エンゲージメント活動が必要なのか、ER としてあなたは
どのような役割を担うのか。
これら、エンゲージメント活動を推進していく上で必要な基礎知
識について、「エンゲージメント活動とは？」「エンゲージメント
活動の全体像」「Engagement Runner とは？」の三つのパートで
解説します。

# エンゲージメント活動とは?

エンゲージメントとはどういう考え方なのか、
エンゲージメント活動が組織に
どのような変化をもたらすかを解説していきます。

## そもそもエンゲージメントとは何か?

### ■ エンゲージメントとは ポジティブに働いている心理状態

　まずは、エンゲージメント活動の根底となる「エンゲージメント」とはどういう考え方なのかについて理解を深めていきましょう。

　エンゲージメントについて、最も平易な言い方をするのであれば、「ポジティブに働いている心理状態」となります。このポジティブな気持ちで働いている状態をイメージして、「活き活きと働ける状態」と表現されることもあります。もう少し難しい言い方で定義すると「組織や仕事に対して自発的な貢献意欲を持ち、主体的に取り組んでいる心理状態」となります。

　本書におけるエンゲージメントのベースとなる考え方として、「ワーク・エンゲイジメント」があります。ワーク・エンゲイジメントは、オランダ・ユトレヒト大学のシャウフェリ教授らによって提唱された概念です。そして、この概念を日本に広めた第一人者が、慶應義塾大学の島津明人教授です。Wevoxは島津教授からの監修を受けており、私たちが考えるエンゲージメントはワーク・エンゲイジメントに大きな影響を受けています。

　島津教授は著書『ワーク・エンゲイジメント　ポジティブメンタルヘルスで活力ある毎日を』(労働調査会)の中で、〝ワーク・エンゲイジメントは仕事に関連するポジティブで充実した心理状態であり、活力、熱意、没頭によって特徴づけられる〟とシャウフェリ教授による定義を紹介しています。活力、熱意、没頭についても同書を引用してみましょう。

**「活力」**はエネルギッシュで、傷ついてもへこたれずに立ち直るこころの回復力、仕事に対する惜しみない努力、粘り強い取り組みなどで特徴づけられます。**「熱意」**は、仕事への深い関与、仕事に対する意義や熱意、ひらめき、誇り、挑戦の気持ちなどで特徴づけられます。**「没頭」**は、仕事に集中し、幸せな気持ちで夢中になることから、時間経過の速さ、仕事から離れることの難しさなどで特徴づけられます。

この解説を少し噛み砕いて整理してみると、「仕事から活力を得て活き活きとしている(活力)」、「仕事に誇りややりがいを感じている(熱意)」、「仕事に熱心に取り組んでいる(没頭)」の三つの要素が、活き活きと働けるかどうかに関わってくる、と言えるでしょう。

加えて、ワーク・エンゲイジメントの高い組織は生産性が高いという実験結果が、複数の研究で繰り返し示されました。

我々 Wevox がトランスコスモス株式会社と行った共同研究でも、エンゲージメントと生産性の相関関係は示されていました(図1)。

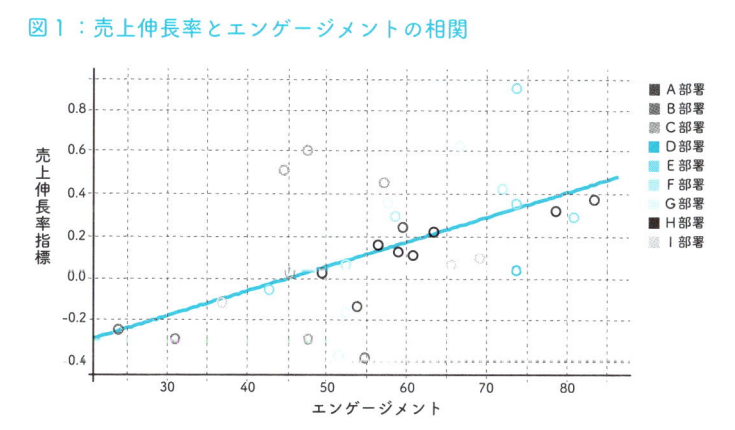

図1:売上伸長率とエンゲージメントの相関

株式会社アトラエ、トランスコスモス株式会社
「エンゲージメントと生産性の関係及び昇格基準改定の
エンゲージメントへの影響度合いに関する共同研究」より

## 従業員満足、モチベーションとの違い
## ～鍵を握る「対話」～

　つづいて、「従業員満足、モチベーション」との違いについて見ていきましょう。エンゲージメントと従業員満足、モチベーションはどれも人やチーム・組織を良くするための考えですが、似たような考え方のため、よく混同されがちです。

　しかし、図2を見てわかるように、それぞれの観点によって意味や、個人と組織との関係性に違いがあります。ここでは「組織と個人の関係性」と「主体は誰なのか」に着目していきましょう。

　（なお、図2にて、エンゲージメントの向上の効能に記載してある「組織活力向上」については、P.333のコラムにて解説しています）

### 図2：エンゲージメントと従業員満足、モチベーションの違い

| | エンゲージメント | 従業員満足 | モチベーション |
|---|---|---|---|
| 説明 | 組織や仕事に対する愛着・思い入れや、それに伴う自発的な貢献意欲 | 職場環境や待遇、人間関係等への満足 | 目標や行動を起こすための内的・外的な意欲 |
| 目指す状態 | 個人↔組織の Win-Win な関係性をつくり、従業員が自ら「組織に貢献したい」と思う状態 | 個人が組織から得る報酬の量・質を高めたり、ストレス要因を取り除いたりすることで、従業員が「ここで働くのが心地良い」と感じる状態 | 従業員の意欲を高めて「これを達成したい」と感じる状態 |
| 取り組みの主体 | 人事・経営・マネージャー・メンバーがお互いに（同じ者同士も含めて） | 人事・経営→従業員 | （人事・経営→）マネージャー→メンバー |
| 代表的な取り組み例 | 企業理念の浸透　キャリア形成支援　社内コミュニケーションの活性化 | 福利厚生の充実　職場環境の改善　給与・人事制度の見直し | 明確な目標設定　成長機会の提供　評価の伝え方の見直し |
| 向上の効果 | 上げにくいが持続性がある（関係性の構築のため、時間がかかる） | 即効性があるが持続しにくい（時間と共に効果が薄れていく） | 即効性があるが持続しにくい（時間と共に効果が薄れていく） |
| 向上の効能 | 組織活力向上　離職率低下　組織カルチャーの強化 | 離職率低下　ストレス軽減　健康管理の向上 | 個々人の業務パフォーマンス向上　課題解決能力向上 |
| サッカー選手で例えると | チームのために全力を尽くす | 練習環境やチームの雰囲気に満足する | ゴールを決めたいと強く思う |

## 従業員満足

経営からメンバーへ働きかけることで変動する。メインプレーヤーは経営、人事であり、メンバーが従業員満足を高めるために考えたり、行動することはほぼない。組織が一方的にメンバーに与えるものとも言える。

### 重要アクション→経営によるハード / ソフトの働く環境の改善

## モチベーション

周囲（マネージャーや同僚）や組織との関係性を考慮せず、個人単体だけで高められるものでもある。職場においては、マネージャーがメインプレーヤーとなってメンバーのモチベーションを高めようと取り組むことが多い。メンバーは受け身のスタンスになりやすい。

### 重要アクション→マネージャーによる指導

## エンゲージメント

組織やマネージャーと個人が対等な関係性において、相互に影響し合うことで変動する。職場の一人ひとりがメインプレーヤーであり、経営や人事も当事者として活動を支援する。個人単体では成立せず、エンゲージメントの変動には必ず周囲（マネージャーや同僚）や組織との関係性が影響する。

### 重要アクション→職場内あるいは職場と経営の対話

このように、組織、周囲（マネージャーや同僚）、個人の関係性で見ると、それぞれの考え方には大きな違いがありますが、「活き活きと働く」ためには、エンゲージメントの考えが大切になってきます。

エンゲージメントは組織、周囲、個人のそれぞれの関係性が根本にあるものであり、「個人だけ」「マネージャーだけ」「組織だけ」の働きかけでは変動しない、あるいは一部にしか影響を与えないという考え方です。

そのため、エンゲージメントと向き合う上で大切になってくるのが、双方の考え方や捉え方、前提となる価値観について理解を深め、そして双方にとって納得のいく解を探っていくための「対話」です。対話については

基礎知識編

「対話 & TEAM EXPERIENCE 編」P.295 で詳しく解説しています。

まずここでは、

- エンゲージメントは従業員満足やモチベーションと違い、個人と周囲、組織との関係性によって変動する
- 全員がメインプレーヤーであり、対話が重要アクションとなってくる

ということを覚えておきましょう。

## とあるメンバーのエンゲージメントの例

エンゲージメントは目に見えないものであり、どうしても抽象的な話が多くなってしまいます。そこで、実際に人がエンゲージメントをどう感じるかを、図3を参考に見ていきましょう。

図3は、「自分にとってエンゲージメントを感じるとはどういうことか？」を整理するためのワークシートです（詳しくは「エンゲージメントの体感と実践編」P.271 で解説）。それぞれ自分が仕事のどういうときに、エンゲージメントに繋がる「活力、熱意、没頭」を感じたかを書き出しています。

この図3を書いた Wevox チームのメンバーに、話を聞いてみましょう。

「私は、チームが一丸となって、共通の目標に向かって進んでいるときにエンゲージメントを強く感じます。こうした状況では、メンバー間のコミュニケーションが活発で、それぞれの役割や責任が明確になるため、自分が貢献している実感が得られます。一方で、進むべき方向が見えにくい状況や、挑戦が思い切りできない時はマイナスな方向に行きやすいです。そういう時は、やりがいや成長実感を感じにくくなり、集中力が散漫になりがちです」

こうして言葉にしてみると、エンゲージメントというぼんやりとしたものが、実は日々の仕事における、自身の感情の変化と密接に関わっていることがわかるかと思います。

このように、自分がどんな時に活力、熱意、没頭を感じるかを書き出してみることで、実際に日常のどのような要素が自分のエンゲージメントに

影響を与えるのかを、具体的に発見することができます。

図3：とあるメンバーの活力、熱意、没頭を感じている瞬間

| 項目 | 活力 | 熱意 | 没頭 |
| --- | --- | --- | --- |
| 説明 | 日々の仕事を通じてエネルギーがみなぎっている | 仕事や組織に熱意や誇りを感じている | 仕事をしているとつい夢中になっている |
| どういう瞬間に感じましたか？ | お客様からサービスに対してのポジティブなフィードバックや感謝の言葉をいただいた瞬間 | チームのメンバーと共に共通の目標に向かって動いている | クラス資料を作成してる瞬間 |
| どういう要素が必要ですか？ | 他人からの感謝の言葉関わる人の変化や成長実感 | ゴールに向かって信頼できる仲間と切磋琢磨してること | 創造性の発揮 |

# エンゲージメント活動がなぜ必要か？

## エンゲージメントと仕事のパフォーマンスの関係性

つづいて、「エンゲージメント活動」の意味について考えていきましょう。エンゲージメント活動とは本書のメインテーマであり、Engagement Runner であるみなさんが取り組んでいく組織的な活動となります。

エンゲージメント活動がどういう意味を持つのか考えていく上で、JD-R モデルという理論を参照したいと思います。

この JD-R モデルは先述のシャウフェリ教授を含む研究者たちによって提唱されたもので（Demerouti, E., Bakker,A. B., Nachreiner, F., & Schaufeli, W. B.（2001）. The Job Demands-Resources Model of Burnout. *Journal of Applied Psychology, 86*（3）, 499–512.)、ワーク・エンゲイジメントのメカニズムとして、一般的な理論となっています。

その後の様々な研究によって JD-R モデルは拡張され、ジョブ・クラフティング等の新しい概念を内包したいくつかのバージョンが提唱されていますが、本書では、東京都立大学大学院教授の高尾義明教授の論文内（ジョブ・クラフティングの可能性の多角的検討　日本労働研究雑誌）で翻訳されている、2014 年に提唱された JD-R モデル（Bakker, A.B. & Demerouti, E.（2014）. Job Demands–Resources Theory：Taking Stock and Looking Forward. *Journal of Occupational Health Psychology, Vol 86,* No.3, 499-512 Figure 3.1）. を参照していきます。

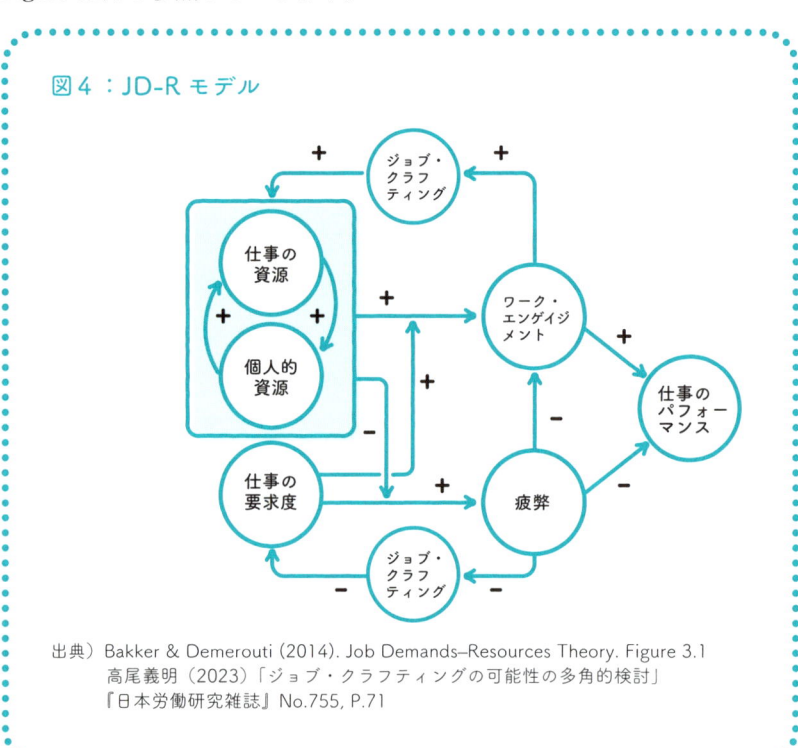

図4：JD-R モデル

出典）Bakker & Demerouti（2014）. Job Demands–Resources Theory. Figure 3.1
　　　高尾義明（2023）「ジョブ・クラフティングの可能性の多角的検討」
　　　『日本労働研究雑誌』No.755, P.71

　図4にある「仕事の資源」とは、業務を遂行したりキャリアを積んでいく上で、あなたの助けになるものです。例えば、上司からの支援やキャリア成長の機会、裁量ある働き方、適切なフィードバック……などが挙げられます。「個人的資源」とは、いい心理状態になるための助けになるもので、

自己効力感や仕事に対する楽観性などが挙げられます。

「仕事の要求度」は仕事による負荷を意味し、精神的・物理的な負荷や、業務の難易度・複雑性のことを言います。

資源と要求のバランスが整っているとワーク・エンゲイジメントは高まりますが、要求が過多になるとバーンアウト（燃え尽き症候群）のリスクがあります。

例えば、難易度の高い仕事に取り組んでいるにも関わらず、上司からの支援がなかったり、成長機会をもらえなかったりすると、疲弊がたまりバーンアウトしてしまうリスクが高まります。また、仕事の要求度が低すぎる場合には、退屈や無気力に陥る可能性があります。

このように、JD-R モデルからはワーク・エンゲイジメントの変動には、どのような要素が関係しているかがわかります。

そして、もう一つ着目してほしいのが図4の最も右側にある「仕事のパフォーマンス」です。これは、ワーク・エンゲイジメントが高いほど、仕事のパフォーマンスが高まるメカニズムであることを意味しています。

本書におけるエンゲージメントにおいても、このメカニズムを裏付ける研究結果が出ていることは、P.3 でも触れた通りです。

以上から、仕事、個人の資源と要求度のバランスによってエンゲージメントは変動する。エンゲージメントが変動することで、仕事のパフォーマンスにも影響を与える。こうした関係性が JD-R モデルからは読み解けることがわかります。

## エンゲージメント活動によって 組織力を高める

前項にて、エンゲージメントを高めることが仕事のパフォーマンスに繋がることを JD-R モデルをベースに解説してきました。これらの理論的な背景をベースに、私たちがこれまで多くの組織を支援してきた経験値を加えながら、エンゲージメント活動の意味づけをしていきたいと思います。

まず、本書において「エンゲージメントを高める」という表現を、できる限り「エンゲージメントを体感する、実践する」と表現するようにして

基礎知識編

います。

　その背景として、私たちがエンゲージメントサーベイを提供していることがあります。エンゲージメントサーベイを導入し、エンゲージメントを定量化、スコア化すると、どうしても「スコアを上げればいい or 上げないといけない」という短絡的な発想を持ってしまいがちです。

　そうすると、私たちが大事にしている対話や組織と個人の対等な関係というものをスルーして、組織が個人のエンゲージメントスコアを上げるように（強引に）働きかける……という本質とはズレた活動になるリスクが出てきてしまいます。

　こうした誤解、ミスリードを少しでも減らすため。また、エンゲージメント活動は、個々人が自分なりのエンゲージメントを発見し自らの意志で高めていく、その手伝いをするものであるという意味を込め、本書では「エンゲージメントを体感する」という表現を使います。

　そして、「エンゲージメントを体感できる」ような、対話をはじめとした様々なアクションを起こすことを「エンゲージメントを実践する」と表現しています。

　また、JD-R モデルにある「仕事のパフォーマンス」の延長線上にある考え方として、私たちは「組織力」という言葉を用いています。

　組織力とは、組織が事業成果を出したり、ビジョンを達成したり、創造的価値を生み出したりするための力のことを指しています。組織力については、コラム「激変する社会で進化し続ける『組織力』の視点」（P.333）にて解説しています。

　これらのことを踏まえ、私たちはエンゲージメント活動を行う意味を「一人ひとりのエンゲージメントの体感と実践を通じて、組織力を向上する」ことにあると考えています。

# エンゲージメントが
成果に繋がる組織

ここまでの話を頭では理解しつつも、エンゲージメントの体感がどう組織力と繋がっているのかイメージしづらい……という人もいるかと思います。

そこで、私たちがよく使う「好きなアニメや漫画、ドラマ、スポーツチームをヒントに、エンゲージメントの高いチームをイメージしてみよう」という対話のネタで出てきた意見を、紹介したいと思います。

これらは、私たちが支援しているエンゲージメント活動の推進者から出てきた意見を参考にしています。創作物や実在のチームを題材に、一人ひとりがエンゲージメントを体感することが、チームとしての結果にどう結びついていくかを、それぞれの視点で語っています。

## 漫画『SLAM DUNK』の湘北高校バスケットボール部

登場人物全員が自分の強みを活かしているし、「勝ちたい」という強い思いを持っている。だんだんとお互いの強みを理解して、背中を任せるような関係になっていくのもエンゲージメント感がある。

## スーパー戦隊シリーズ／プリキュアシリーズ

最初はバラバラだけど、回を追うごとに結束して、チームになっていく。最終的には、一人が倒れたら、誰かが敵に立ち向かっていくような、強さを持つ。その背景には、お互いのことを理解していくプロセスがあり、エンゲージメントもそうやって高まっていくと思う。

## カタールW杯のサッカー日本代表

団結力があり、全員が全力を出し切っていた。本来の力以上の力を発揮しているような選手もいて、エンゲージメントが結果に繋がるってこういうことか

と思った。負けた後「もっとこのチームで試合したかった」と言っている選手もいて、きっと選手も楽しかったんだと思う。

　一人ひとりがエンゲージメントを体感し、それが成果に繋がっているチームの強さ＝組織力の高さがより具体的にイメージできたのではないでしょうか。

　では、どうやって個人やチーム、組織のエンゲージメントの体感を生み出し、組織力の向上に繋げていけばいいのか、エンゲージメント活動の全体像の解説に移っていきましょう。

# エンゲージメント活動の全体像

ERマトリクスの活用、
体感と実践、対話という
三つの鍵をベースに解説していきます。

## エンゲージメント攻略の三つの鍵

### 図5：三つの鍵におけるERと職場の役割

**1.**
ERマトリクスを活用した
エンゲージメント活動の
推進

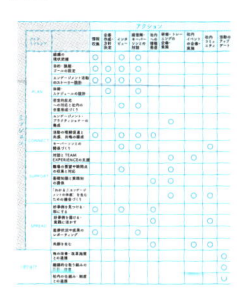

エンゲージメント活動のミッション＆アクションをリスト化した「ERマトリクス」。
ERはこのERマトリクスを片手に、組織のエンゲージメント活動の推進に取り組んでいきます。

**2.**
エンゲージメントの
体感と実践

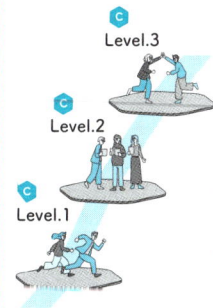

Level.3

Level.2

Level.1

Engagement Runner自身も含む個人のエンゲージメント体感をチーム、組織のエンゲージメントへと繋げていくために、三つのレベルの実践に取り組んでいきます。

**3.**
対話
TEAM EXPERIENCE

職場での対話と、チームの変化、成長を「TEAM EXPERIENCE」をもとに実践していきます。
対話を通じて、「全員がウィー・アー・ザ・チーム！」と言えるチームを目指します。

## 鍵1.
## ERマトリクスを活用したエンゲージメント活動

エンゲージメント活動を推進していく上で取り組むといい16のミッション（目的、やること）と30のアクション（手段、やり方）をリスト化したのが、「ERマトリクス」です。ERであるみなさんは、このERマトリクスを活用しながら、エンゲージメント活動の企画、社内のキーパーソンとの関係づくり、経営層とのコミュニケーション、職場の理解促進やエンゲージメントを体感する機会提供、活動のアップデート……など様々な取り組みを行っていきます。

▶詳細解説は「ERマトリクス－ミッション編」（P.59）、
「ERマトリクス－アクション編」（P.115）。

## 鍵2.
## エンゲージメントの体感と実践

個人のエンゲージメントの体感を起点に、1対1、チーム、組織と実践の範囲を広げていくために、三つのレベルの「エンゲージメントの実践」を行っていきます。

ERであるあなた自身が、「エンゲージメントを感じ、言語化できるかどうか」は、組織全体のエンゲージメント活動の推進の成否を握っていると言っても過言ではありません。冒頭に掲げた、「Engagement Runnerへの問い」が、組織のエンゲージメント、組織力の向上に繋がっていく背景も理解していくことになります。

▶詳細解説は「エンゲージメントの体感と実践編」（P.271）から。

## 鍵3.
## 対話 & TEAM EXPERIENCE

エンゲージメントは個人と組織の関係性によって変動するため、「対話」が重要となってきます。しかし、いざ「対話しよう」と言っても職場の人たちからすれば何を話せばいいのか、何のための対話なのか理解できず、実践まで進まないということもよくあります。そこで、ERが職場の

対話を支援できるようになるために、チームの変化を五段階で整理した
「TEAM EXPERIENCE」をベースに、様々なワークやチームとしての成
長のポイントについて解説します。

▶詳細解説は「対話 &TEAM EXPERIENCE 編」（P.295）。

# Engagement Runner と
# 職場のそれぞれの役割

## 図6：三つの鍵における ER と職場の役割

| 1. ER マトリクスを活用したエンゲージメント活動の推進 | 2. エンゲージメントの体感と実践 | 3. 対話 & TEAM EXPERIENCE |
|---|---|---|
|  |  |  |
| 活動定着までは、Engagement Runner が推進者としてリードしていきます。定着後は職場が主体となり活動を目指します。 | 1. ER 自身がエンゲージメントの体感と実践を行います。<br>2. 職場の人たちがエンゲージメントの体感と実践を行います。 | 主体は職場の人たち。Engagement Runner は対話とチームの成長をサポートしていきます。 |

　三つの鍵それぞれにおける、ER と職場の役割を解説します。
　「ER マトリクスを活用したエンゲージメント活動の推進」では、活動
初期～定着段階までは ER が推進者として活動をリードしていき、ER マ
トリクスに書かれた 16 のミッションと 30 のアクションを実行していきま

す。活動が組織に定着してくるに従い、最終的には職場が自ら主体的に活動に取り組む状態を目指して、推進の主体を職場に移していきます。

「エンゲージメントの体感と実践」では、ER と職場がそれぞれ並行して、エンゲージメントの波及効果を拡大していきます。ER はまず自分自身でエンゲージメントを体感し、各チーム、そして組織全体にエンゲージメントの体感と実践の輪を広げていきます。同様に職場のエンゲージメントを体感した人々も、同僚や部下（上司）へとその体感の輪を広げていきます。

たとえば、あるチームのマネージャーが、まずは自分自身のエンゲージメントの体感について考え、言語化できる状態になります。その後、興味関心のありそうな一人のメンバーに自身の体感について共有し、そのメンバーにもエンゲージメントを体感してもらいます。そして次はチームメンバー全員という範囲で、エンゲージメントの体感について話し合い、相互にエンゲージメントを体感できるような対話を重ねていきます。こういったエンゲージメントの実践が各職場に生まれていくイメージです。

最後の「対話 & TEAM EXPERIENCE」は、主に職場が主体となって推進していきます。ER の役割は、基礎知識の提供やワークの紹介、ファシリテーションなどを行うことで、職場での対話が促進されチームに変化が起きるよう支援することです。

# 先輩 Runners の
# 事例から学ぶ

　本書には、エンゲージメント活動の推進者の実際の事例を掲載していま
す。先輩 Runners とも言える方たちの、実体験に紐づく声からは、多く
の学びが得られるはずです。

　事例には、推進者視点で活動の全体的な流れを話してもらう「エンゲー
ジメントストーリー」と、ERマトリクスの各アクションに紐づいた「フォー
カス事例」の二種類があります。

　ER にとって事例を読み解き、自身の学びとしていく姿勢はとても重要
です。しかし、いずれの事例もあなたにとっての「正解」となるとは限り
ません。組織の状態や推進者の考え方、価値観はバラバラです。そのため、
同じことをマネしたとしても成功するとは限らないのです。

　先輩 Runners の実体験から、自組織や自身にとって参考となる話はな
いか。自組織、自身で取り入れるとしたら、「どうすればうまくいきそうか」
ということを考えながら、ぜひ事例を読み解いてほしいと思います。

　それから、先輩 Runners の事例を見ると「みんなすごい人たちばかり。
それに比べて自分は……」と自信をなくしてしまう人もいるかもしれませ
ん。しかし、先輩 Runners たちもみんな、手探り状態の中で「これでい
いのかな」と取り組みをし続けてきましたし、今も続けているはずです。
誰しもが、最初からうまくできていたわけではないということを、ぜひ頭
に入れて読んでみてください。

# Engagement Story
## エンゲージメントストーリー①

## 東宝株式会社

自分たちの組織を、自分たちでよくしていく。
そんな組織を目指していきたい。

コーポレート本部
人事部 ワークスタイル企画室
**角倉 加奈子さん**
エンゲージメント活動とサーベイの導入を発案。
現在はワークスタイル企画室にてエンゲージメント活動
の事務局運営と健康経営、労政等に関する業務に携わっている。
※取材時（2024年4月）の部署です。

　東宝株式会社のエンゲージメント活動を推進する角倉さんは、2019年にとある Web 記事で出会った、エンゲージメントという考え方に強い共感を抱きます。

　コロナ禍により、社内のコミュニケーションが薄れはじめ、少しずつ暗い雰囲気が漂い始めているように感じていた角倉さんは、エンゲージメント活動をスタートさせるべく動き出します。

　ボトムアップ型でエンゲージメント活動をスタートした経緯、経営戦略と結びつけた活動プランの策定などの歩みを角倉さんに語っていただきました。

### よくある課題と事例からの学び

**課題**：エンゲージメントに興味、関心があるが、社内でどう活動
　　　　を生み出せばいいかわからない

**学び**：人事部が自ら主導してエンゲージメント活動を提案、会社
　　　　の方針である「健康経営」と紐づける形で経営層の理解を
　　　　得る

（参考項目：「生い立ちを整理する」P.129）

**課題：**施策の優先度を決めきれず、何から手をつければいいかわからない

**学び：**エンゲージメントサーベイの結果を参考に、優先する課題（挑戦する風土の醸成）を決定し、紐づく施策の優先度を高めて実施。また、エンゲージメント活動のベースとして、職場内での対話を設定

（参考項目：「エンゲージメントサーベイの「センターピン」を決める」P.169、「対話 & TEAM EXPERIENCE 編」P.295）

**課題：**活動が職場に広がらない、「人事がやること」という雰囲気がある

**学び：**職場内で活動に積極的に参加してくれる仲間の発見（本事例における「良くし隊」）、表彰制度の活用、社長からの発信

（参考項目：「社内コンテスト・表彰」P.241、「社内コミュニケーションツールの活用」P.249、「変容のスキル：変化と変容」P.365）

## コロナ禍をきっかけに
## エンゲージメントの必要性を痛感

### —エンゲージメント活動をスタートする経緯を教えてください。

　私個人が人事部内の若手情報交換会で、ある企業のエンゲージメント活動の記事を紹介したことが、最初にエンゲージメントという考えに触れたきっかけでした。2019 年 11 月のことです。その後、コロナ禍に突入し、体験したことのない事業形態や働き方の急激な変化などにより、社内の空気がどことなく悪化しているように感じました。そこで、改めてエンゲージメントについて考えてみたいと思い、もう一度人事部内の若手情報交換会で話をしたんですね。

　すると、「やっぱり社内のコミュニケーションが圧倒的に足りなくなっているんじゃないか」「コロナ禍が不安に拍車をかけたために不満といっ

た形で噴出しているんじゃないか」といった意見が出てきました。こうした意見を受け、人事部全体の会議でエンゲージメント活動導入について提案したところ、実は部内の管理職の間でも、エンゲージメントの研究をしていたとのことで、皆が乗ってくれたんですね。そうして、私と上司を含めた四人のメンバーで、週に1〜2時間ほど時間をとって、議論を重ねた上で上申を行いました。

―経営陣の反応は？

まずは活動のスタートとして、エンゲージメントサーベイの導入を提案しました。しかし、すでに労働組合が社員の意見を集約する役割を担っていたり、無記名のサーベイでは言いっ放しになるのではといった懸念が出たりするなど、最初は反対意見の方が強かったんですね。

こうした意見を受けて、人事部内でも再度活動の意味付けを整理し、会社が方針として持っていた「健康経営の推進」と関連付ける形で再提案したところ、理解を得られ、承認をもらいました。具体的には、「エンゲージメントは社員の健康とも密接に関わりがあり、健康経営に資するものである」という説明をしました。会社の方針とどうマッチさせるかは、活動の意味付けにおいても大切なポイントなのかなと思います。

## 「挑戦する風土」には
## 対話と承認が必要不可欠

―サーベイの結果などから、組織をよりよくするための
　カギは見つかりましたか？

2022年8月に公開した1年間のスコア検証レポートでは特に「挑戦する風土」に大きな伸びしろがあるとわかりました。そこに対する経営陣のインパクトが非常に大きく、全社からの反響もあったことから、「挑戦する風土」を掘り下げたカスタムサーベイ（自分たちで質問を設定できる機能）を翌月に行い、その結果を施策につなげていくことにしました。

**―施策についても、ぜひ教えて下さい。**

最初に、チームでの対話の促進についてです。

各チームでのコミュニケーションは比較的取れている方だと思っていたのですが、コミュニケーションの変容に対応するには積極的な相互理解が必要だと考えました。そこで、より自分たちの組織に目を向けることを目的に、それまで事務局だけに限定していたエンゲージメントサーベイの閲覧権限を、役職者に対しても付与し、同時に各チームでの対話の促進も行いました。

その際には、スコアはみんなの〝キブン〟を話し合うためのツールであることと、エンゲージメント向上サイクルをどんどん回していく必要があることを、説明会を通じて皆さんに理解してもらうことに注力しました。

**図7：チームでの対話の促進**

3．エンゲージメント活動の紹介　**チームでの対話促進**(2022年)

**目的**：良い組織＝良い職場環境を作り、

みんなが良いキブンで主体的に働くため、

「自分たちの組織」について考え話す機会を創出

きっかけとして【Wevoxスコア】を活用

3名以上のチーム管理者にスコア閲覧権限を付与
（全社＆自チーム（とその下位組織）のみ閲覧可能）

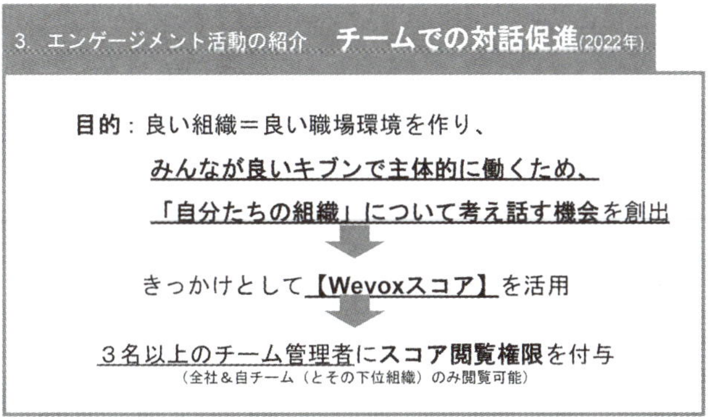

2023年は、挑戦する風土づくりに本格的に取り組む意気込みを表すために、「チャレンジ元年」と名付けました。そして、対話の促進と並行して、エンゲージメント活動を推進する有志グループ「良くし隊」を始動させました。

これは、コミュニケーションツールを社内導入するプロジェクトと連携

した有志グループとなっています。

　オープンコミュニケーションを中心に行うコミュニケーションツールのため、エンゲージメントとの親和性が非常に高く、相乗効果を生むのではないかという狙いから、導入プロジェクトと共に立ち上げた背景があります。

　そういった背景のため、強制や指名での割り当てでは効果が生まれないかもしれないと考え、良くし隊では手挙げ式を採用しており、現在はコミュニケーションツール上でテキストベースでの意見交換やランチミーティング、エンゲージメントのワークを試す会、社内施策への運営参加などの活動を行っています。

—**エンゲージメント活動を単体で考えるのではなく、**
　**他の親和性の高いプロジェクトと掛け合わせる方法は面白いですし、**
　**効果がありそうです。**
　**チャレンジ元年という名称の付け方もユニークですね。**

　チャレンジ元年では、主に三つの施策を行っています。

　一つ目は、挑戦する姿勢を称賛して失敗を責めない風土を作ることを目的に、社長による挑戦する風土の醸成宣言を社内イントラに全文掲載しました。

　人事部だけが発信していると「人事部がやりたい施策」と捉えられてしまいがちなので、全社を上げて取り組むテーマであると社長自身の言葉で語ってもらうことで、チャレンジ施策の核となる取り組みとなったと思っています。

　二つ目は、全社を巻き込んでの挑戦しやすい風土作りを目的とした表彰制度「TOHO CHALLENGE AWARD」の立ち上げです。

　TOHO CHALLENGE AWARD の目的は、「挑戦する姿勢を認め合い、埋もれたチャレンジに光を当てること」です。普段の業務などの中にもチャレンジ精神が潜んでいるのではないか、という視点を持ちながら部門ごとに業務を振り返り、チャレンジに関する対話の機会を作るためにこうした目的を設定しています。スケジュール設計など、詳しくは図8をご参考ください。

　そして三つ目には、挑戦する風土を支えるには人間関係・承認へのア

プローチも必要と考え、弊社のコーポレートスローガン「Entertainment for YOU」を少しもじった「Thanks for YOU」という施策を行いました。

これは、コミュニケーションツール上で専用のチャンネルを開設し、人からの気遣いや手助けに対する感謝の気持ちを文字にして伝え合うものです。あえて他の人の目に触れる場所に称賛の履歴を残すことで、従業員同士の結び付きを強くしようという目的もあり、良くし隊のメンバーを中心に協力をいただきつつ、今も細々ながら継続しています。

図8：チャレンジ元年施策スケジュール

## 自分たちで、自分たちの組織を よくしていくために

―毎年、活動の輪が広がっているように思います。
　これまでの活動を振り返ってどのように感じますか？

施策を振り返ると、対話の促進に関しては、「社内で実施しています」といった話を聞く機会が多くなり、スコアを活用していただくことも増えてきている感覚があります。ただ、まだ実施チーム数が少なく、うまく仕組み化ができていない部分もありますし、対話を促進することの重要性や

目的をどう伝えていくべきか、どう浸透していくべきかを引き続き検討する必要があると感じています。

　良くし隊は手挙げ式ということもあり、参加メンバーの意欲が非常に高く、とても助けられています。しかし、その方たちのさらなる意欲向上や活躍の場をこちらが充分に用意できていないという反省点も大いにあり、関連メンバーと意見交換を進めている最中です。

### ―これからのエンゲージメント活動の展望は？

　これからは、より「エンゲージメントを自分ごとに」というテーマに取り組んでいきたいと思っています。「挑戦する風土」への施策に加えて、他部門が主導する全社的な施策として、全社員で経営戦略への理解を深めるための「全社員集会」や、経営陣と社員の対話の場「タウンホールミーティング」、事業理解を深めるための自社作品鑑賞会などが実施され、組織に対するエンゲージメントは少しずつ高まってきています。

　一方で、2024 年 7 月に 3 年分の全社スコアを分析したレポートを作成したところ、会社が大きな成長フェーズに入ったことによる環境変化の大きさからか、個人の仕事のやりがいやチームとの関係性にも変化があり、伸びしろが大きくなっているとわかりました。

　今後も引き続き「東宝らしいエンゲージメント向上活動」を意識しながら、誰もがエンゲージメントを自分ごとと捉え、自分たちのチームを自分たちで良くしていく、まさに自走するチーム・組織になっていくためにも、全社的な働きかけだけでなく、個人やチームへの細かなサポートも含めたアクションに取り組んでいきたいです。

# Engagement Story
## エンゲージメントストーリー②

### 大日本印刷株式会社

**全ての社員が主体性を持って、
社会に価値を提供できる組織を目指して**

価値創造推進本部
業務革新推進室 室長
**立野 和浩**さん

1989 年大日本印刷株式会社 九州事業部配属。
2000 年営業課長、2006 年営業部長、
2013 年西日本エリアの働き方の変革事務局長、
2016 年本社労務部働き方の変革事務局リーダーを経て、2018 年以降、本社価値創造
推進本部にて「価値を生みだすための組織風土づくり」や、「社内 DX 環境づくり」に
取り組んでいる。

---

　明治 9 年創業し、「人と社会をつなぎ、新しい価値を提供する。」を企業理
念に掲げ、印刷・情報技術を基盤に、多方面の事業を展開する大日本印刷株
式会社（DNP）。同社は、グループ全体の強みを掛け合わせて相乗効果を発揮
していく「オール DNP」を推進しています。

　そのなかで、〝価値のタネ〟を発見し、仮説検証を繰り返し、最適なビジ
ネスモデルを構築していく「価値創造プログラム」を 2018 年から実行。社
員のエンゲージメント向上は、価値創出の基盤となる取り組みの一つです。

　エンゲージメント活動を推進する立野さんに、コツコツと重ねている説明
会の意図や、活動の好事例の発掘と発信など、社内への伝播活動について伺
いました。

---

**課題**：エンゲージメント活動を軌道に乗せるポイントは？

**学び**：組織の活動に対する職場の興味・関心度や理解度を把握を
し、重点課題を決める

（参考項目：「活動の目的・課題・ゴールを考える」P.139）

**課題**：職場のエンゲージメント理解を深めたい

**学び**：まずは興味・関心度の高い人向けに手挙げ制で説明会を何
度も重ね、少しずつ輪を広げていく。事例を見つけ、コン
テンツ化していく

（参考項目：「説明会を活用する」P.210、「活動の事例化と情報発信」P.220）

**課題**：職場に主体的に動いてもらうためには？

**学び**：画一的に「こうしてほしい」という伝え方はしない。職場
の自律性を引き出すような伝達を心がける

（参考項目：「スタンス」P.378）

## 「エンゲージメント活動の意味」「真の対話」の理解が大きなカギに

**—貴社がエンゲージメント活動をスタートした背景を教えてください。**

世の中の色々なパラダイム変化に対応するとともに、社会に新たな価値を提供していくため、当社では「社員を大切にし、大切にした社員によって企業が成長し、その社員が社会をより豊かにしていく」という考えのもと、人的資本の強化・最大化に向けて、様々な施策に取り組んでいます。そうした取り組みの一つとして、2021年度からエンゲージメント活動をスタートしました。

エンゲージメント向上の取り掛かりとしてエンゲージメントサーベイを導入し、チームや組織全体と、社員の関係性を測り、まずはチーム内で問

題について「対話」していくことから始めました。

これは、非財務にあたる経営基盤（人的資本）を強化するための取り組みであり、多様な「個・人財」がより相互に連携し、刺激し合えるようなチームをつくっていくことで、さまざまな事業における新たな価値創造の推進に繋げていきます。

エンゲージメントスコアを全員が共有し、チームで価値を生み出すための「ありたい姿」を目指し、どういった対話や改善活動を重ねていくかに焦点をあてています。

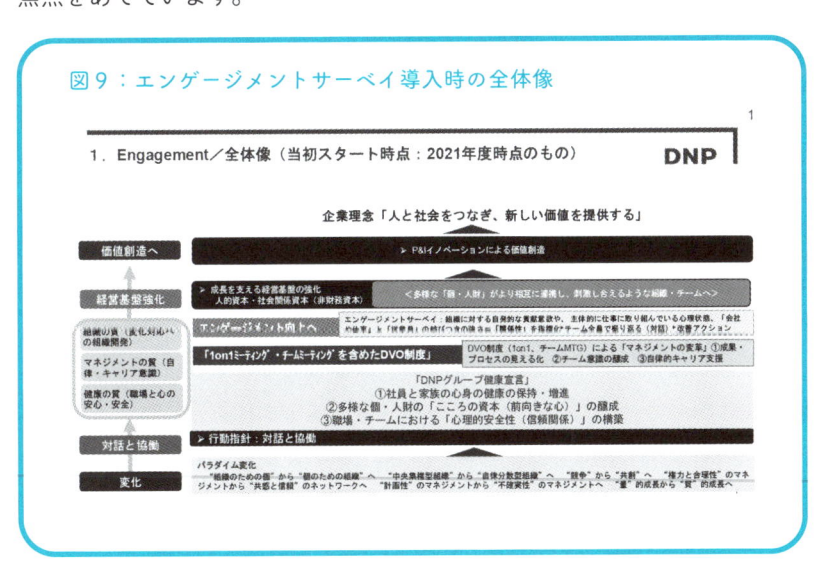

図9：エンゲージメントサーベイ導入時の全体像

**―エンゲージメント活動をスタートするにあたって、意識したことはありますか？**

私自身、過去の改革活動の中で、職場単位での活動（ボトムアップ）がなかなか上手くいかない経験をたくさんしてきました。エンゲージメント活動に関しても、過去の経験のようなことが起こり得ると念頭に置いてスタートしました。また、仲間づくりや、やらされ感の払拭、自分ごと化の必要性、そのチームや組織の中で自走させていくにはどうするか、管理職だけに負荷がかからない工夫など、色々な要素も考えていました。

そうした中で、カスタムサーベイ（自分たちで質問を設定できる機能）を使った調査で、社員自身が、エンゲージメントサーベイを活用して自分からアクションを起こせていないことがわかりました。また、対話に対しても「どこから進めていいかわからない」、「管理職が動いてくれない」、「目先の仕事が優先される」などといった声も受けました。

　こうした組織の状況も踏まえ、「エンゲージメントサーベイを形骸化させない」「真の対話を生んでいく」の二点は、活動を定着させるために必要な課題として捉え、重点的に対応を考えていきました。

## 学びをすぐに実践に活かす

### ―具体的にどのような取り組みをしていますか？

　エンゲージメント活動の目的、サーベイの活用法や職場でのアクションについては、コツコツと社内での説明会を重ねて周知と理解の促進を図ってきました。

　この説明会は、アーリーアダプター的な社員たちから、少しずつ輪を広げていきたいという想いから、ずっと手挙げ式で参加者を募集していました。管理職や部署の全員が参加必須となると、どうしてもやらされ感が強くなってしまいますからね。

　対話の理解については、私自身がエンゲージメントを学ぶアカデミーに通い、そこで得たインプットを職場のみなさんと共有したり、一緒に学んだり、実践する機会を設けています。社内 SNS やコミュニティ等で共有するコンテンツとして活用したり、説明会の資料に入れたり、四半期の見直しの整理などに活用しています。

図 10：Engagement ／導入ステップの概要

**チーム力・ボトムアップ** | **主体性・自律** | **対話**

2

1．Engagement ／導入ステップの概要

**DNP**

- 毎月15日に匿名サーベイ開始（毎月16問 ※初回のみ32問） ※回答率は87〜88%で推移
- 全員に自組織の閲覧権限機能（自分事化・チーム全員での意識）
- ステップアップで対象部門を拡大
- 組織の中でサーベイをもとにした活動をどうやっていくかについての任意参加の説明会開催
- 2021年6月〜／6,000名▶8月〜／11,000名（DNP各事業部＋一部グループ会社）
- 2021年11月〜／約31,500名（国内：DNPグループ会社全体へ拡大）

エンゲージメントサーベイの説明会
8月までに約150 回超開催、累計約4,600名超参加
※当初KPI3,000名▶2名の仲間つくれば9,000名の輪へ
※手挙げ式で、参加者に仲間を拡げてもらう意図
※アーリーアダプターから拡げていく考えでスタートした

イノベーター 2.5% ／ アーリーアダプター 13.5% ／ アーリーマジョリティ 34% ／ レイトマジョリティ 34% ／ ラガード 16%

時間軸

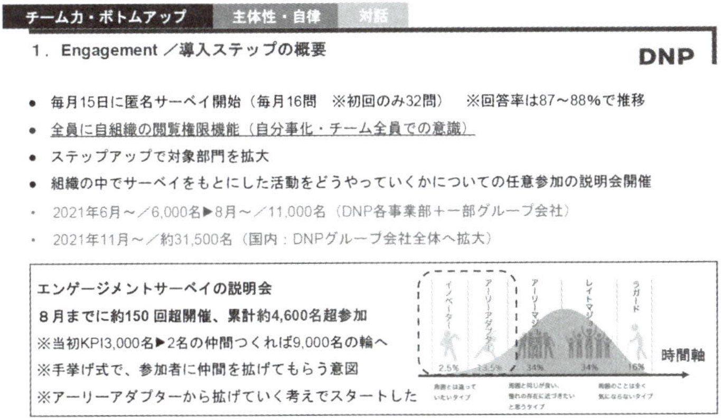

# 外部メディアも活用しながら、好事例を社内に展開

## ―職場へ伝播されている実感はありますか？

はい。実際に、エンゲージメント活動で生まれた好事例がコンテンツ化され、それがまた社内に活動の輪を広めるきっかけにもなっています。

例えば、Wevox が運営するメディア「DIO」にて、エンゲージメントのスコアが高いチームの取り組みについて取材をしてもらったことがあります。この取材記事は社内イントラを活用して、積極的に共有しました。

この取材記事を通して、スコアが高いチームの共通点として、チームのビジョンが明確で、管理職からメンバーへの感謝や承認、称賛といった行為を非常に大切にしていることがわかってきました。

好事例のコンテンツ化はエンゲージメント活動の価値を伝播するだけでなく、具体的な取り組みや、よいチームの共通点といった暗黙知になりやすいものを形式知化する点でも、とても役に立っています。

# 主体性を引き出すために、画一的な方法を押し付けない

―着実に社内にエンゲージメントへの意識が定着しているように
　思いますが、さらに伝播していくために行っている
　アクションはありますか？

　2023年の夏あたりから、製造職場の管理職などを対象に、国内の工場を回って意見交換会（本書における説明会に該当。一方的な場の印象とならないように名称を工夫）を行うようになりました。オフィスで働く人たちと、工場で働く人たちでは、仕事の内容も違いますし、エンゲージメントの受け取り方も違ってきます。製造職場からは、「対話の時間が取れないし、何をすればいいかわからない」といった声が多く上がっていたので、現地に赴いてコツコツと意見交換会を重ねています。

　社内のイントラに情報は掲載しているのですが、全ての人が見るわけではありません。やはり、推進する私たちが直接赴いて、面と向かって話をするという機会を作ることが大切だと思いますね。

―伝播活動を進めていく上でのポイントはありますか？

　基本的には、各職場に自律的に活動してほしいので、画一的に「こういうことをやってください」といった説明は1回もしたことはありません。

　とはいえ、何も参考がないと難しいので、「オーソドックスなやり方としては……」という前提を共有した上で、いくつかの進め方や、考え方を共有するようにしています。

　というのも、私自身が過去に、画一的な方法で活動を浸透させようとして失敗した経験があったんです。こうした経験を活かして、画一的な方法やフォーマット重視にならないように、各職場が自主的に考えて、動いてもらうような伝播の仕方を意識しています。

# 対話やエンゲージメントが
# 定着してきていることを実感

**―組織の変化を感じていますか？**

組織風土が変わってきているのは感じています。エンゲージメントサーベイの導入初期に、スコアを見た経営層が「挑戦する風土」に対して危機感を抱くようになりました。それをきっかけの一つとして、社長をはじめ、経営層から「挑戦」という言葉やそれに繋がる考え方が至るところで意識的に発信されるようになりました。いまでは、社長メッセージやタウンホールミーティングなどの場で、「失敗してもいいから、挑戦してみて」といった声掛けを、頻繁に耳にします。

同時に、各職場でエンゲージメントサーベイを起点とした対話が行われ、自分たちのチームのために考えたり、アクションする機会が増えたりしていきました。

具体的な変化として、2024年に開催された生成AIアイデアソンイベントに150件以上のエントリーがあったり、価値創出について表彰するDNPアワードや、DNPウエルビーイング表彰への申請案件数、さらには審査員への手挙げでの応募数も増えていたりと、目に見える行動という形でも出始めています。

**―今後は、どのような組織づくりを目指していきますか？**

これまでと変わらず、対話を軸に、主体的な取り組みが生まれていくような組織を目指していきたいです。新しい事業に向けて、組織の壁を超えて対話が生まれていくといいですね。ただ、本質的な対話ができているかどうか、という視点も人事ですので、その点では、よい事例を見つけたり、広げたりといった伝播はいっそう大切になっていくと思います。

よい取り組みをしている職場では、「対話」という言葉が自然と使われています。そういったチームをどんどん増やしていき、組織の未来に繋がる様々な動き、アイデアが自発的に生まれるように、推進活動を続けていきたいと思います。

# Engagement Story

## エンゲージメントストーリー③

## 応用地質株式会社

### 社員、会社、社会にとっての
### ベストアンサーを示すために
### 自走できる組織

経営企画本部
企画部
**谷口 友理**さん

会社の経営に関する様々な業務に携わりながら、
エンゲージメント推進活動における事務局を担当。
推進活動の環境を整えながら、経営層との連携を担っている。

　「人と地球の未来にベストアンサーを。〜持続可能な社会を実現するために。〜」を経営ビジョンに掲げ、各種地盤調査、インフラメンテナンス、自然災害対応、環境調査などを事業とする応用地質株式会社。

　同社に新卒入社して間もなくして、エンゲージメント活動の推進担当となったのが谷口さんです。会社としても、新たな挑戦となる中、彼女はどのように活動を推進していったのか。

　若手の推進者であることを強みとして活かし、職場の主体的な活動の推進、表彰制度の活用など精力的に活動する谷口さんのストーリーを聞きました。

### よくある課題と事例からの学び

**課題**：職場に主体的にいいチームづくりに取り組んでほしい

**学び**：チーム制（アンバサダー制度）を導入し、職場の主体的な
　　　　活動を推進。モデルチーム活動も組み合わせ、意欲の高い
　　　　チームから活動を活性化

（参考項目：「モデルチーム活動を企画する」P.173、
　　　　　　「アンバサダー制度を企画する」P.186）

**課題**：活動を周知していきたい、活動の価値を知ってほしい

**学び**：表彰制度を活用し、好事例を発信。表彰を社長が行い、経営メッセージとしても機能させる

(参考項目：「社内コンテスト・表彰」P.241)

**課題**：マネージャー層のエンゲージメント理解の促進や実践力の向上

**学び**：外部の専門家を招いたトレーニング機会、エンゲージメントを学ぶ機会の提供と共有機会の提供

(参考項目：「職場への研修・トレーニング」P.231)

## 若手を中心に、職場の主体性を重視した活動を目指す

**—貴社では、エンゲージメント活動をどのように捉えていますか？**

　弊社のエンゲージメント活動には三つの特徴があります。まず一つ目に、弊社の課題として利益率向上が挙げられており、生産性向上を目指す必要が出てきています。そんな状況の中、社外取締役の方から「生産性を高めるにはエンゲージメントを高めることが必要だ」と指摘を受け、会社として真剣に取り組む活動という位置づけに変わっていきました。

　これについては、年2回開かれる経営方針発表の場でも社長からエンゲージメント活動を推進していこうというメッセージとして全社員に発信してもらっています。

　二つ目として、弊社では若手事務局が表に立つことで、社員と並走する関係でエンゲージメント活動に取り組んでいます。弊社の場合は私と私の上司の2名で事務局が構成されています。上司にフォローをもらいつつ、社内への案内発信やイベントのファシリテーションなどを私が担っています。

若手の事務局から発信することで、命令だからやるというやらされ感ではなく、助け合う感覚で活動に参加してもらえているかもしれません。これをやったら必ずどこの組織も改善するという答えがあるわけではないので、社員の人たちとお互いに試行錯誤していくような関係になれたらいいなと思っています。

　最後に三つ目ですが、弊社は「伝えること」ではなく「伝わること」にこだわっています。事務局から案内や連絡をする時には、まず相手の状況・状態を想像して、相手が受け取った時に「これは一体何のことなのだろう」ではなく「こういうことね」と思ってもらえるような表現や伝え方にできるように心がけています。また、主体性を大事にできるよう、相手の判断を尊重し、フラットな関係でやり取りをできるように努めています。

—若手を中心としながら、職場が主体となる活動を目指しているのですね。具体的にはどのような取り組みをしていますか？

　大きくは三つのフェーズに分けられます。フェーズ1では、エンゲージメントサーベイの導入。フェーズ2では、活動へのチーム制の導入。そして、今に至るフェーズ3では、活動推進委員会の発足です。フェーズ毎に説明をしていきます。

　まずフェーズ1として、取り組んだのが、エンゲージメントサーベイの導入です。導入してから最初の1年間は、サーベイの最後に設けたコメント欄に寄せられたコメントに社長と担当本部が回答するといった活動をしていました。ですが、最初の段階である、フェーズ1では思ったようにスコアが改善しませんでした。スコアを分析すると、「自己成長」や「人間関係」などに関わる項目が大きく下がっており、ここの改善が必要だということがわかりました。

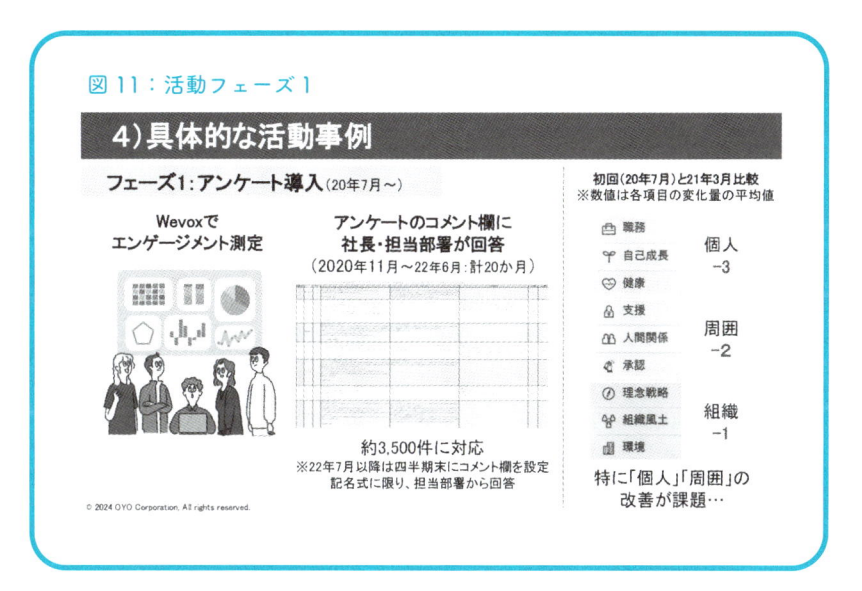

図 11：活動フェーズ 1

**4）具体的な活動事例**

**フェーズ1：アンケート導入**（20年7月〜）

Wevoxで
エンゲージメント測定

アンケートのコメント欄に
社長・担当部署が回答
（2020年11月〜22年6月：計20か月）

約3,500件に対応
※22年7月以降は四半期末にコメント欄を設定
記名式に限り、担当部署から回答

初回（20年7月）と21年3月比較
※数値は各項目の変化量の平均値

| | 個人 -3 |
|---|---|
| 職務 | |
| 自己成長 | |
| 健康 | |
| 支援 | 周囲 -2 |
| 人間関係 | |
| 承認 | |
| 理念戦略 | 組織 -1 |
| 組織風土 | |
| 環境 | |

特に「個人」「周囲」の
改善が課題…

基礎知識編

## アンバサダー制度と
## モデルチームを組み合わせて活動を推進

　その後、このままではいけないということでフェーズ2へと移りました。私はこのフェーズ2が始まる2ヶ月前に入社して、推進者として運営に関わっています。

　外部の専門家から「現場ごとに状況や背景が異なるので、改善活動は全社一律の方法ではなくて、現場のチーム単位で活動をした方が効果的ですよ」とアドバイスを受け、弊社でチーム制を導入しました。構成は、リーダーとサブリーダーを含む5〜20人で、全部で120チームくらい作りました。

—本書におけるアンバサダー制度ですね。
　活動を推進するチームではどのような取り組みを？

　チーム制を導入した翌月からは、社内でチームリーダー向けにエンゲージメントトレーニングと題し、外部の専門家に依頼して、全4回のトレー

ニングを開催しました。

　このトレーニングの後には、学習を通じて社内に成功事例を生み出すことを目的に、「モデルチーム活動」を実施しました。これは、立候補してくれたチームリーダーがエンゲージメントのアカデミーを受講し、そこで学んだエンゲージメント向上に向けたノウハウを自分のチームで実践するというものです。

—アンバサダー制度とモデルチーム活動を組み合わせているんですね。
　トレーニングの機会を上手く活用しながら、事例化も行っている。

　そうですね。さらに、受講生同士が社内で情報交換しやすいように、1〜2ヶ月に1回、1時間話せる場を設けました。また、モデルチーム以外のチームリーダー向けに、外部の専門家も招いて、毎月第三金曜日にエンゲージメント相談会を開催していました。

　相談会の内容は社内で共有し、チームの活動事例を横展開に繋げてもらえるよう社内報で紹介しています。

　さらに、弊社ではエンゲージメント向上のための取り組みの一つとして、上司と部下の1on1を毎月実施しているのですが、通常の1on1に加えて、部門・部署を横断した1on1にも挑戦しました。これは、メンバーの支援を高められるようにと、モデルチームのリーダーが企画運営してくれた取り組みです。

　この部門・部署を横断した1on1では、直属の上司と部下の関係ではない斜めの関係で実際に1on1をやってみて、フィードバックを行います。お互いが傾聴のスキルを磨いたり、各自が考えた応援の声かけをやりあったりというようなことに取り組んでいます。社長が参加してくれたこともあり、トップが協力してくれるのはありがたいです。

## さらなる発展に向けて、推進委員の設立や表彰制度を活用

—チーム制の導入によって変化はありましたか？

　「人間関係」や「承認」、「環境」の項目が上昇しています。「人間関係」

や「承認」はチーム制導入による成果かと思いますが、「環境」の改善については、フェーズ1で行った社長と担当本部によるコメントへの回答の成果がここに現れているのかなと感じています。一方で、「ミッション・ビジョンへの共感」がマイナス1で、「会社の方針や事業戦略への納得感」にも変化はありませんでした。

この点を踏まえ、事業部長、本部長からの協力を得ながら、活動をさらに推進できるようにとエンゲージメント活動推進委員会を発足し、各部署に1・2名ずつ委員を配置してもらいました。

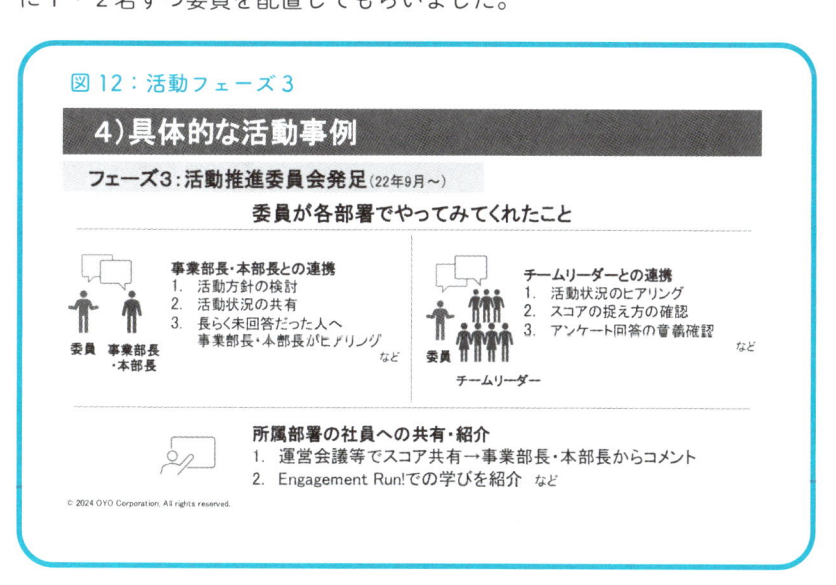

図12：活動フェーズ3

## 4）具体的な活動事例

**フェーズ3：活動推進委員会発足**（22年9月〜）

### 委員が各部署でやってみてくれたこと

**事業部長・本部長との連携**
1. 活動方針の検討
2. 活動状況の共有
3. 長らく未回答だった人へ事業部長・本部長がヒアリング  など

委員　事業部長・本部長

**チームリーダーとの連携**
1. 活動状況のヒアリング
2. スコアの捉え方の確認
3. アンケート回答の音義確認  など

委員　チームリーダー

**所属部署の社員への共有・紹介**
1. 運営会議等でスコア共有→事業部長・本部長からコメント
2. Engagement Run!での学びを紹介  など

—**チーム制から委員会へ。トップ層との連携も強めながら着実に社内に活動が広がっているようですね。**

さらに、伝播していくために2023年、2024年と2回のエンゲージメント好事例の表彰も行いました。この表彰では、チーム制で結成された約120チームの中から自薦・他薦があったチームを表彰しています。表彰は社長から行っていただき、表彰式はWeb配信で全社員が視聴できる環境で実施しました。

1回目の表彰制度ではエンゲージメント活動推進委員会の中で推薦する

基礎知識編

ところから始めましたが、2回目は全社員から推薦ができるように呼びかけました。また、2回目の応募条件には二百字程度のレポート提出を入れたのですが、1回目の約三倍ものチームから応募が集まりました。活動の広がりを実感できて、とても嬉しかったです。

　表彰されたチームの中には、「主体的に動くメンバーが増えた」「雑談の中でもチームの課題について話す場面が増えた」など、メンバーの主体性やコミュニケーション量に改善がみられた事例がとても多かったですね。

## —エンゲージメント活動を通じて感じる組織の変化について教えてください。

　エンゲージメント活動を通じて、活動に対して主体的に動いてくれる人が増え、組織の状態について話す文化が生まれつつあります。

　例えば、社内には様々な事例が生まれました。具体的には、雑談・相談しやすいように接し方を意識したり、メンバーの考えを聞きあったり、チームの課題について意見交換したりするなどです。

　組織の状態について話せるようになったのは、エンゲージメントサーベイの存在が大きいと感じています。エンゲージメントサーベイの結果があることで、肌感覚で話していたことが数値としても示されるようになります。この数値をどう捉えるかについて他の人と話すようになるので、組織の状態や改善案について踏み込んで話しやすくなっていると感じます。

## —今後の展望を教えてください。

　今後は、エンゲージメント活動とその他の会社の施策のつながりを整理して、統合できる部分は統合していきたいと考えています。

　また、弊社は 2024 年に発表した中長期経営計画でエンゲージメントスコアの目標値を掲げました。スコアを上げることだけにならないように伝え方などを注意しつつ、今後も組織や社員と向き合いながら、活動を前進させていきたいです。

# Engagement Runner とは?

エンゲージメント活動を価値のあるものにするためには、
推進役の存在が鍵を握ります。
推進役を務める Engagement Runner とは
どのような存在なのか解説します。

## 〝組織にいながら〟エンゲージメント活動を推進していく存在

　本書では推進役のことを、エンゲージメントを自ら考え、動くことで「Run ＝実践、実行、活動の推進、運営」する者という意味を込めて「Engagement Runner」（ER）と呼んでいます。

　ER の最も大事なポイントとして、「組織に所属する人がなるもの」という点が挙げられます。活動の初期段階や ER がこれから経験を積むタイミングにおいては、外部の専門家に支援を依頼するのも選択肢の一つかと思います。しかし、いつまでも専門家に頼り切りにならないように、注意が必要です。

　エンゲージメントは当事者同士による対話が重要であり、誰かが高めてくれるものではないことは、「従業員満足、モチベーションとの違い〜鍵を握る『対話』〜」（P.4）で解説した通りです。また、「エンゲージメントの体感と実践」（P.14）では、推進者である ER 自身のエンゲージメントの体感が、組織のエンゲージメント活動に深く関わりがあることを解説しています。「組織のエンゲージメントは専門家が高めてくれる」という発想で、専門家に頼り続けるようになってしまうと、エンゲージメントの本質から程遠くなってしまうのです。

　自らがその組織に所属し、自らのエンゲージメントを体感しながら、活動を推進していく。だからこそ、職場からの共感を得ることができるし、一人ひとりと向き合い、寄り添いながらエンゲージメントを体感、実践す

るための支援ができるのです。

　また、場合によっては、特定の職場につきっきりでサポートし、エンゲージメントが高まる土壌を作ることも必要になってきます。

　そうした細かなサポートを、外部の専門家に依頼するのは時間的な制約や金銭的なコストの点から現実的でない組織もあるでしょう。その点、ER は組織内の人材が担うため、余分な金銭的コストはかかってきません。このように、経営のコストパフォーマンスにおいても、組織にいながら、エンゲージメント活動や組織づくりを推進する専門家 = ER がいることは、大きなメリットとなるのです。

　なお、本書では基本的に推進者のことを ER と表記しています。組織によっては、活動の推進は数人のチームで行うこともあるかと思います。厳密に言えば「ER を含む推進チーム」という表現になるのですが、本書においては ER という表現にしています（文脈上必要な場合は推進チームを使用）。

## 専門的なスキルと　適切なスタンスを持つ

　前パートで解説した三つの鍵を軸とした活動の推進には、相応のスキルが必要になってきます。みなさんは、これから職場の人へのインタビュー、各種リサーチ、方針決めや企画立案、コンテンツ作成、講演会や説明会の企画・実施、各種研修やトレーニングの企画・実施……など実に多様で幅広いスキルを駆使しながら、活動を推進していくことになります。

　また、スキルだけでなく、エンゲージメント活動を進めていく上で必要なスタンスもあります。組織の中で触媒となる存在、完璧よりも最高を目指す……などこちらも多様なスタンスを身につける必要があります。

　これら一つひとつを身につけていくことで、専門性を持った役割として組織の中でも一定の存在価値を得ることが、一つの目標ともなってきます。

　私たちが支援する組織では、人事、経営企画がエンゲージメント活動の推進役を担うケースが多いです。各社によって役職の名前や所属する部署

基礎知識編

はまちまちだと思いますが、エンゲージメントをテーマに何かしら活動をしている人、いい組織にしたいという思いを持つ人はスキルの有無に関わらず、全て ER としての自覚を持っていいと私たちは考えています。

エンゲージメント活動が職場に広まり、定着した先には、各職場のマネージャーやエンゲージメント活動に興味のあるメンバーが ER の役割を担っていくことも十分に考えられます。

そのため、ER は本質的には「誰もが目指せる」役割とも言えます。「誰もが目指せる」ということは、新たなキャリアの選択肢としても ER という役割が価値を持つことを意味しています。

エンゲージメント活動のように、人にフォーカスを当てた活動は、これまでの日本の組織では脚光を浴びないものでした。

私たちが支援する組織でエンゲージメント活動の推進者から、活動初期に職場の特定の人から「暇なの?」「遊ぶ余裕があっていいね」と冷笑に近い反応をされたという経験談を聞くことは、珍しくありません。多くの日本の組織においては、エンゲージメント活動は「おまけ、遊び」のようなもので、暇があればやる程度の認識だということが、このエピソードからわかります。

しかし、人的資本や健康経営などの観点から、人を大事にする取り組みの重要性がますます高まっています。さらに、「エンゲージメント活動がなぜ必要か?」(P.7) で述べたようにエンゲージメントは組織力の向上と密接に関わっており、「暇だからやる」ものではなく、「組織にとって必要だからやる」という認識は今後も広がっていくはずです。

こうした中で、ER のような存在価値は、今後さらに高まっていくと考えています。実際私たちが支援しているエンゲージメント活動の推進者 (ER) たちの多くが、経営会議での相談役として頼られていたり、部門・部署単位あるいはグループ会社の活動での成果が認められ、全社や本社での活動推進役に抜擢されるなど、組織の中で存在価値を高めています。

# Engagement Story
## エンゲージメントストーリー④

## 株式会社シンドー

### 社員一人ひとりが輝ける
### 環境や関係性をつくりたい

**デザイン経営推進室 室長**
**相場 雄大**さん

人材サービス企業の営業職・管理職を経て、2021年5月、株式会社シンドーに入社。
営業部にて営業活動に従事しながら、全社横断型のエンゲージメントプロジェクトを立ち上げる。
2024年4月にデザイン経営推進室が立ち上がり、室長を務める。

---

　1947年に創業、新潟県燕市にある金属加工メーカー株式会社シンドー。

　従業員約90名、商品開発やOEM生産、材料販売などのモノづくりを中心事業としながら、理念経営に力を入れています。その一環として2022年10月にエンゲージメント活動をスタートした同社は、「社員の幸せ」と向き合いながら、ボトムアップ型の組織づくりにチャレンジしています。

　「本当に、みんなが幸せに働いているのか。この疑問から活動がスタートしました」と語る、推進者の相場さんに、活動の背景や取り組みを聞きました。

---

#### よくある課題と事例からの学び

**課題**：活動でどう組織が変化するかイメージがわかない

**学び**：四つのフェーズでの組織の変化、各フェーズでの組織状態
　　　　や推進者の考え方

（参考項目：「ストーリーを設計する」P.151）

**課題**：職場での「対話」をどう行えばいいかわからない

**学び：エンゲージメントサーベイを起点とした振り返り会**

（参考項目：「対話 & TEAM EXPERIENCE 編」P.295）

**課題：どうやって活動を周知すればいいか**

**学び：表彰制度の活用、社内報の活用**

（参考項目：「社内コンテスト・表彰」P.241、「活動の事例化と情報発信」P.220）

# 社員はみんな、本当に幸せなのだろうか？

## ―エンゲージメント活動をスタートした経緯から教えてください。

弊社は理念経営を遂行していて、理念には「社員とその家族の幸福を支える」や、「モノづくりを通して、人の心を豊かにする」を掲げています。さらに、社長も「社員の心と心を繋ぎたい」と語っています。

私自身、その考え方に深く共感しているからこそ、「社員はみんな、本当に幸せなのか？」「お客様の心を豊かにすることは素晴らしいが、自分たちの心は豊かなのか？」と疑問を抱きました。

と言うのは、シンドーに入社した際、表現が難しいのですが、会社に活気がないと感じました。振り返ると、コロナウイルスの影響など様々な面で、会社全体の過渡期だったように思います。私は、会社の理念に共感しているからこそ、「この現実と理想のギャップを埋めたい」という思いが強くなりました。

そして、社員やその家族が幸福で、心豊かな生活を送る姿が真に体現されるよう、どう自分に後押しができるかを考えるようになりました。

そこで、理想を現実にするためには、経営側の想いを発信するだけではなく、社員一人ひとりの声にも耳を傾けながら、新たな企業風土を共に構築していく必要があると考えました。その解決策の一つとして浮かんだのが、エンゲージメントサーベイの導入です。この提案を経営陣に行い、

2022年10月からエンゲージメント活動を本格的に開始しました。

**―これまでの活動内容を教えてください。**

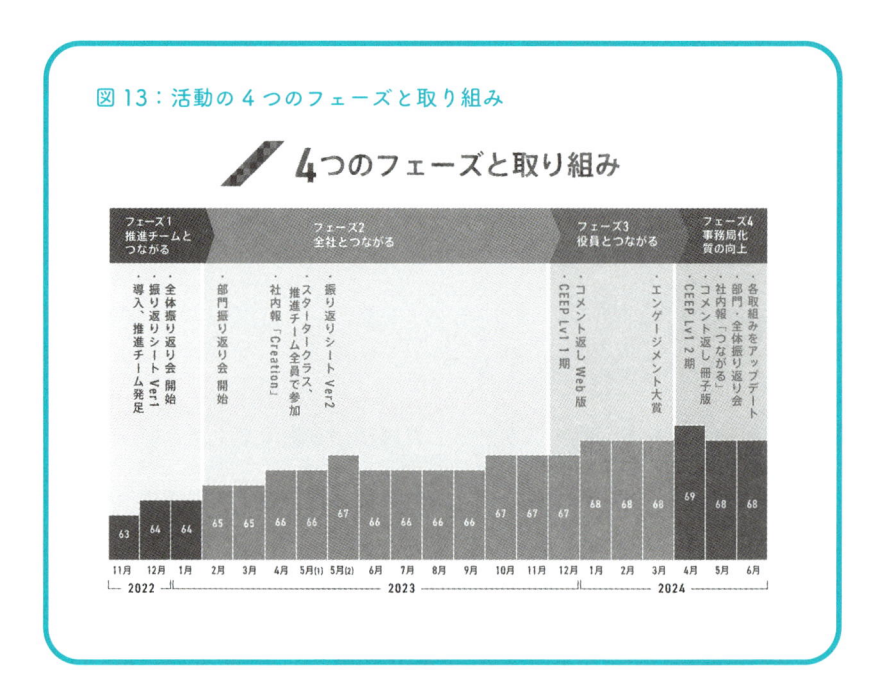

図13：活動の4つのフェーズと取り組み

これまでのエンゲージメント活動は、4つのフェーズに分けられます。

フェーズ1では、全8部門から各2名ずつ推進メンバーを選出することからスタートしました。推進メンバーは、自部門のエンゲージメントスコアを振り返り、それをレポートにまとめ、月1回、他部門と共有する「全体振り返り会」を開始しました。

フェーズ2では、推進メンバー以外の社員も参加する「部門振り返り会」を開始しました。これにより、部門の話し合いを経てから全体振り返り会が行われるようになり、より多様な社員の声が反映されました。また、社内報の配信を開始し、横の繋がりを強めました。

フェーズ3では、経営層からの発信を強化しました。具体的には、エンゲージメントサーベイに寄せられるコメントに対する経営層からの返答

や、エンゲージメント活動に関連する表彰制度の導入など、経営と現場を繋ぐ取り組みを進めました。

　フェーズ 4 では、2024 年 4 月にデザイン経営推進室を立ち上げ、従来の活動をブラッシュアップするとともに、新たな取り組みを始めています。例えば、シンドーが大切にしたい価値観をテーマに、部門の垣根を超えて対話する「心動 FORUM」というオープンディスカッションの場を設けました。これには社員から多くの反響がありました。

## 部門と全体、二つの振り返り会で対話を促進

### ―エンゲージメント活動で意識していることはありますか？

　意識しているのは、活動の根底に「自社らしさ」を据えながら、「より良い状態を目指す」ことです。具体的には、例えば理念に掲げる「社員やその家族の幸福、心の豊かさに対して、私たちはどうあるべきか」といった問いを常に意識しています。この問いこそが、シンドーがエンゲージメント活動を行う意義そのものになると考えているからです。

　また、自分一人だけで答えを出さないことも意識していて、そのためにも「問い」を活用します。周囲の方に「どう思いますか？」と聞いて意見交換をすることや、先ほども触れた月に一度開催する「部門振り返り会」や「全体振り返り会」でも問いを立てて、多様な意見を聴くことを意識しています。

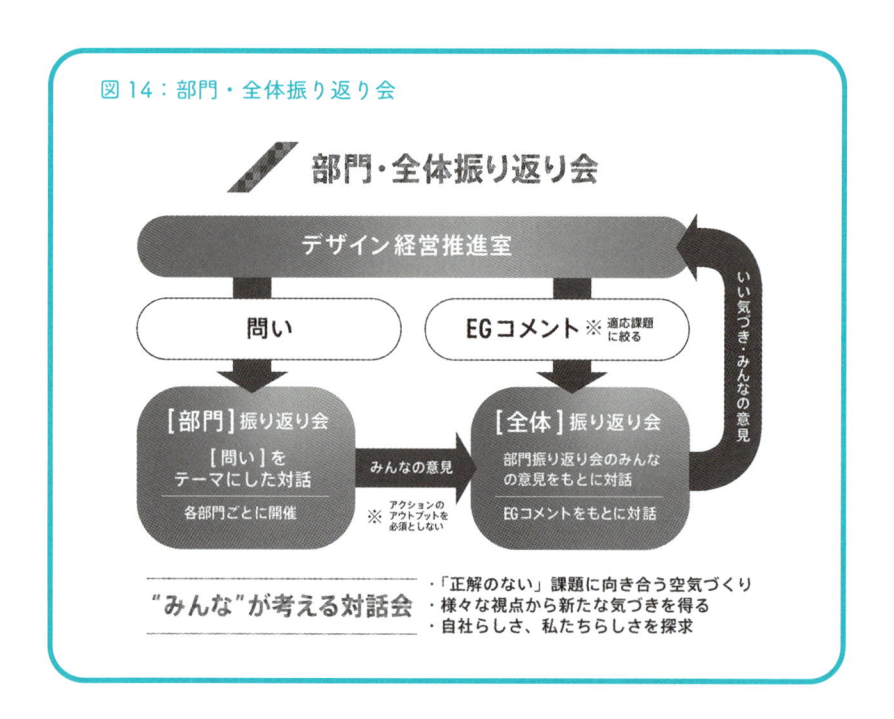

図14：部門・全体振り返り会

部門・全体振り返り会

デザイン経営推進室

問い

EGコメント ※ 適応課題に絞る

[部門] 振り返り会
[問い] を
テーマにした対話
各部門ごとに開催

みんなの意見
※ アクションのアウトプットを必須としない

[全体] 振り返り会
部門振り返り会のみんなの意見をもとに対話
EGコメントをもとに対話

いい気づき・みんなの意見

"みんな" が考える対話会
・「正解のない」課題に向き合う空気づくり
・様々な視点から新たな気づきを得る
・自社らしさ、私たちらしさを探求

**―問いに対して対話、アウトプットをする機会が部門、
全体の視点でそれぞれあるんですね。**

　そうですね。全体振り返り会では、エンゲージメントサーベイに寄せられたコメントを活用し、例えば「もし自分がシンドーの経営層だったら、このコメントにどう回答するか」といったお題を立てて推進メンバーで対話しました。

　このような"立場を仮定した問い"を用いることで、第三者の立場になって考える機会をつくり、考え方の幅を広げています。実際に参加者からは、「自分にはなかった視点に気づいた」「他者の考えに触れることで、自分の考えが広がった」といった声が寄せられています。これには私も同じ感想です。

　部門振り返り会では、普段なかなか考えたり話さない「自部門の好きなところ」をあえてお題にしたりしました。これにより、自分の思考を内省

したり、考えを共有することで自己開示が促されたり、互いの認識を深め合うことができます。「○○さんの意見は意外だった！」や、「自部門の良さはやっぱりここだよね」など、互いに再確認する機会になりました。

　ちなみにそこで出た大切にしたい自部門の好きなところを三つにまとめた「大事 MAN トリオ」をデザインし、各部門のデスクなど、見えるところに置いてもらったりもしました。日々の業務の中で忙しくて大変な時、みんなで決めた自分たちらしさがふと目に入れば、「私たちってこうだったな」と立ち返れるのではないかと考えます。

## 経営層へのアプローチと情報発信の強化

**―フェーズ3では経営層からのアプローチを強化したとのことですが、具体的には何をしているのでしょうか？**

　エンゲージメントサーベイのコメントを、会長や社長を含めた経営層で集まって確認し、話し合い、その見解を全社員に公開しています。

　例えば、社員の提案がコストの増加を伴う場合、経営側が慎重になる一方で、現場は即効性を求める意見を主張するケースがあります。

　このような対立に直面した際、役員は実際に現場を訪れ、直接現場の声を聞いて状況を確認しながら、次のステップを模索します。その結果、社員の要望がそのまま実現するケースもあれば、時期を改めることになるケースもあります。

　この活動を開始して以降、「意見を出してもいいんだな」「ちゃんと聞いて動いてくれるんだな」と感じるようになったという声が社員から寄せられています。こうして社員の声に向き合うプロセスは、経営と現場の信頼関係を深めるとともに、自社らしさを基盤に「より良い状態」を目指す一歩を踏み出せたと感じています。

**―表彰制度や社内報などについても詳しく教えてほしいです。**

　2024年4月から始まった表彰制度では、スコアの改善だけでなく、取り組みの姿勢が全社の模範となるかを基準に選定しています。ちなみに初

の受賞部門は、最初はスコアが低かったものの、全社トップまで改善を遂げた部門でした。

　社内報は、会社や同僚のことを「気になるな」「好きだな」と思ってもらえるよう、〝社員がつながること〟と、〝自社らしさの探求〟をキーワードに、『つながる！シンドーマガジン』を立ち上げました。更新は月に１回です。

　エンゲージメント活動は、「また何か始まった」といった一歩引いた雰囲気になってしまいがちです。どうすればもっと自然に全体を巻き込めるだろうか。その問いの中で出た意見が、先に挙げた二つのキーワードでした。

　記事では、社員それぞれがシンドーで抱える業務に対する「熱意・活力・没頭」についてインタビューを行って作成しています。発信を通して、「皆さんの仕事に対する想いに心が動いた」というコメントや、「やりがいやこだわりに対し自身はどうなのかと改めて向き合えた」など、ありがたい反応をいただけるようになり、作成する私たち自身もやりがいを感じる取り組みになっています。

図15：広報活動

社内広報誌　つながる！シンドーマガジン

毎号の社員３名のインタビューでは、普段は知る事の出来ない仕事に対する「こだわり」や「やりがい」を語ってもらう。

―エンゲージメント活動を通じた組織の変化はありますか？

　エンゲージメントスコアは全体的に右肩上がりで、社員同士の対話や意識の変化が感じられます。スコアの向上よりも、互いが意見を交わしながら、より良い状態を目指していく過程で築かれていくものの方が重要だと考えています。

　ここまでのスコアの向上は、社員一人ひとりが自己対峙や対話を通して、自己の役割やシンドーで働く意味を再認識し、互いに支え合いながら成長してきた結果だと感じています。

　まだ道半ばではありますが、今後はさらにエンゲージメントを高め、一人ひとりが輝く会社を目指し、取り組みを進めていきます。この活動が社員の幸せと会社の未来を繋ぐ重要な道だと信じ、一歩一歩進んでまいります。

# Engagement Story
## エンゲージメントストーリー⑤

## カゴメ株式会社

### 環境変化に柔軟に対応し、自らイノベーションを生み出し、自律自走する組織

人事部
**大原 麻友美さん**
大学院修了後、カゴメ株式会社に
研究系総合職として入社。
2年間、食品安全研究の仕事に携わったのち、
人事部へ。
人事部では新卒採用・中途採用を5年間担当。
1年間の産休・育休を経て、2021年から主に人材育成・組織風土開発を担当し、「よりよいチームづくりのための対話実践プログラム」「キャリア採用者を対象としたオンボーディング」「ダイバーシティ推進」等の実務を推進している。

　野菜ジュースやトマトケチャップなど馴染み深い商品を多く手掛け、日本を代表する食品メーカーであるカゴメ株式会社。

　同社では、2014年から働き方の改革に着手し、2016年にダイバーシティ委員会を発足。働きやすさと働きがいのある会社を目指し歩みを続けています。

　働きがいの見える化を検討する中で、エンゲージメントに着目し、2020年にサーベイを導入。さらに、2021年からは心理的安全性にも着目し、エンゲージメントに関わる活動として現在も継続しています。

　一連の活動を人事部の立場で推進する大原さんに、推進者視点での活動の流れや組織の変化を語っていただきました。

**よくある課題と事例からの学び**

**課題**：職場に「対話」を根付かせたい

**学び**：対話の実践プログラムの導入

（参考項目：「職場への研修・トレーニング」P.231、
「対話 & TEAM EXPERIENCE 編」P.295）

**課題**：エンゲージメント活動をどう継続させればいいか

**学び**：社内の他の改革テーマと連動させてエンゲージメント活動
の位置づけを整理する

（参考項目：「活動の目的・課題・ゴールを考える」P.139）

**課題**：推進者として職場の活動をどのように支援すればいいか

**学び**：職場で実践できるワークを紹介する、「まずは、やってみよ
う」という姿勢で職場に声掛けをする

（参考項目：「対話 & TEAM EXPERIENCE 編」P.295、「スタンス」P.378）

## 働きがいの見える化で辿り着いた
## エンゲージメントの概念

ーカゴメでは、エンゲージメントや心理的安全性に着目し、「働きやすく、
働きがいのある会社」を目指して活動をしています。
活動内容について教えてください。

　心理的安全性の向上策において、組織、チーム向けの「よりよいチーム
づくりのための対話実践プログラム」と、全従業員向けに「ダイバーシ
ティ委員会」がダイバーシティに関する活動を行っています。どちらも私
が推進者として、事務局を務めています。

　まず一つ目は、「よりよい（Y）チーム作りのための対話（T）実践（J）
プログラム」です。

　社内では頭文字を取って YTJ と呼んでいます。それぞれのプログラム

にチーム単位で参加をし、学んだことをチームリーダーがチームの中で実践することを前提としたプログラムです。

リーダーと言っても、管理職とか職性上のリーダーである必要はなく、プログラムに参加するリーダーを各チームで決めることができます。プログラムは初中級・上級の2種類で展開しており、それぞれのチームの課題に合わせて選んでもらいます。

YTJ初中級では、ワークショップで学んだことを職場で実践した後、再度ワークショップに参加するという流れで行っています。ただインプットして終わりではなく、確実に実践までできるようにしている点が特徴です。カゴメのメンバーはしっかり実践してくれる方が多いので、実践率は100%に近い状態です。

YTJ上級のプログラムでは初中級のように決まったフレームだけではなく、リーダーが自分でアレンジして職場に持ち帰れる学びを行います。まずリーダーにエンゲージメントを学ぶアカデミーに参加してもらい、職場で使えそうだなと思った内容を職場で実践。その上で、定期的にYTJ参加のリーダー同士で集まって話し合うというサイクルで実施しています。

## ― YTJにはどの程度の組織が参加しているのですか？

2022年の下期から半年に1回のペースでYTJを実施したところ、86チームがエントリーして実践してくれたので、全社の約3割の組織がYTJに参加したことになります。アンケートを取ると、9割ほどの方が他の方にも勧めたいと言っており、「気軽な対話ができて良かった」「相互理解がコミュニケーションに繋がった」などポジティブな意見をいただきました。

最初は、対話って何の役に立つのだろう、仕事にとって意味があるのかな？といった疑問からスタートしたチームでも、やってみるとお互いの違いを認めることが仕事にも役立つという実感を持ってもらえたようです。

また、プログラム参加チームで任意にエンゲージメントサーベイを実施してみたこともあるのですが、エンゲージメントスコアを上げましょうとは伝えていないにも関わらず、「支援」や「人間関係」の項目が上昇したので、エンゲージメントにも効果があることが実感できました。

## 考え方の理解から各職場でのアクションへ

**ーダイバーシティ委員会についても教えてください。**

2016年に発足したダイバーシティ委員会は、全国の組織に対して任命されたダイバーシティ委員が集まったもので、1期あたり100〜140名ぐらいの規模です。ダイバーシティの推進は経営課題だと捉え、社長の山口がダイバーシティ委員長を務めているのが特徴の一つとなっています。元々は多様性の理解と尊重をベースにした活動でしたが、9期目を迎えた頃に、多様な人材が活き活きと働いてそれが組織のためになることはエンゲージメントと一緒だという気づきを得ました。そのため、最近ではエンゲージメントと連動した活動を意識して行っています。

ダイバーシティ委員会では、2021年から心理的安全性をテーマに掲げています。心理的安全性がカゴメの文化として定着することをゴールに置き、年度ごとで何が必要かを行動変容のステージモデルに当てはめながら考えて、毎年のテーマを作っています。

2024年は行動するフェーズと位置づけて、「挑戦を楽しもう！ 〜心理的安全性を当たり前に〜」というテーマのもと、活動しています。振り返ってみると、2021年頃は心理的安全性という言葉が浸透していなくて、言葉を知っている人たちの中でも「ちょっとぬるい組織ってことですよね」といったような誤解がありました。

そこから、どういう行動が必要かを徐々にインプットしていった結果、今は「自分自身が心理的安全性に向けてどう行動するか」を考える時期に到達したと思っています。

**心理的安全性という言葉の理解が進み、
それぞれの職場がアクションに移す時期に来たんですね。**

そうですね。2024年の活動では、各事業所のダイバーシティ委員が独自の裁量で「自分達の事業所ではこういうことやってみたいな」ということを自由に考え、活動しています。

事務局から紹介したツールを活用してもらえることもあります。今年は

バリューズカードを紹介してみたところ、今カゴメの中でかなり流行っているんです。バリューズカードにはオンライン版もあるのですが、いろんな事業所から「対面版をやりたいからカードを貸して」という問い合わせをたくさん受けていて、カードゲームのように楽しんでもらえています。

あとは、週に2回「ざっくばらんタイム」というオンライン会議をつなぎっぱなしにする時間を設定したり、ミーティング中の作法を決めて、発言の一言目に「そうですね」とワンクッションを入れてみたりなど、様々な工夫が行われています。

## 自走したチームづくりが生まれるように

**ー YTJ とダイバーシティ委員会の活動を進めていく中で、
　組織の変化は感じていますか？**

一連の活動を通じて、いくつか変化を感じています。ひとつは、YTJ のプログラムが終わった後も、チームづくり活動が自走しているケースが見られるようになったことです。

例えば、定例のチームミーティングでのアイスブレイクが習慣化したり、エンゲージメント向上に取り組んでいる他社さんと繋がって、人事部が入らなくても部門同士での交流会が実現するようになったり。他にも、上司から若手、若手から上司に対してこういうチームづくりをやってみたいという提案が行われるようになったケースもありました。

また、最近では実施した活動などをメールで報告してもらえることが増えていますし、実際、従業員に話を聞いてみると、「人事ってちょっと堅いイメージだったけど、だんだん変わってきたと感じます」なんてことも言ってもらえました。まずはやってみようという姿勢で従業員を応援し続けた結果、そのスタンスが伝わったのかもと感じています。

また、私自身にも変化があって、他のメンバーから「Will が強くなった」と言われることがありました。言われるまで自覚はなかったのですが、もしかしたらエンゲージメントについて深く考えているうちに、上手く自分の意思を言語化して伝え、自己開示できるようになったのかも

しれません。

**―大原さん自身にも変化があるのはすばらしいですね。今後の展望は？**

　心理的安全性の重要性をトップダウンで伝え続けることが、ボトムアップでの活動に繋がってきたと思っています。この先は、エンゲージメント向上のために何が必要かをもう一度整理して、様々なアプローチを試みるフェーズに来ているのかもしれないと考えています。業績とエンゲージメントの関係を研究できないかなとか、成功事例の共有と展開についてもっとできることがあるのではないかなとか、そんなことをイメージしています。

　エンゲージメントに関する課題は技術的課題ではなく適応課題なので、しっかりとほぐしてから解決するしかありません。まずはできそうなことから着手していくことで、職場からは「面白いことをやってるな」と思ってもらえて、仲間が増えていくこともあると思います。私はまだまだ道半ばですが、この本を手に取ったみなさんもそれぞれの場所で取り組まれていると思いますので、一緒にがんばっていきましょう。

# Column

## エンゲージメントサーベイ
## のメリット

### 本書の内容はエンゲージメントサーベイがあることで より実践しやすくなる

エンゲージメント活動においてはエンゲージメントサーベイは必須ではありませんが、あると組織の現状把握ができ、活動の推進をしやすくなります。そのため、本書ではエンゲージメントサーベイの活用に関わる解説が各所で出てきます。

また、私たちが提供する Wevox 以外のエンゲージメントサーベイでも活用できるように、本書ではできるだけ一般化して解説しています。

エンゲージメントサーベイを導入していない企業でも、本書を参考に活動の推進は可能です。しかし、職場の状態把握や活動の見直し、組織の変化の把握、経営層へのレポーティング……など様々な場面において、エンゲージメントサーベイがあることで活動がしやすくなります。

サーベイツール市場の広がりに比例して、エンゲージメントサーベイにも様々な機能、特徴を持つものが増えてきています。自組織に合うものがどれか、ぜひいろいろなツールを調査したり、トライアルの実施などをしてみてください。

### パルスサーベイを推奨

私たちは Wevox を 2016 年から提供しています。エンゲージメントサーベイにも様々な種類がありますが、私たちはリリース当時から「パルスサーベイ」という考え方とそれをベースとした機能を提供しています。

パルスサーベイとは月 1 回といった高い頻度で計測を行い、リアルタイムに組織やチーム、個人のエンゲージメント状態を把握することを言います。

パルスサーベイを重視している理由として、エンゲージメントは様々な影響を受けて常に変化していること、そして外部環境の変化が激しい昨今、組織の変化もスピード感が増していることなどがあります。

変化の時代と言われて久しい昨今のビジネスシーンにおいては、年に 1 回といった頻度の調査では、職場の声をリアルタイムで拾えず、課題対応が遅

くなるというデメリットが大きくなってしまうのです。

### Check、Review、Action を回していく

エンゲージメントサーベイを有効活用していくために、「Check、Review、Action」の三つの要素を回していくことをオススメします。それぞれの要素の詳細は以下になります。

**Check** ……チームの状態把握を行います。エンゲージメントサーベイなどで可視化されると、次のステップである対話や振り返りがしやすくなります。

**Review** ……可視化されたチーム状態をもとに、それぞれがどう感じるか、チームをどうしたらよくできるかなどを対話します。

**Action** ……チームをよくするためのアクションを実行します。

エンゲージメントサーベイでの状態把握（Check）を起点に、対話（Review）と行動（Action）を行う。行動による変化をエンゲージメントサーベイでCheck し、よりよいチームにしていくための対話を行っていく。こうしたサイクルを回すことで、エンゲージメントサーベイはより真価を発揮します。

この三つの要素を回していく上では、自己理解と相互理解が大切になってきます。自己理解と相互理解については、「エンゲージメントの体感と実践編」（P.271）が参考になります。

また、「対話 & TEAM EXPERIENCE 編」（P.295）で解説している、チームでの対話と、「Check、Review、Action」の三つのサイクルをかけ合わせることで、よりよいチームの変化を生み出しやすくなります。

### エンゲージメントストーリーで
### サーベイの活用方法を学ぶ

本書で掲載しているエンゲージメントストーリーおよびノォーカス事例の組織は全て Wevox 導入企業です。いずれの企業も、エンゲージメントサーベイを有効活用しており、各事例の中でも活用方法について触れています。

本書においては未導入企業にとっても役に立つ本にするために、エンゲージメントサーベイの解説は最小限に留めています。その分、エンゲージメントストーリーにおいてサーベイの活用事例が豊富に語られておりますので、ぜひ参考にしてください。

# ERマトリクス
## ーミッション編

ER マトリクスの全体像と、軸の一つである「ミッション」について解説します。
ER マトリクスにおけるミッションとは、「目的」を意味します。
エンゲージメント活動では何に取り組めばいいのか、それぞれのミッションで何を目指していくのか、理解を深めていきましょう。

# ER マトリクスの概要

活動推進のためのミッションとアクションを一覧化した、
「ER マトリクス」の全体像について解説します。

## ミッション、アクションを一覧化した ER マトリクス

　エンゲージメント活動を推進するための、「目的＝ミッション」と「手段＝アクション」を一覧にしてまとめたのが図16の「ER マトリクス」です。縦に並ぶ行にはミッションが、横に並ぶ列にはアクションが並んでいます。

　マトリクス内の丸印は、ミッションとアクションの関連性の高さを示しています。

　例えば、「目的・課題・ゴールの設定」において、関連性の高いアクションとして「情報収集」や「企画作成・方針決定」などがあります。○がついていない、「研修・トレーニング」は関連性が薄いため、「目的・課題・ゴールの設定」というミッションを達成するためには検討優先度は下げてもいいアクションとなります。

　ミッションは上から、概ね活動の時系列順に並んでいます。しかし、組織状態や活動が目指すところによって順番は入れ替わることがあります。

　また、全てのミッションを達成しないといけない、ということではありません。組織状態、どのようなエンゲージメント活動を目指していくかによって重視するミッション、スキップするミッションが出てきます。

## 図16：ER マトリクス

| メインミッション | | アクション | | | | | | | | |
|---|---|---|---|---|---|---|---|---|---|---|
| | | 情報収集 | 企画作成・方針決定 | インタビュー | 経営層・キーパーソンとの対話 | 社内への情報発信 | 研修・トレーニングの企画・実施 | 社内イベントの企画・実施 | 社内コミュニティ | 活動のアップデート |
| PLAN | 組織の現状把握 | ○ | | ○ | ○ | | | | | |
| | 目的・課題・ゴールの設定 | ○ | ○ | ○ | ○ | | | | | |
| | エンゲージメント活動のストーリー設計 | ○ | ○ | ○ | ○ | | | | | |
| | 体制・スケジュールの設計 | | ○ | | ○ | | | | | |
| | 否定的反応への対応と社内の合意形成づくり | | | ○ | ○ | | | | | |
| | Engagement Runnerの養成 | | | | | | ○ | | | |
| CONNECT | 活動の理解促進と共感、共鳴の醸成 | ○ | | ○ | ○ | ○ | | | | |
| | キーパーソンとの関係づくり | | | | ○ | | | | ○ | |
| SUPPORT | 対話と TEAM EXPERIENCEの支援 | | | | | | ○ | ○ | | |
| | 職場の要望や疑問点の収集と対応 | | | ○ | | | ○ | | | |
| | 基礎知識と実践知の提供 | | | | | ○ | ○ | | | |
| | 「わかる」（エンゲージメントの体感）を生むための機会づくり | | | | | | ○ | ○ | ○ | |
| SPREAD | 好事例を見つける・形にする | ○ | | ○ | | ○ | | | | |
| | 好事例を届ける・実践に活かす | | | | | ○ | | | ○ | |
| | 進捗状況や成果のレポーティング | ○ | | | ○ | | | | | |
| | 共創を生む | | | | | ○ | | ○ | ○ | |
| UPDATE | 他の改善・改革施策との連携 | | | | | | | | | ○ |
| | 継続的な取り組みの設計と推進 | | | | | | | | | ○ |
| | 社内の仕組み・制度との連携 | | | | | | | | | ○ |

ミッション

# 四つのメインミッション

ERマトリクスに並ぶ16のミッションは大きくPLAN、CONNECT、SUPPORT、SPREADの四つに分類されます。これらをメインミッションと呼ぶことにします。

## 四つのメインミッションの概要

PLAN ……………… 活動の目的・課題・ゴールの設定や、ストーリー設計、体制やスケジュール設計など具体的なプランニングを行っていきます。

CONNECT ………… 職場の理解促進や共感の醸成、知識の提供などを通じて、活動に積極的に参加してくれる仲間集めを行っていきます。

SUPPORT ………… 勉強会の開催、各種研修やトレーニングの実施、相談会などを通じて各職場の活動をERや推進チームがサポートしていきます。

SPREAD …………… 職場での好事例やノウハウの社内展開、レポーティングによる成果の可視化などにより、エンゲージメント活動の価値や方法を社内に伝播していきます。

この四つのメインミッションは、一度クリアしたら終わりではありません。エンゲージメント活動を通じて、何度も繰り返しながら、少しずつ組織全体のエンゲージメントの実践を実現していきます。

まずは、個人、チームといった小さい範囲のサイクルで四つのメインミッションを回し、部単位、組織全体とその範囲を広げていくのが理想です。

しかし、ERのおかれた状況として、最初から組織全体の施策としてエンゲージメント活動が設定されている場合もあります。

こうした場合でも、意欲的な個人、チームの活動にフォーカスしたり、アンバサダー制度（P.186）を活用するなどして、小さい範囲から四つのメインミッションのサイクルを回し、少しずつ組織全体の活動を活性化し

ていくことが可能です。

　活動が小規模でスタートする場合でも、組織全体からスタートする場合でも、興味関心のある人たちでエンゲージメントを体感し、少しずつ活動の仲間を増やしながら、その範囲を広げていく、というのが本書におけるベースの考え方となります（図17）。

　エンゲージメントという考え方は、捉えづらいものとして受け止められやすくもあり、否定的な反応をされることも珍しくありません。そのため、全社的にエンゲージメント活動をスタートさせたとしても、温度差は必ず生じるものだと構えておいたほうがいいでしょう。

　そうした状態が当たり前だと捉え、興味・関心が強い人のエンゲージメントの体感と実践を大切にし、その火種を少しずつ大きくしていくことをベースの考え方として持っていただきたいと思います。

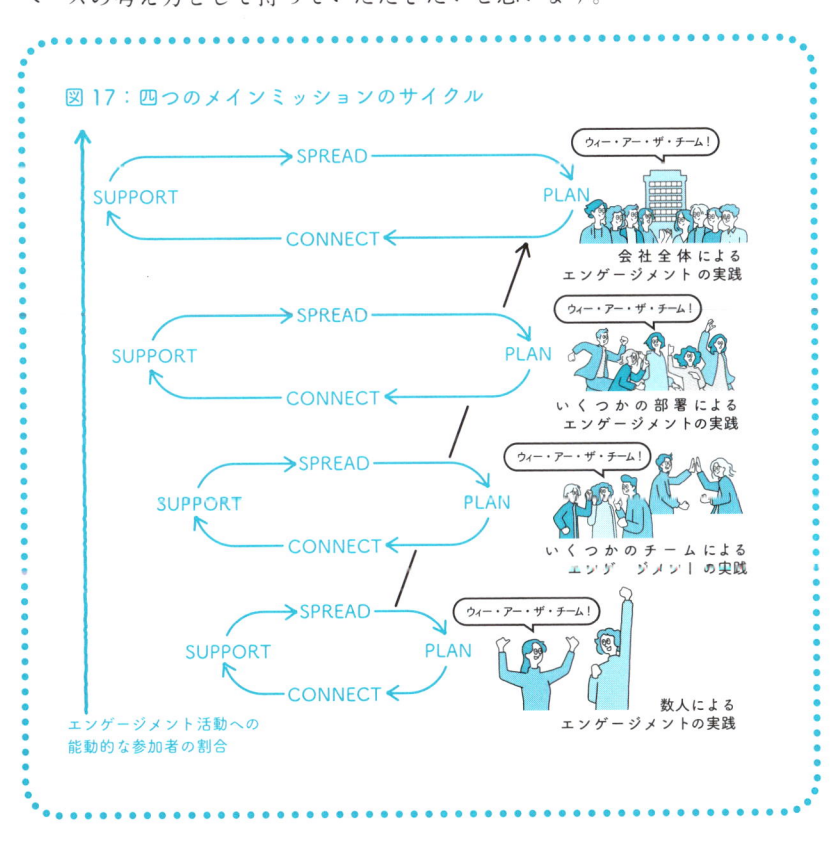

図17：四つのメインミッションのサイクル

# 活動を UPDATE する

　図 17 にも示しているように、四つのメインミッションのサイクルを回し、一定の区切りにたどり着いたところで、活動をさらに UPDATE させていきましょう。UPDATE を行っていくことで、エンゲージメント活動の範囲が広がったり、継続性が強化されたりしていき、組織にエンゲージメント活動が定着していくようになります。

　仮にエンゲージメント活動に能動的に参加する人が増えていったとしても、組織の制度との関連がなされていなかったり、継続する仕組みが構築されていなければ、ちょっとしたきっかけで活動が収縮してしまうことにもなりかねません。

　また、他の改革施策との連携を取らなければ、組織にとってより価値のある活動になる可能性を摘んでしまうことにもなります。例えば、エンゲージメント活動はダイバーシティや健康経営などのテーマと親和性が高く、連携することで双方の施策にとって有益な体制、仕組みを組織内に構築できる可能性が高いです。

　一定の区切りのあるタイミングで活動を UPDATE させていくことは、エンゲージメント活動の範囲拡大や定着はもちろん、組織にとってより価値のあるものへと進化させていくために必要なプロセスなのです。

　一定の区切りの目安としては、半年や 1 年といった時間で区切るのがわかりやすいでしょう。半期、期末など組織全体としても方向性を見直すタイミングだとなお、組織全体の動きと連動させた UPDATE に繋げやすくなります。

# Column

## 【かんたん診断】
## 七つのルートから進む道を
## 選んでみよう

　三つの鍵とERマトリクスの概要で、エンゲージメントの活動の全体像がだんだん掴めてきたところかと思います。同時に情報量の多さから、「何から手をつければいいかわからなくなってきた」という感覚を持つ人もいるかもしれません。時間がある方は、ERマトリクスを片手にミッションとアクションを一つひとつ整理していただきたいと思いますが、「すぐにでもエンゲージメント活動をスタートさせないといけない。何かしらプランを立てないといけない」といった状況の人もいるかと思います。

　そこで、これからエンゲージメント活動をスタートさせる人向けに、自身の置かれている状況や自組織の状況に合わせて大まかなプランの方向性を掴めるように、かんたん診断と七つのルートを用意しました。

　ただし、この七つのルートはあくまでPLANする際の参考となるものであり、必ずこのルート通りに進まないといけない、というものではありません。

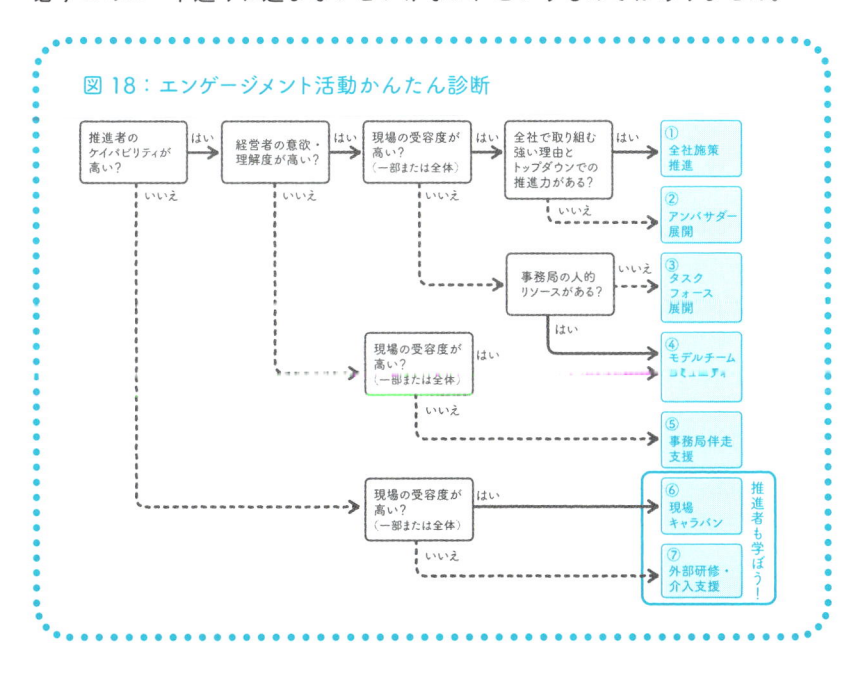

図18：エンゲージメント活動かんたん診断

## 三つの指標について

それぞれのルートは「推進チームのケイパビリティ」「経営者の意欲、理解度」「現場の受容度」の三つの指標の高低によってパターン分けされています

### ●推進チーム（Engagement Runner が所属するチーム）のケイパビリティ

ここでいうケイパビリティは、エンゲージメント活動を推進する上で必要な「知識」「スキル」「マインド」「時間的工数」があるかを指します。

「知識」はエンゲージメントや組織開発に関する知識を保有しているかどうか。「スキル」は関係者を巻き込みながらエンゲージメント活動を推進していくためのコミュニケーション能力やファシリテーション能力などを保有しているかどうか。「マインド」は組織をより良くしていきたいという想いや意志を持っているかどうか、を意味します。

ER も含めた推進チームのエンゲージメントへの理解度や、組織開発領域におけるスキルの有無によって、難易度の高い施策を選択できるかどうかが変わります。本書を読んでいただいて、「すんなり理解できた」「アクションのイメージを持てた」「エンゲージメント活動に取り組んでいきたいという気持ちが高まった」という方に関しては、この三つの要素をある程度持ち合わせていると捉えていいでしょう。

また、多くのステークホルダーを巻き込んだ取り組みをしようにも、他業務との兼ね合いなどで割ける工数が限られているケースも考えられるため、専任なのか掛け持ちなのかによっても、選択できる施策も異なってきます。

エンゲージメント活動には、初めて取り組むという組織が多く、知識・スキルがなく兼任で始める推進者は少なくありません。このような場合、これから知識やスキルを身につけていく、時間を生み出していくという前提で、前向きな意思を持って進めるマインドが大きな要素となります。

### ●経営者の意欲、理解度

経営者がどれほどエンゲージメントへの理解があり、活動に対してどの程度意欲的なのか、活動する際にどれくらい主体的に、あるいは協力者としてリード役を担ってくれるか、を指します。エンゲージメント活動を進める上で、経営者からのメッセージ・発信があるかどうかは、職場の興味

関心の醸成に大きく影響します。

　具体的には、ビジョンや中期経営計画に紐付けてエンゲージメント活動の重要性を発したり、役職者層などのキーマンへの説明や協力依頼を担ってくれることで大きく推進しやすくなります。経営者の意欲や理解度がどれほど高いかによって、重視するミッション・アクションの選択肢も異なってきます。

● **職場の受容度**

　エンゲージメント活動に対して、職場の人たちがどれだけ理解・共感をしてくれるかといった職場の状態やスタンスを指します。

　業績や日常業務に対する優先順位の高低や、エンゲージメントを始めとする組織づくりに対する認知の良し悪し、または人事部など推進チームの所属部署との関係性によって、どれだけ一緒に取り組んでもらいやすいかが異なります。

　業績思考が強く業務以外のことはやりたくないケースや、過去にあった組織づくり関連の取り組みにネガティブな印象を持っているケース。また、職場が推進チームの所属部署よりパワーバランスが上のような組織のケースでは、より活動に対しての理解・共感を育む活動を丁寧に進める必要が出てくるため、重視するミッション・アクションの選択肢も異なってきます。

以上、三つの指標を参考に、ご自身の状況、組織の状況に照らし合わせながら、選択していき、七つのルートのどれかを選んでみましょう。

## 七つのルートについて

　七つのルートについて詳細を解説します。ERマトリクスにおける重点ミッション、アクションは代表的なものをいくつか例として挙げています。重点ミッション、アクションだけをクリアすればいいというわけではなく、PLANを考えていく上でのヒントとして捉えるようにしましょう。

### 1. 全社施策推進ルート

　三つの指標が全て高い場合のルートです。エンゲージメント活動が初期段階から全社的に行いやすい状況であるため、全社施策を積極的に行いながら、活動を推進していきます。中期経営計画などにエンゲージメントが入っている、あるいは他の全社的な改革テーマ（健康経営やD&I）との関

ERマトリクス—ミッション編

連付けからエンゲージメント活動がスタートした。その上で、職場の理解も得られやすく、推進者も活動にたいしてリソースを割きやすい状況である……といった場合が想定されます。

全社を対象とした対話会やワークショップ、勉強会などの推進、経営層からのメッセージ発信や各施策への参加、表彰制度などを活用しながら、活動を推進していきます。ER が推進役として組織全体の活動をリードしていく側面が強くなりますが、職場での実践をどれだけ生み出せるかも重要となってきます。

同じ条件でもう一つのルートである「アンバサダールート」はより職場が主体となるルートです。状況に合わせてどちらが組織に合いそうか考えてみましょう。

### ER マトリクスにおける重点ミッション／アクション

ミッション：エンゲージメント活動のストーリー設計（P.76）／
好事例を見つける・形にする（P.93）／共創を生む（P.96）

アクション：情報収集（P.116）／社内への情報発信（P.210）／
社内イベントの企画・実施（P.240）

## 2. アンバサダールート

こちらも、1 と同様に三つの指標が全て高い場合のルートです。各職場に活動を推進するアンバサダーを設置し、ER と共に活動を推進していきます。1 と比べて、より職場が主体的になり、共に活動を行っていく側面が強くなります。

アンバサダーへの活動の理解促進、アンバサダーが職場での活動をしやすくするような支援などが ER にとって重要アクションとなります。全員が当事者であり、一人ひとりのエンゲージメント体感を生むという、エンゲージメント活動の肝を実現しやすいルートとも言えます。

▶詳しくは「アンバサダー制度を企画する」（P.186）で解説しています。

### ER マトリクスにおける重点ミッション／アクション

ミッション：体制・スケジュールの設計（P.78）／
好事例を見つける・形にする（P.93）／共創を生む（P.96）

アクション：社内への情報発信（P.210）／社内イベントの企画・実施
（P.240）／社内コミュニティ（P.244）

## 3. タスクフォース推進ルート

推進チームのケイパビリティ、経営者の意欲、理解が高いが、職場の受容度が低い場合のルートです。推進チームに加え、意欲ある職場のメンバーを巻き込んでタスクフォース・プロジェクトチーム（特定のテーマ、課題に取り組むための特別チーム）を組成します。

エンゲージメント活動の現場浸透・スコア向上に繋がる活動強化を促進するための企画を設計し、推進する役割を担います。現場のリアルを知る社員がチーム内にいることで、より現場に受け入れられやすい企画やアクションを実行し、高い推進力を持ちやすいルートといえます。

### ┈ ER マトリクスにおける重点ミッション／アクション ┈

ミッション：目的・課題・ゴールの設定（P.75）／活動の理解促進と共感、
共鳴の醸成（P.83）／基礎知識と実践知の提供（P.89）

アクション：企画作成・方針決定（P.129）／経営層・キーパーソンとの
対話（P.197）／社内への情報発信（P.210）

## 4. モデルチーム活動ルート

推進者のケイパビリティ、経営者の意欲、理解が高いが、職場の受容度が低い、あるいは受容度が高い人が限定的な場合のルートです。職場のいくつかのチーム（目安として最低3チーム、最大10チーム）をエンゲージメント活動のモデルチームとし、範囲を絞って活動を進めていきます。

モデルチームの活動で出た成果、事例を社内に伝播していくことで、少しずつ活動の範囲を広げていきます。全社展開を行うかどうかの試験的施策としても活用できます。

半年程度、モデルチーム活動をしてみて、その成果を職場や経営層へ報告し、組織内で了承が得られれば、全社展開へ発展させていくといった進め方も考えられます。また、モデルチームでの経験を通じて、推進者側にもノウハウや知見が溜まっていきます。

▶詳しくは「モデルチーム活動を企画する」（P.173）で解説しています。

## 5. 推進チーム伴走ルート

推進者のケイパビリティが高く、経営者の意欲、理解、現場の受容度が低い場合のルートです。推進者が積極的に職場に伴走しながら、活動を推進していきます。推進者が主催する説明会や相談会、勉強会などが主な施策となり、「ERから職場へ」といった構図で、エンゲージメントの知識やノウハウを伝えていくアクションが多くなります。

ポイントとしては、あくまで活動が軌道に乗るまでの伴走であり、最終的には職場の各チーム、一人ひとりが自発的に活動に取り組むようになることです。そのため、伴走の取り組みも、各職場の実践を生み出せるかどうか、がポイントとなってきます。

## 6. 現場キャラバンルート

推進者のケイパビリティが低く、経営者の意欲、理解、職場の受容度が高い場合のルートです。具体的には、推進者がエンゲージメントについてこれから学ぶ必要があるが、職場が対話などの取り組みに興味関心があり、積極的に取り組んでくれる。また、経営者も協力してくれる……といった組織の場合です。

スタートアップなど人数が少なく、ビジョン共有がされやすい組織や各職場の主体性が高く、自発的に取り組みが行われる風土がある組織などが該当します。

すでにエンゲージメント活動が組織で継続されており、推進担当者が変更となった場合もこのルートを選択することが多くなります。推進者が各職場の対話の取り組みやエンゲージメントに関わる取り組みを見て回りながら、活動の上手い進め方や失敗の教訓的な事例を収集したり、ER自身がノウハウなどを学んでいきます。

また、エンゲージメント活動が始まる前から、対話などが定着している職場の場合は、エンゲージメントという言葉を使っていなくても、同等の活動をしていることもあります。そのため、エンゲージメントという言葉にこだわらず、対話を重ねていたり、パフォーマンスが高いチームの取り組みをキャラバン的に見て回るようにしましょう。

> **ER マトリクスにおける重点ミッション／アクション**
>
> ミッション：好事例を見つける・形にする（P.93）／
> 　　　　　　好事例を届ける・実践に活かす（P.94）／共創を生む（P.96）
>
> アクション：情報収集（P.116）／企画作成・方針決定（P.129）／
> 　　　　　　インタビュー（P.191）

## 1. 外部研修・介入支援ルート

三つの全ての指標が低い、あるいは推進者のケイパビリティ、職場の受容度は低く、経営者の意欲、理解が高い場合のルートです。三つの全ての指標が低い……というとそもそもエンゲージメント活動がスタートしないのでは？とも考えられます。

しかし、例えばグループ企業の中の一つで、本社がエンゲージメント活動を始めたのに合わせて、自分たちも活動をスタートしないといけない……といった経緯の場合は該当するケースもあります。

あるいは「他がやっているからうちでも」といった経営者の思いつきに近い形でスタートした場合でも、該当するケースがあります。経営者が言い出しっぺになるものの推進者任せになり、推進者は経験がない、職場の受容度もない……と、二つの指標が低い状態になることが考えられます。

こういった場合は、外部の専門家に依頼をして、活動をサポートしてもらうルートを選ぶのも一つの手です。本書では、最終的には外部の専門家の力を借りずに、自分たちで自分たちの組織をよくするような力をつけていくことを目指しています。

大切なのは、外部の専門家にいつまでも頼り切りにならないようにする

ことです。予め、「この段階までは外部の専門家に支援してもらう。ここから先は少しずつ、自分たちでできるようにしていく」と自分たちで活動を進められるようにプランを立てていきましょう。

ER マトリクスにおける重点ミッション／アクション

ミッション：目的・課題・ゴールの設定（P.75）／体制・スケジュールの設計（P.78）／ Engagement Runner の養成（P.80）

アクション：企画作成・方針決定（P.129）／経営層・キーパーソンとの対話（P.197）／研修・トレーニングの企画・実施（P.227）

# PLAN

メインミッション「PLAN」に紐づく
六つのミッションについて解説します。

## PLAN とは

　なぜエンゲージメント活動を行うのか、いつ、何を、誰が行うのか……といった様々な検討要素について考え、目的・課題・ゴールの設定、ストーリー、体制、スケジュールの設計などを行い、アウトプットしていきます。アウトプットされたものは、今後のエンゲージメント活動を進めていく上での地図のような役割を果たします

　PLAN が曖昧だと「なんで、エンゲージメント活動しているんだっけ？」「いつまでに何をやればいいんだっけ？」と迷子になりやすくなります。ER がこうした状態では、職場や経営者への理解を得ていくための説明が曖昧なものになり、活動推進がしづらくなります。

　PLAN の中で整理されアウトプットしたものは、この先何度も立ち返ることにもなるので、しっかりと考えるようにしましょう。

　ただし、PLAN に時間を取られすぎて前に進めなくなる、というケースも実は多くあります。

　時には、いい PLAN をするために、試しに他のメインミッションに進んでみる、ということも大切です。

　たたき台あるいは仮説レベルで PLAN を終え、他のメインミッションに進み、小さく一周する。そして、また PLAN に戻ってきたときに、UPDATE を意識しながら、より詳細な PLAN、より規模の大きな PLANに取り組む、といったアプローチもオススメです。

# 組織の現状把握

　エンゲージメント活動を進めていく上で、まずは組織がどのような状態か、現状把握を行う必要があります。特に活動をこれからスタートさせるというタイミングの場合、この先のミッションにある「目的・課題・ゴールの設定」や「エンゲージメント活動のストーリー設計」を達成する上で、この現状把握で得た情報がとても重要になってきます。

　現状把握を行うためには、定性面、定量面の両方の情報を参考にしていきます。どちらかに偏ることなく、バランスよく両方の情報を把握できている状態を目指しましょう。

　定量面においては、エンゲージメントサーベイや社内向けの意識調査などを活用します。サーベイや各調査のデータを計測して終わりにするのではなく、しっかりと分析し、活動方針を考える土台としていきます。

　定性面においては、職場へのインタビューで直接社員の声を聞いたり、サーベイや各種調査のコメントを確認し、各チームや組織の状態を把握していきます。

　また、社内の情報だけではなく社外の情報にも目を向ける必要があります。世の中におけるエンゲージメントの最新動向、専門家の発信する情報、他社の実践事例を積極的に収集し学ぶようにしましょう。

　現状把握をするときに、どうしても組織のネガティブな面だけに着目しがちですが、ポジティブな側面、強みにも注目するようにしましょう。エンゲージメント活動を設計していく上で、ネガティブ面の解消と共にポジティブな面を伸ばしていく意識も大切になってくるからです。

　活動を継続していく過程でも、この現状把握は欠かせません。半年、1年と時間の経過と共に、組織の状態はどんどん変化していきます。また、社外の状況やエンゲージメント動向もアップデートされていきます。定期的に、現状把握をするタイミングを設けるようにしましょう。

**目指す状態**

- ☐ 組織の強み、課題を周囲に説明できるようになる
- ☐ 組織の状態を把握するための定性、定量の情報が集まっている
- ☐ エンゲージメント動向、専門家の発信、他社事例の情報が集まっている

**関連性の高いアクション**

情報収集（P.116）／インタビュー（P.191）／
経営層・キーパーソンとの対話（P.197）

# 目的・課題・ゴールの設定

　ERにとって、単なる計画立案だけでなく、組織全体の未来を見据えたゴールを示すことも大きな役割の一つとなります。

　エンゲージメント活動は成果が可視化しづらい活動です。「どういう状態になればゴールと言えるのか」を予めしっかりと考えておき、活動の達成感を組織全体で得られるようにするのもERの大切な役割です。年度ごとで活動の区切りが発生する場合は、１年後の目指すゴール＝目指す組織状態を設定するなど、一定期間におけるゴールを考えていきます。

　中期経営計画と接続する場合は、３年や５年でどのような組織状態を目指すか検討する場合もあります。

　エンゲージメントは一人ひとりがポジティブな感情を抱くだけでなく、組織力の向上にも繋がる、価値のある活動です。こうした活動の価値を、各組織に適した文脈で言語化し、職場に説明していけるようにしましょう。

　また、目的と共に組織が持つ課題も示し、エンゲージメント活動によってどうアプローチしていくかも明確にしましょう。職場の人が実感している組織課題を可視化したり、整理することで、活動に対する共感や理解を

得られやすくなります。また、経営層に対しても活動の意味を説明しやすくなるでしょう。

このように、「目的や課題、ゴールを提示し、メンバーの共感や理解を得よう」ということは、他のビジネス書でもよく触れられていることです。しかし、実際に考えて言語化していくのはそう簡単な話ではなく、往々にして「何を言えばいいんだっけ？」と手が止まってしまうものです。本書では具体的な設定方法について解説していますので、参考にしながら、実際に手を動かして考えてみましょう。

### 目指す状態

- ☐ 活動の目的・課題・ゴールを言語化できている
- ☐ 職場の人たちと対話しながら目的・課題・ゴールを設定できる
- ☐ 活動の目的・課題・ゴールを各ステークホルダーに説明できる

### 関連性の高いアクション

情報収集（P.116）／企画作成・方針決定（P.129）


# エンゲージメント活動の
# ストーリー設計

「目的・課題・ゴール」を設定したら、どのような道筋を辿ってゴールを目指していくか、ストーリー設計をしていきましょう。

本書におけるストーリー設計とは、組織、チームがどのような状態変化を起こしながら、ゴールに向かっていくか、大筋のマイルストーンを描くことを指します。このマイルストーンを通過していく過程で、組織やチームには様々な変化・変容が起きていきます。その様はまさに物語のようなもので、計画を淡々と進めるだけではない、ダイナミズムにあふれたもの

です。

　全ての物語には、筋書き、つまりストーリーがあります。ERにとってのストーリー設計とは、組織、チームがこれからどのような変化・変容の物語を経験していくか、その筋書きを作っていくようなものとも言えます。例えば、1ヶ月目、3ヶ月目、6ヶ月目……などのタイミングで、組織、チームがどのような変化・変容を起こしていくかを考えていきます。

　ストーリー設計を行うために、活動の生い立ちの整理からはじまり、ERマトリクスを参考にミッションとアクションの整理や順序立て、どのようなステップを経て組織の変化と変容を起こしていくか、などの全体像を描いていきます。

　こうしたストーリー設計は、「目的・課題・ゴール」と共に、各ステークホルダーがエンゲージメント活動を理解するのに役立ちます。キーパーソンとの関係づくりや、経営者とのコミュニケーションにおいても有効活用できるでしょう。

　また、ER自身が活動の方向性を見失わないようにする役割もあります。活動は今どこを目指しているのか、そのために何をやるのか（やっているのか）を明確にするためにも、ストーリー設計は重要となってきます。

---

### 目指す状態

- ☐ 組織がどのような変化・変容を遂げていくか大筋のマイルストーンが描けている
- ☐ 活動のストーリーとして全体像がアウトプットができている
- ☐ 活動の推進にどれだけ詳細なストーリー設計が必要か認識できている

### 関連性の高いアクション

情報収集（P.116）／企画作成・方針決定（P.129）／
インタビュー（P.191）／経営層・キーパーソンとの対話（P.197）

# 体制・スケジュールの設計

　より詳細なストーリー設計を行うために、体制・スケジュールの設計を行います。

　エンゲージメント活動における体制の設計とは、各ステークホルダーがどのような役割を担うのかを整理し、「誰が、何をするのか」を明確にすることを意味します。

　ER が活動の推進を担うことはもちろん、経営層は何をするのか、職場のマネージャーにはどういう役割を担ってもらうのか、モデルチーム活動あるいはアンバサダー制度において誰がどういう役割を担うか……などを決めていきます。

　スケジュールの設計については、ストーリー設計で描いたマイルストーンの達成のための、より具体的なスケジュールを考えていきます。半年、1年などの区切りの中で、説明会、講演会、相談会などのアクションをいつ開催するのか、具体的なアクションと共に月単位、週単位のスケジュールを構築していきます。

　こうした体制、スケジュールは経営者への決裁、職場への活動周知などにおいて活用していくことになります。

### 目指す状態

- ☐ 「誰が、何をするのか」を明確に整理できている
- ☐ 具体的なアクションをいつ実行するかスケジュール設計ができている
- ☐ 各ステークホルダーへ説明できるようにアウトプットできている

### 関連性の高いアクション

企画作成・方針決定（P.129）／経営層・キーパーソンとの対話（P.197）

# 否定的反応への対応と
# 社内の合意形成づくり

　組織が新たな取り組みを始める際、否定的な反応を示す人は必ずと言っていいほど出てきます。特にエンゲージメントという言葉は人事、組織開発領域においては周知されてきた言葉ですが、職場の中にはまだ知らない人が多いのも事実です。そのため、エンゲージメントという言葉を見ただけ、聞いただけで、「また新しい横文字か……」といった反応が生まれやすくもあります。

　否定的反応としては、お願いをしている取り組みをしてくれない、メンバーへの情報共有をしないなど消極的な姿勢を取る。あるいは「こんな活動に意味あるの？」「時間の無駄じゃない？」と疑問を呈してくる、といったものがあります。こうした反応を示す人への対応は、ERにとって避けては通れない重要な課題です。事前に否定的反応への対応も活動の一つとして折り込んでおき、どのように対処するかを考えておくことが大切です。

　加えて、活動を円滑に進めるためには、ステークホルダー間の合意形成が必要となります。組織内にはさまざまな立場や意見があり、それら全てをまとめ上げることは容易ではありません。

　ただし、焦るあまり短期間で相手を変えようとか、1回の打ち合わせで説得しよう、と考えないようにしましょう。人を変えることはできない、自分が正解というわけではない、という前提のもと、相手の視点に立って考え、コミュニケーションを取っていくことが大事です。

　「経営層・キーパーソンとの対話」（P.197）や「変容のスキル：変化と変容」（P.365）などを参考にしながら、少しずつ相手とコミュニケーションを取り、同じ方向性に進めるようにチャレンジしていきましょう。

**目指す状態**

- □ 否定的反応への対応方法について理解できている
- □ 否定的反応への対応について具体的なアクションを取れる
- □ ステークホルダー間の合意形成に向けて具体的なアクションを取れる

**関連性の高いアクション**

インタビュー（P.191）／経営層・キーパーソンとの対話（P.197）

# Engagement Runner の養成

　エンゲージメント活動を推進するにあたり、重要な役割を果たす ER の養成を目指していきます。そのためには、「基礎知識編」で解説する「三つの鍵」を実践しながら、体験をもとに学び、力をつけていくこと。そして、「スキル・スタンス編」を参考に、自分に必要なスキルやスタンスを身につけていくことが必要です。

　活動の推進者という役割を担うにあたり、必然的にやらなければいけないこと、組織から求められる仕事も多くあるかと思います。そうした中でも、ER マトリクスを参考に、なぜ、なにを（ミッション）、どうやるのか（アクション）を明確にしながら、一つひとつクリアしていきましょう。こうした経験の積み重ねが ER としての成長に繋がっていきます。

　エンゲージメントの活動の推進には、あなた自身のエンゲージメントの体感と実践も重要な要素となってきます。自身がどういうときにエンゲージメントを体感するか、自己理解を深め、言語化し、他者に共有できることを目指します。そして、そうした輪の広げ方を1対1、チーム、組織とだんだんと範囲を広げていけるように、さらなる実践レベルの向上を図っ

ていきます。

　エンゲージメント活動は ER 一人ががんばっても成果には繋がりません。職場の一人ひとりが対話を通じて、エンゲージメントを体感しながらチームとして成長していくプロセスも重要となってきます。そうしたチームの成長を「TEAM EXPERIENCE」をもとに、ER が支援していきます。

　目指す状態に挙げたものは、ER として一人前の状態とも言えます。そこにたどり着くまでには、長い時間を要する人がほとんどかと思います。焦らず、一つひとつの経験を、自身の成長に繋げていきましょう。

### 目指す状態

- ☐ ER マトリクスを活用しエンゲージメント活動の全体設計と推進ができる
- ☐ 「エンゲージメントの体感と実践」（P.271）を理解、実践できる
- ☐ TEAM EXPERIENCE の実現に向け対話を支援できる（P.295）
- ☐ エンゲージメント活動に必要なスキル、スタンスを習得する

### 関連性の高いアクション

研修・トレーニングの企画・実施（P.227）

# CONNECT

## CONNECT とは

CONNECT には二つの側面があります。一つは、ER と職場の人たちとの繋がりを強くしていくという側面。もう一つが、職場のメンバー同士の繋がりを強くしていくという側面です。

前者においては、職場の中でエンゲージメント活動に興味、関心が強いキーパーソンを探し、仲間にしていくことを目指していきます。そして、相談会や勉強会などを通じて、ER とキーパーソンとの繋がりを強くしていきます。

後者においては、職場内での対話の場の提供や社内コミュニティの形成などを目指していきます。社内イベントやコミュニティ活性化に繋がる機会提供を ER が率先して企画、実行していきます。

いずれの側面においても、「自分たちのチームは、自分たちでよくする」という職場の主体性を育めるかどうか、がポイントとなってきます。

CONNECT をおろそかにすると、いつまでも ER や推進チーム、人事部など特定の人たちだけが働きかけを続け、職場はいまいち乗り気でない、消極的な姿勢のまま……といった状態が続くようになってしまいます。

こうした状態を無理に打開しようとすると、制度面からのアプローチなど、組織の機能だけを強化する施策に頼らざるを得ません。そうした、組織から個人への一方的なアプローチが強くなってしまえば、対話を通じたエンゲージメントの体感や実践からは遠のいてしまいます。

少しずつ仲間を増やし、職場の主体的な活動を醸成するためにも、CONNECT は欠かせないメインミッションとなってきます。

# 活動の理解促進と
# 共感、共鳴の醸成

　エンゲージメント活動を進めていく上で、職場一人ひとりの活動への理解を促進することが必要となってきます。そのために、PLANで設定した目的・課題・ゴールやストーリーを使いながら、「なぜ、なにを、どう」進めていくかを丁寧に説明していきます。

　ただし、エンゲージメント活動はただ頭で理解するだけでは不十分です。職場の一人ひとりがエンゲージメントを自分ごととして捉え、主体的に取り組んでもらえるように、強い共感を生み出していくことも大切です。ここは、エンゲージメント活動の難しさでもあり、醍醐味でもあります。

　共感を生むためには、相手の立場に立って物事を伝えていくことやER自身の想いを伝えることが大切になってきます。一方通行的な伝達だけで活動を推進しないように注意しましょう。「エンゲージメントの体感と実践」のレベル1、2（P.274、P.278）や、「聴くスキル：インタビュースキル」（P.344）などが参考になります。

　さらに、共感だけに留まらず、活動の目的やゴールに対して一人ひとりが自らの意志で動き出す「共鳴」を生み出すところまで視野にいれていきましょう。「エンゲージメントの体感と実践」のレベル3（P.280）に相当すると言えます。アクションでは、「社内への情報発信」（P.210）や「社内イベントの企画・実施」（P.240）「社内コミュニティ」（P.244）などが参考になります。

# キーパーソンとの関係づくり

　エンゲージメント活動は ER や特定の部署（人事部など）だけががんばって取り組みを行えば、いい成果を生めるものではありません。職場の一人ひとりがエンゲージメントと向き合い、対話などの取り組みを行う必要があります。

　しかし、いきなり全員が積極的に参加してくれることは難しく、最初は限られた人数からのスタートとなります。大事なのは、そうした少なからずいる活動への理解者や興味を持っている人、つまりキーパーソンを ER が逃さず見つけ出し、しっかりと関係づくりを行っていくことです。

　キーパーソンとの関係づくりは、エンゲージメント活動が組織内で伝播され、定着していく上での重要な要素となってきます。企画段階の情報収集において協力してくれる、モデルチームとして参加してくれる、アンバサダーとして手を挙げてくれる、活動へのフィードバックをしてくれる……など様々な場面で ER を支えてくれる存在にもなり得るからです。

　関係づくりを進めていく中で、いつしか「仲間」とも言える存在にもなっていきます。最終的には、活動のゴールが ER だけのものでなく、キーパー

ソンも一緒に追いかけるものとなり、各職場で活動をリードしてくれたり、社内コミュニティ形成に一役買ってくれたりと様々な発展も考えられます。

　数人のキーパーソンとの活動が火種となり、やがて組織に大きな活力を生み出していく。こうした過程は、エンゲージメント活動の醍醐味の一つとも言えます。キーパーソンとの関係づくりは、どのようなストーリーで進める場合でも必須と言える大事なミッションですので、しっかりと取り組むようにしましょう。

---

### 目指す状態

- ☐ キーパーソンを見つけられている
- ☐ キーパーソンとの関係づくりのための取り組みができている
- ☐ キーパーソンが積極的に活動に参加してくれている

### 関連性の高いアクション

インタビュー（P.191）／経営層・キーパーソンとの対話（P.197）／社内コミュニティ（P.244）

ＥＲマトリクス―ミッション編

# SUPPORT

## SUPPORT とは

　職場の一人ひとりがエンゲージメントを体感、実践していくためには、まずは自分についてより深く知ることが大切になってきます。自己理解を通じて、自分の新たな一面や隠されていた一面に気づくというプロセスが重要です。

　また、自己理解だけでなく、相互理解も深めていくことで、「他者と自分との違い」「他者のエンゲージメントにいい影響を与えるには？」といった気づきを生み出していくことも大切です。

　しかし、こうした気づきはただ職場に「エンゲージメント活動をしてね」とお願いをしただけではなかなか生まれにくいため、ER からの SUPPORT が必要となってきます。

　例えば、気づきを生むための勉強会やワークショップの開催、研修やトレーニング機会の提供などがそれに該当します。また、「対話 & TEAM EXPERIENCE 編」（P.295）の内容を ER が理解し、職場での実践が行われるように支援していくことも重要です。

　よりよいチームにしていくための、職場のメンバーたちの気づき、対話や改善アクションを ER が支援し、エンゲージメント活動を推進していくことを SUPPORT では目指していきます。

# 対話と TEAM EXPERIENCE の支援

　エンゲージメント活動の核となるのが、相互理解を深めていく「対話」です。エンゲージメントは個人だけでなく、組織や周囲（同僚や上司、部下）との関係性によって変動していきます。そのため、対話を通じて、相互理解を深め、お互いにどうすればエンゲージメントを体感できるかを考え、行動に移せるようになる必要があります。

　ER は職場での対話が促進されるように、支援を行う役割を担います。時にはチームでの対話の場にファシリテーターとして参加したり、対話のコツを学ぶ機会を提供したり、相談会などを通じて、課題やアクションについて共に考えたりします。

　こうして職場でエンゲージメントと向き合うための対話を重ねていくことで、チームには様々な変化・変容が生まれてきます。こうしたチームの変化・変容を私たちは「TEAM EXPERIENCE」という五段階の成長ステップとしてまとめています。

　五段階それぞれのチームの特徴、成長に必要な対話、それぞれの段階でのオススメワークを「対話 & TEAM EXPERIENCE 編」（P.295）で解説しています。対話をベースとしながら、TEAM EXPERIENCE によるチームの変化・変容、成長を支援していく。これが、ER にとっての職場への支援の中心的活動となっていきます。

---

### 目指す状態

- ☐ 職場のメンバーが対話の重要性を理解し、実践できている
- ☐ 職場の中で TEAM EXPERIENCE が生まれ、チームが成長している
- ☐ 「ウィー・アー・ザ・チーム！」と言える人、チームが増えている

### 関連性の高いアクション

研修・トレーニングの企画・実施（P.227）／社内イベントの企画・実施（P.240）

---

# 職場の要望や疑問点の収集と対応

　エンゲージメント活動を進めていくと、職場では「エンゲージメントについて教えてほしい」「エンゲージメント活動は何のためにやるのか」「対話と言っても何を話せばいいのか」など、様々な要望や疑問点が生まれてきます。

　こうした要望、疑問点をしっかりと収集し、対応していくことは ER の大切な役割です。ER から活動について説明するだけにとどまり、職場の声を聞こうとしないというスタンスでは、活動はなかなか推進されません。

　職場の声と向き合うことで、職場の一人ひとりが「自分の声が届いている、しっかりと組織づくりに反映されている」と実感し、ER への信頼感が生まれていきます。信頼関係を築いていくことで、活動への積極的な参加者も増えていき、活動の輪がどんどん広がっていくのです。

　職場の要望や疑問点を収集するためには、説明会や相談会など職場との接点を積極的に作っていく必要があります。各職場を回り、直接的な接点を持ちながら、活動を支援していきます。あるいは、サーベイや各調査でのコメントも、職場の声を聞くための大切な素材となります。

　職場から出てきた全ての要望を叶えることは、現実的には難しいかと思います。ただ、要望を叶えられない場合でも、「なぜ要望を叶えられないか」をしっかりと説明するかしないかで、職場との信頼関係の構築には大きな差が出てきます。

　疑問に対しても ER としてしっかりと説明を行うようにしましょう。活動の意味に対する疑問についての対応は「目的・課題・ゴールの設定」、「ストーリーの設計」などで考えたものが土台となってきます。活動の方法に対する疑問への対応については、ER 自身のエンゲージメント体感や知識、スキルの引き出しの多さが鍵を握ります。

**目指す状態**

- ☐ 職場の要望や疑問点を聞く機会を設けている
- ☐ 職場の要望や疑問点への対応ができている
- ☐ 対応に必要な ER のスキル、知識の習得に努められている

**関連性の高いアクション**

インタビュー（P.191）／研修・トレーニングの企画・実施（P.227）

# 基礎知識と実践知の提供

　エンゲージメント活動を進めていく上で土台となる基礎知識を、活動に関係する組織内の人々へ提供します。

　基礎知識は、エンゲージメントの意味や価値、関連する社会的背景や動向など理論的な知識を指します。エンゲージメントは体感することが大切ですが、基礎知識が全くなければエンゲージメントとは何か、なぜ重要なのかも検討がつきません。

　あるいは、せっかくエンゲージメントを体感できたとしても、それを自身の能力の発揮や周囲との関係性の強化などにどう活かしていけばいいか考えることが難しくなります。

　最終的には、基礎知識を通じてエンゲージメントの本質を理解することで、それぞれが自分なりに知識を応用しながらエンゲージメント活動に取り組める状態を目指していきます。

　また、エンゲージメント活動においては、基礎知識だけでなく、実践知も大切です。日常の業務の中で活用できる実践知を得ることで、ER だけでなく、職場の一人ひとりが実践者になっていきます。最初の頃は ER が主導していた活動が、次第に一人ひとりがリーダーとなり、活動を活性化

させていくようになる。こうした状態こそまさに「自分たちで自分たちの組織をよくしている」といえます。

　基礎知識と実践知の提供によって、一人ひとりが実践者となり活動に大きなエネルギーが生まれることを目指していきましょう。

---

**目指す状態**

☐ エンゲージメントに関する基礎知識、実践知についてまとめられている

☐ エンゲージメント活動の基礎知識、実践知を提供する機会を設けている

☐ エンゲージメント活動の実践知が職場で活用されている

**関連性の高いアクション**

社内への情報発信（P.210）／研修・トレーニングの企画・実施（P.227）

---

# エンゲージメントの体感を生む機会づくり

　基礎知識や実践知の提供に加え、大切になってくるのが「エンゲージメントの体感を生む」ための機会づくりです。

　エンゲージメントは一人ひとりの主観によって変化するため、「どういうときにエンゲージメントを感じるか」も人それぞれで変わってきます。また、自分にとってのエンゲージメントは何か？ということについては、いきなり一人で考えてもなかなかわかりづらいものです。

　そこで、職場のメンバーがエンゲージメントを体感できる機会を、ERがつくっていくことが重要となってきます。基礎知識、実践知を伝えるとともに、それらの知識やノウハウを実際に試してみる機会が必要なのです。

　具体的にはエンゲージメントについて考えるワーク、エンゲージメントサーベイのスコアを用いた対話会などの機会をつくり、ER がサポートしながらエンゲージメントの体感を各メンバーに生んでいきます。

　体感が生まれることで、エンゲージメントが高い低い・上がる下がるとはどういうことかを自身の経験と重ねて理解できるようになるため、具体的に考えやすくなったり、向き合おうとする活動も生まれやすくなったりします。

　なぜ自分のエンゲージメントが上がった／下がったのか、あるいは同じチームのメンバーのエンゲージメントがどうして上がった／下がったのか。

　こういった対話は「エンゲージメントを体感する」ことで、より高い精度で行えるようになります。また、なぜエンゲージメントが上下するか、は個人の成長具合や外部環境によって変化していくため、定期的にエンゲージメントに対する自己理解を深める機会づくりが必要となってきます。

### 目指す状態

- □ エンゲージメントを体感するためのワークショップや対話会の方法を習得している
- □ エンゲージメントを体感するための機会を設けられている
- □ 一人でも多くの人がエンゲージメントを体感できている

### 関連性の高いアクション

研修・トレーニングの企画・実施（P.227）／
社内イベントの企画・実施（P.240）／社内コミュニティ（P.244）

ERマトリクス─ミッション編

# SPREAD

## SPREAD とは

　各職場で生まれた活動の好事例を集め形にしたり、活動の成果を可視化したりし、組織内に SPREAD（伝播）していくことで、職場や経営層の理解を深めていきます。

　エンゲージメント活動の成果は、わかりやすく目に見える形として出てくるものばかりではありません。

　「組織やチームの雰囲気がよくなった」「前よりもコミュニケーションが増えた」……といった組織の変化は、ER が率先して見つけ、形にしていかないと最悪の場合「なかったこと」になってしまう可能性もあります。

　ER が各チームや個人に生じた変化を承認し、可視化することで、はじめて当事者本人が、変化を認識することもあります。

　エンゲージメント活動の成果の可視化はとても難しいテーマですが、事例などの定性面、サーベイ結果などの定量面などを活用しながら、活動の価値を各ステークホルダーに伝えていく必要があります。

　組織の多くの人がエンゲージメント活動の価値を理解し、主体的に参加してもらえるように、SPREAD に取り組んでいきましょう。

# 好事例を見つける・形にする

　各職場での活動による成果を「好事例」としてピックアップし、何かしらの形にしてアウトプットすることを目指していきます。

　エンゲージメント活動による好事例はERが自ら見つけにいこうとしないと、なかなか表には出てきません。各職場への支援を続けると同時に、好事例が生まれていないか、常にアンテナを張っておく必要があります。各職場の仲間といい関係性を築いておけば、好事例を教えてもらえることもあるでしょう。好事例を見つけるためには、活動の様々な場面でログを取るような習慣を身につけることも重要となってきます。

　何を好事例とするかは「目的・課題・ゴール」によって変わってきます。組織が目指す姿、エンゲージメント活動のゴールと照らし合わせたときに、何が好事例となるのか、なぜ好事例と言えるのかといった判断基準をERがしっかりと持つことも大切です。

　好事例を見つけたらER内だけで完結させるのではなく、何かしらの形でアウトプットするようにしましょう。社内報向けに記事化する、説明会資料に入れ込む……などあらゆる場面で、好事例を届けられるようにまずは形にする必要があります。

　好事例を見つけ、形にしていくことは、社内にエンゲージメント活動を伝播していく上で欠かせない工程です。ただし、活動の中の取り組みとして予め計画に入れておかないと、せっかくの好事例を見逃したり、後回しにしてしまったりということにもなりがちです。

　あるいは、エンゲージメントサーベイの結果が悪いチームや状態が悪いチームの対応にばかり終始してしまい、なかなか活動の輪が広がらないというケースもよくあります。

　好事例を見つけ、形にする仕組みをしっかりと持つことがERの大切な役割だと認識して、「好事例を見つける・形にする」にチャレンジしていきましょう。

# 好事例を届ける・実践に活かす

　好事例を、社内のできるだけ多くの人に届けられるように、社内報やイントラネット、勉強会や説明会、社内イベントなどで積極的に好事例を発信していきます。

　エンゲージメント活動に関する情報は緊急性が低いため、閲覧の優先度は必然的に低くなります。そのため、一つのルートに頼ることなく、できるだけ多くのルートで届け、接点を多く持つことが大切です。また、職場の人が興味を持ったり、共感を得られるような工夫も必要です。

　社内の好事例は、得てして掴みどころがなく抽象的な話しになりがちなエンゲージメント活動の効果や取り組み方について、具体的な理解を促すことに繋がります。

　また、実践的なノウハウを、好事例を通じて伝えることも可能です。好事例を届けて「へぇー」で終わるのではなく、「お、今度これ真似してみよう」と実践に繋がるような発信を心がけましょう。好事例の共有をベースとした勉強会などもとても効果的です。

　同じ組織の人が活動に積極的に取り組んでいる姿勢を他者が見ることで、「自分もやらないとな」と活動への意欲を醸成することにも繋がります。このようにお互いが刺激し合うきっかけとしても、好事例は活用できます。

好事例のコンテンツは、ER の代わりになってノウハウの発信や意欲の醸成を担ってくれる、優秀なアシスタントとして機能してくれます。組織のあらゆるところで、エンゲージメント活動の実践が生まれるように、好事例を届け続けていきましょう。

---

### 目指す状態

- ☐ 好事例を継続して届ける仕組み（共有機会、媒体選定、スケジュールなど）が構築できている
- ☐ 実践に繋がるような好事例の伝播ができている
- ☐ 好事例をきっかけに職場で気づきや実践が生まれている

### 関連性の高いアクション

社内への情報発信（P.210）／社内コミュニティ（P.244）

---

# 進捗状況や成果のレポーティング

進捗状況や成果のレポーティングは、活動の意味、価値を社内に伝播していくと共にさらなる活性化に繋がっていきます。

レポーティングは主に経営層や部門長などの統括・意思決定者に向けて行っていきます。

エンゲージメント活動において、どのような取り組みを、誰が、いつ行ったかなどの進捗を可視化し、意思決定者が状況を把握できるようにします。

進捗と共に、組織、チームにどのような変化が生まれたか、どのような好事例が生まれたかといった成果もまとめていきます。成果に関しては定性面、定量面の両方の情報があるとレポートとしての説得力も増します。

定性面においては、各取り組みにおける参加者のコメントや反応、好事例などが活用できます。定性面においてはサーベイの結果や各種調査の結

果を分析したものが活用できます。

　レポーティングによって、経営層への報告をするだけに留まらず、理解を促進し、協力を得られるように働きかけていきましょう。例えば、同業他社の取り組み事例や、経営層に期待するアクション（メッセージの発信など）を伝えるのも効果的です。

　エンゲージメント活動は職場だけでなく、当然経営層の一人ひとりも当事者となります。また、エンゲージメント活動の範囲を広げたり、継続的な活動にしていくためには、人員確保や予算の割り振りなど、経営層による意思決定が必要となってくることも出てきます。

　このように、レポーティングは経営層や部門長に向けてエンゲージメント活動を伝播していくための、重要な工程となってきます。

---

**目指す状態**

- ☐ 活動の進捗状況、成果を把握できている
- ☐ 活動の進捗状況や成果のレポーティングを行えるようになっている
- ☐ レポーティングが活動の活性化に繋がっている

**関連性の高いアクション**

情報収集（P.116）／経営層・キーパーソンとの対話（P.197）

---

# 共創を生む

　エンゲージメント活動に積極的に取り組むメンバーが増えてきたら、次は積極的なメンバー同士の共創が生まれることを目指しましょう。

　積極的なメンバー同士の交流や新たな繋がりを生む機会、メンバー同士で経験談や知識、ノウハウを共有し合う機会（マネジメントの悩み相談会、エンゲージメントに関する学習コミュニティ）などを作ることで、相互に刺

激し合いながら、活動に必要なエネルギーを生み出していきます。

　こうしたメンバー同士の繋がりから、職場の人たちがERが声を掛けずとも、率先してエンゲージメントに関連する社内イベントや勉強会などを開催する……といった共創が生まれることもあります。

　しかし、共創が生まれるようになるには職場の人たちの知識、実践知、経験値、いい組織にしたいという強い思いが必要になってきます。

　ERから職場へのSUPPORTを通じて、共創が生まれる土壌を耕していく必要があります。

　時間と労力は要しますが、中長期的な目的として、積極的なメンバー同士の共創が生まれることを目指していきましょう。

## 目指す状態

☐ 活動に積極的なメンバー同士が新たな繋がりを生む機会を設けられている

☐ 職場の中で自発的に各種の取り組みが生まれている

☐ 活動に積極的なメンバー同士でノウハウや知識の共有、相互の刺激や励ましなどが生まれている

## 関連性の高いアクション

社内への情報発信（P.210）／社内イベントの企画・実施（P.240）／社内コミュニティ（P.244）

# UPDATE

「UPDATE」に紐づく
三つのミッションについて解説します。

## UPDATE とは

　UPDATE では、一定期間内の活動を見直し、改善点がないか、より活動を拡大、定着させていくために必要なことはないか、どうすれば活動を継続できるか……などを検討していきます。そして、これまで紹介してきた四つのメインミッションをよりよく回していくにあたって必要な要素を洗い出し、活動をさらに進化させていきます。

　この UPDATE は四つのメインミッションからはあえて外す形としています。その理由として、四つのメインミッションを包括的に見直し、活動をよりよく改善していくために、一連の流れとは別の軸にあるミッションとして捉えてほしいからです。

　UPDATE を行わないと、活動の形骸化や縮小などが起きる可能性が高まります。最悪の場合は、活動停止という判断を下される可能性もあります。半年や 1 年など、一定の区切りがついたタイミングで、活動の UPDATE をすることで、活性化と定着化を図っていきましょう。

# 継続的な取り組みの設計と推進

　エンゲージメント活動は本質的には終わりのない取り組みです。なぜなら組織は生き物のように常に変化しており、様々な影響によって、組織、チーム、個人のエンゲージメントは常に変動していくからです。

　そのため、エンゲージメント活動は継続的な取り組みとなるように設計、推進することも求められます。

　終わりはありませんが、一定の区切りは発生します。年度ごと、３ヶ年、５ヶ年……と組織全体の方針を見直すタイミングで、エンゲージメント活動についても見直しを行い、よりよい活動として継続できるように再設計していきましょう。

　区切りのタイミングで「なぜ、エンゲージメント活動をしているのか」といった根本に立ち返り、その時々での意味合いを考え、言語化していくことも忘れないようにすることで、活動の形骸化を防ぐ必要があります。

　もう一つ、継続という点で気をつけたいのが「活動のマンネリ化」です。

　エンゲージメント活動とは、「四つのメインミッション」を繰り返しながら、組織全体でエンゲージメントを実践していくことでもあります。この繰り返しを表面的に捉えてしまうと、「同じことの繰り返しになってないか……」という感覚を持ちやすくなる側面があります。

　実際には、組織、チーム、個人の状態は常に変わるため、一つとして同じ対話やワークは生まれません。しかし、こうした本質を全ての人が理解できているわけではないため、「対話ばかりして意味あるの？」「もう、活動しなくてもいいんじゃ？」「もう変わらないのでは」……といったマンネリに対する懸念の声が挙がってくるようになります。

　こうしたマンネリ感と向き合い、対策を取っていくこともERの役割となってきます。

　継続的な取り組みの設計と推進を怠ると、活動が形式化、儀式化してしまい、表面的には活動がされているようで、その実、一人ひとりがエンゲージメントと向き合えていない……といった状態になるリスクがあります。定期的に活動の見直しとテコ入れを行い、エンゲージメントの実践が

当たり前のように定着している状態を目指していきましょう。

# 他の改善・改革施策との連携

　エンゲージメント活動は他の改善・改革施策と連携することで、さらにその価値を高め、活性化を図ることができます。例えば、健康経営やダイバーシティ＆インクルージョン、働きがい改革などの改善・改革テーマとのかけ合わせが考えられます。

　他の施策と連携を取ることで、リソースが増えたり、活動の伝播がしやすくなったりと様々なメリットが生まれます。

　組織の中期経営計画に入っている改革テーマと連携することで、より継続的で、組織全体の施策としてエンゲージメントを扱うことも可能です。

　ERはこのように、活動を進化させるために、エンゲージメント単体だけでなく、他のテーマとの連携、他部署との連携も積極的に行っていくことになります。

　連携することで相互の施策にとってどのようなメリットがあるかを考え、すり合わせていくと共に、エンゲージメント活動によって達成したいことを連携先に理解してもらうことが大切です。

# 社内の仕組み・制度との連携

　活動の範囲を広げていくには、社内の仕組みや制度と連携を取ることが不可欠です。例えば、マネージャーの人材開発計画や評価制度との連携、採用や配置、組織開発活動との連携、福利厚生……など様々なものが考えられます。

　例えば、「表彰制度の中にエンゲージメントに関連する項目を取り入れる」といったアクションは私たちが支援する組織でも多く採用されています。

　あるいは、人的資本経営と紐づけ、エンゲージメント活動に関する情報発信を社外向けに行うといった仕組みを持つことも考えられます。

　このように、社内の仕組みや制度と連携していくことで、エンゲージメント活動が組織に定着していくことを目指していきましょう。

ERマトリクス─ミッション編

# Engagement Story
## エンゲージメントストーリー⑥

## 株式会社ルネサンス

**「わたしたちにとっての『生きがい創造』って何だろう?」**
**自分の言葉で語り、自然とエンゲージメントが**
**「高まっちゃう」組織を目指して**

**第1営業部**
**Aエリア エリアマネジャー**
**八田 則之さん**

全国に約100拠点ある「スポーツクラブ ルネサンス」の
うち、北海道・東北地域を中心とした13拠点の営業活動をエリアマネジャーとして管掌。
営業部内のエンゲージメント活動の推進役も担っており、2023年度からは営業部内の
人的資本担当も兼務している。

**経営企画部**
**パブリックリレーションチーム 課長代理**
**瀬戸 純哉さん**

社内外とのコミュニケーションを担当するパブリックリレーションチームにて、社外向
けにはプレスリリースや「ルネサンス公式note」などを、社内向けには経営層からスタッ
フに向けたメッセージの企画などを担当。Wevoxのスコアやエンゲージメントに関す
る発信内容の検討も行っている。

**人事部**
**人材開発チーム 主任**
**川上 咲緒里さん**

スポーツクラブ事業を経て、2022年10月より人事部へ。教育担当として各種研修の
企画・実施を担当するとともに、Wevoxの事務局として、3ヶ月に1回のサーベイの
実施とスコアやコメントの開示、エンゲージメント活動の企画・推進などを担当している。

※取材時(2024年3月)の部署・役職です。

　「スポーツクラブ ルネサンス」を始めとしたスポーツクラブ事業を基盤に、
介護リハビリ事業や自治体や企業の健康づくり支援などを展開している株式
会社ルネサンス。

　2019年10月からエンゲージメント活動をスタートし、2023年8月〜10月には、人事、PR、営業の各部門で働く三人がエンゲージメント専門のアカデミー※に参加し、学びを活かして活動を推進しています。

　「研修・トレーニングで得た知識や学びを実践に活かすとはどういうことなのか」を、本事例から学びましょう。

※エンゲージメント専門のアカデミー……Wevox が運営する Engagement Run! Academy。
　　　　　　　　　　　　　　　　　　学びだけでなく、参加者同士の交流にも力を入れ、
　　　　　　　　　　　　　　　　　　コミュニティ的要素も強い。

### よくある課題と事例からの学び

**課題**：エンゲージメントに関して学んだりトレーニングするメリットを職場に伝えたい

**学び**：同じような悩みを抱える人との交流、自分の取り組みを客観視していい所、悪い所を見つける機会にする、社外の人の視点を取り入れることで視野が広がる……などのメリットが本事例で語られている

（参考項目：「職場への研修・トレーニング」P.231）

**課題**：研修・トレーニングをどう実践に活かせばいいか

**学び**：各職場でのワークの実施、同じ研修・トレーニングを受けた人同士での対話会の実施

（参考項目：「キーパーソンとの対話」P.206、
「対話 & TEAM EXPERIENCE 編」P.295）

**課題**：経営層がエンゲージメント活動に対して消極的

**学び**：研修・トレーニングで得た学びや知識をもとに、経営層とコミュニケーションを図る

（参考項目：「経営層とのコミュニケーション」P.197）

## エンゲージメント活動への関心や推進力のある メンバーでアカデミーに参加

―エンゲージメント活動において、学ぶことや他社の 推進者との交流の価値をどのように感じていますか？

**川上**：これまで自分が感じていた課題感や悩みは、「自分だけのもので は？」と思えて相談しにくい感覚がありました。それが、アカデ ミーに参加している皆さんの話を聞いていると、意外と同じこと で悩んでいることがわかったのが、一つ得られたことでした。

**八田**：自分がエンゲージメント活動でやってきたことを、言葉にしたり、 体系化することで客観視できて、新たな気づきがあったり、安心 感を得たりしました。また逆に、間違いや足りないところにも気 づいて、これまでの行動を振り返る良いきっかけにもなりましたね。

―ご自身のこれまでの活動について「足りないところに気づいた」 というのは、例えばどのようなことですか？

**八田**：私は部下などとコミュニケーションをとるときに「以心伝心」「言 わずもがな」といった感覚で「わかるだろう？」と思ってしまう 傾向にあります。それが、「価値観ワーク」（P.313）などを通じて、 そのスタンスだと、相手は自分の言うことを本当に理解できてい ないのでは、と気づかされたんです。

## 月1回、学びを共有して 社内への還元方法を議論

―瀬戸さんはいかがでしたか？

**瀬戸**：一番印象に残っているのが、「自チームの理想像を作るワーク」と いうクラスです。個々のバックグラウンドや企業の組織風土によっ てアウトプットされる理想のチーム像が異なるので、自社にない 視点を得られたのが一つ良かったところかなと思います。

また今回、月1回、三人で集まってアカデミーでの学びを共有し合い、社内にどのように還元していくか対話する場を川上が設けてくれたんですね。そこでいろんなアイデアが出てきて、今実行に移しているものもあるので、三人で議論できたことがアカデミーに参加して最も得られたことだったのかなと個人的には思っています。

**―三人で議論して実行に移した施策にはどのようなものがありますか？**

瀬戸：社長メッセージの中に入れる言葉について議論したり、経営層にエンゲージメントを題材に対話をしてもらってその様子をスタッフに向けて発信するといったアイデアは実行に移しました。今後は、本部長クラスの対話を発信したいねと話しています。

**―なぜそれらの取り組みが必要だと考えられたのですか？**

八田：エンゲージメントサーベイを起点とした改善活動は、現場レベルではここ2年半くらいかけて前向きに進められるようになっているんです。

ただ、階層が上がって部長クラス以上になると、スコアが良いことに安心して改善活動までは十分に行われていないのではないか？と私は捉えていました。

そこで、経営層や本部長クラスにエンゲージメントに対する考えなどについて対話してもらうことで、上位階層の理解を深めてもらうと同時に、今、ボトムアップで進んでいる改善活動にトップの推進力を加えたいという話を三人での議論の場でしたんです。

瀬戸：八田のこの現場レベルの感覚は、三人での議論の場がなければ私は知り得なかったことです。八田の話を聞いて、月次の経営メッセージにエンゲージメントの話題を入れていても、スタッフ全員に伝わっているとか、経営として大事に捉えているといったレベルにはまだ達していないのだなと、はっとさせられました。

ERマトリクス―ミッション編

## 自部署や現場にも学びを共有

―皆さんがそれぞれの部署でアカデミーでの学びを生かして
　取り組まれたことはありますか？

八田：自分の担当エリアに対してや、営業部の役員、本部長、部長層がい
　　　る場で月１回ほど、アカデミーで学んだことを共有していました。
　　　管理職やリーダー層も含めてみんなが同じ温度感で、エンゲージ
　　　メントサーベイを起点とした改善活動に取り組むことが大事だと
　　　思っているんです。

　　　　だから、「スコアが良ければいいというわけではないんですよ」
　　　「スコアの上がり下がりの裏に隠された事実を掴んでそれに対する
　　　改善活動が大事なんですよ」と言い続けています。

川上：私の場合、「元氣ジム」という介護リハビリに特化したブランドの
　　　施設責任者が月１回集まるミーティングで、学んだ知識を用いた
　　　ワークショップを実施しています。

　　　　その中でも、元氣ジムの管理者向けに行った価値観ワークショッ
　　　プを通じて、お互いの価値観を知る大事さを感じてもらえたようで、
　　　改めて自施設のメンバーと価値観ワークショップに取り組んだ管
　　　理者の方々が多くいたんです。

　　　　初めて同僚のことをいろいろと知ったことで、コミュニケーショ
　　　ンが円滑になったり、承認のタイミングを工夫し始めたりしてい
　　　るチームが増えたということを聞きました。

## 仲間を増やしながら、それぞれの持ち場で
## できる活動を進めていく

―これまでの学びや活動を経て、今、組織やチームにおける
　エンゲージメントの位置づけや価値について、
　どのように捉えていらっしゃいますか？

八田：エンゲージメントは大事だということは、みんな理解はしていると

思います。ただ、理解の度合いや内容は個々の価値観によって異なるので、その物差しをどうやって合わせるかということが、改善活動の一つかなと思っています。

　物差しを合わせるにあたっては、やはり組織のリーダーが、「人を大切にしたい」「エンゲージメントを高めたい」と本気で思い、それを自分の言葉で言い続けることがすごく大事だと、これまでの経験や学びから考えています。

川上：エンゲージメント活動は、弊社の企業理念である「生きがい創造企業」に通じる大切な取り組みだと思っています。生きがいを創っていく対象は、もちろんお客様もですが、まずはスタッフなんじゃないかなと。そのためには、一人ひとりがエンゲージメント活動に自分ごととして取り組むことが大切ですが、言うのは簡単で、浸透させていくのは難しいなと実感しています。

　他方で、私の中で、強く刺さっているフレーズがあって。「エンゲージメントを『高めよう』、『高めるために何をしようか』と考えるのももちろん大事だけれど、そうではなくて、自然とエンゲージメントが『高まっちゃう』組織を目指していけたら理想なんじゃない」と瀬戸の上長から助言をもらったことがあったんです。

　確かに、それが理想だなと腹落ち感がありました。そういった状態になっていくために、自分も、各組織のリーダーも、組織の中でどんな状態を目指していきたいか共通認識を持ったり、日々コミュニケーションをとることが大切だと感じています。

ERマトリクス―ミッション編

# Engagement Story

## 株式会社スタディスト

### 〝知的活力みなぎる〟人材・組織

**執行役員 CHRO**
**今井 威紀さん**

2008 年新卒で株式会社リクルートエージェント（現：株式会社リクルート）へ入社し、HR 領域の法人営業や企画、マネジメントなどを行う。
その後、株式会社リクルートマネジメントソリューションズにて人事・組織のコンサルタントとして、人事制度構築・組織サーベイ・マネジメント力強化などのプロジェクトを手掛ける。
2022 年 1 月に株式会社スタディストに入社。入社後は人事全般業務の責任者となり、2023 年 3 月に執行役員 CHRO に就任。

**人事企画**
**木村 遼平さん**

2008 年新卒で不動産企業へ入社し営業職として勤務したのち、株式会社ベイクルーズなどアパレル業界で 9 年ほど人事・労務を担当。
2020 年から IT 業界の人事へ転向し、ベルフェイス株式会社で人事企画、株式会社マネーフォワードで HRBP・中途採用を経験。
2022 年 12 月より株式会社スタディストにて人事企画・労務を担当し現在に至る。

---

　マニュアル作成・共有システム「Teachme Biz」をはじめ、様々な業務の課題に合わせたシステムとサービスを提供する株式会社スタディスト。

　2010 年創業以降、順調に成長を続けるとともに、社員数がハイペースで増加。現在 188 名（2024 年 8 月時点）と、組織規模も拡大をする中で、人事戦略の一つとしてエンゲージメントに着目。経営層もコミットしながら、全社的な活動としてエンゲージメント活動を推進しています。

　急成長中の企業におけるエンゲージメントの価値と、活動のポイントについて、事例から学んでみましょう。

## よくある課題と事例からの学び

**課題**：活動の意味を職場に理解してもらいたい

**学び**：理解を促進する上での課題を認識する。
　　　　課題対応のために、人事ポリシーと紐づけ、エンゲージメントが組織づくりにどのように関わるかをわかりやすく整理、可視化

（参考項目：「『四つの壁』を理解する」P.136、<br>「活動の目的・課題・ゴールを考える」P.139）

**課題**：職場のエンゲージメント理解を促進したい

**学び**：まずは推進者自身がエンゲージメントを理解、体感する

（参考項目：「ER自身のトレーニング」P.227、<br>「エンゲージメントの実践力を身につける三つのレベル」P.274）

**課題**：職場のエンゲージメント活動の実践を促進したい

**学び**：エンゲージメントサーベイを起点とした対話の場の提供、人事部が相談に乗る機会の提供、好事例の発信

（参考項目：「キーパーソンとの対話」P.206、「相談会」P.233、<br>「活動の事例化と情報発信」P.220）

# 「意味付け」を徹底して
# エンゲージメントの一人歩きを防止

**―エンゲージメント活動をはじめるにあたって
　意識した点はありますか？**

**今井**：スタートにあたっては、エンゲージメント活動を打ち上げ花火のような単発の取り組みとして取り扱わないことを意識しました。また、継続的にエンゲージメントサーベイを活用してもらう方法も考える必要がありました。

　　　　推進者や人事が流行り言葉や新しいものに継続性を考えずに飛びついてしまうと、その目的がわからなくなってしまう場合があ

ります。人事の皆さんはご経験があるかもしれませんが、この手のものを導入した際に、新しい概念が入ってきたということで使ってはくれるものの、無意識的に反発されたり、「またやることが増えたよ」「そもそもエンゲージメントって何なの？」みたいな反応を受けたりすることって少なくないですよね。

　そういった混乱をゼロにすることはできないにしても、最小限に抑えたいですし、推進する我々も混乱せずにできる限り継続的に使えるように、意味のあるものとして捉えてもらえるようにするためにも、注意しながら推進をスタートさせていきました。

**今井**：エンゲージメントという大切な概念を一人歩きさせないため、弊社が掲げている人事ポリシーと絡めて、我々スタディストなりにエンゲージメント活動の一環としてサーベイを行う意味付けを行っています。

　人事ポリシーとは、スタディストとしての人・組織のありたい姿を言語化したものになります。こちらの人事ポリシーは、サーベイ導入とほぼ同じタイミングで策定しました。この人事ポリシーができるまでも、事業やプロダクトのありたい姿は経営から全社に向けて定期的に発信していましたが、人・組織についてはハッキリと定義されてはいなかったんです。

　それをしっかり形にしていきましょうということで執行役員以上を全員集めて、全4回に分けて議論をしました。議論したアジェンダは、全社員に向けて共有をして、理解を深めてもらうように働きかけました。

　人事ポリシーは、弊社のコーポレートサイトにて外部にも公開しています。左下の円は弊社の人事ポリシーを1枚絵で表したものです。左側に個人、右側にスタディストがありますが、この位置付けが上下になっていないのは、我々がフラットであり、選び選ばれる存在であることを表現するためです。

　円の中には、対等な関係性の構築に必要な役割を記載しています。

個人に必要な役割は自律と成長、挑戦と協働。会社に必要な役割はオープンでフラットな環境をつくり、学習と成長機会を提供することで、これこそが弊社の人事ポリシーに込められた想いです。弊社では「人事戦略≒人事ポリシーの体現」であり、このポリシーは、人事施策を推進する上での基本思想として位置付けられています。

図19：人事ポリシー

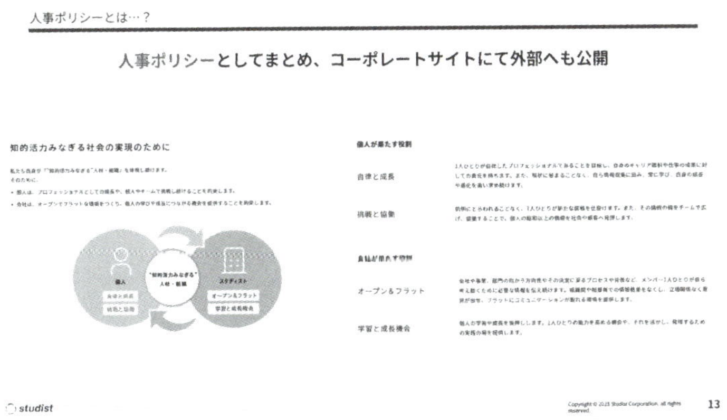

―この人事ポリシーとエンゲージメントサーベイを
　どう関連づけているのですか？

今井：人事ポリシーにある個人とスタディストの四つの役割をエンゲージメントサーベイの項目に対応させて、どう体現されているのかを可視化・モニタリングしています。また、その結果をまとめて、毎月の人事ポリシーの体現度合を経営ボードに報告しています。

図 20：人事ポリシーの体現度合い

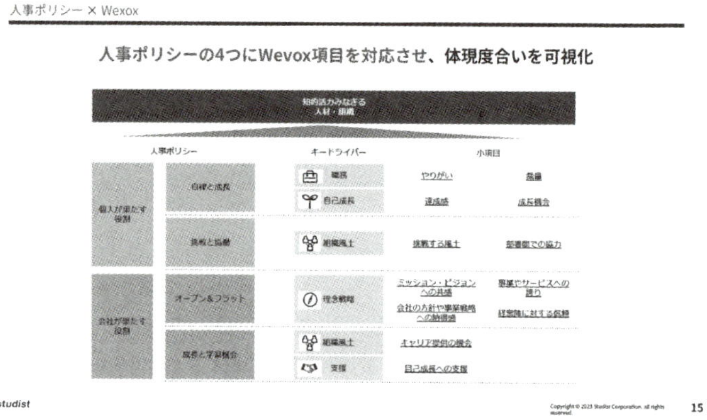

　　我々が一番意識していたことは、「エンゲージメントを一人歩きさせない」ということです。エンゲージメントという一般的な概念として理解するのではなく、自社にとってエンゲージメントはどういったものなのか、なぜ注目するのか、そしてどういう位置付けとして捉えるのか。

　　こういったところを考えていくことが大事だと考えています。弊社はそれを人事ポリシーと絡めて意味付けしていますが、どう扱うかは各社それぞれの考えがあるとは思いますので、一つの事例としてご参考にしていただければと思っています。

## マネジメント支援を通じて
## 職場のエンゲージメント活動を推進

### ―木村さんは人事部として、どのようにエンゲージメント活動を推進していますか？

**木村**：私はより現場よりの視点に立って、主にマネジメント支援を通じて

エンゲージメント活動の推進に携わっています。弊社では、エンゲージメントと向き合うために、サーベイ導入直後からマネジメント支援として「学習・企画・実践」を行ってきました。

一つ目は「学習」です。推進者は人事部のメンバーなのですが、まずは推進者たる我々がエンゲージメントサーベイをうまく利用し、人事ポリシーの実現に向けて様々な取り組みをしていかないといけません。そのための材料集めということで、エンゲージメントサーベイ運営企業が提供しているコンテンツを存分に活用させていただきました。

それ以外では組織開発関連の書籍も参考になりましたし、このように役に立つと思ったものは積極的に取り入れて、人事ポリシーとエンゲージメントサーベイを噛み合わせて柱にするという想いとメッセージをブレさせないことを意識しながら推進を継続してきました。

**—まずは使っているサービスが提供しているコンテンツの活用を通じて、エンゲージメント活動に必要な知識やノウハウを得ていったのですね。**

木村：そうですね。この学習フェーズを踏まえて、次は企画フェーズへと入っていきます。まずは課題や目標とする仮説を立てようということで、今井の話にも出てきた、人事ポリシーとエンゲージメントサーベイを紐付けしたスコアをベースに課題設定をしました。

例えば、「『やりがい』と『達成感』のスコアが上がってくればより良いチームになりますから頑張っていきましょう」という話をし、人事ポリシーとエンゲージメントサーベイの紐付けをしながらメッセージを統一していくことが非常に重要だと思っています。

企画フェーズを踏まえて、次はいよいよ実践フェーズへと入っていきます。基本的には現場でいかにエンゲージメントサーベイを活用してもらうかというところを重視しているので、人事としてその支援を行うことを徹底しました。

弊社では、各チームに人事の担当者数名が振り分けられており、

毎月のサーベイ結果の振り返りとチーム内の対話内容についての
ヒアリングサポートをこれまで継続して行っています。

　当然、積極的にやってくれている部門もあれば、なかなか浸透
してない部門もありますが、そこから生まれた成功事例について
は全社に発信するようにしています。「これだったらうちも取り入
れられそう」と他部署が思ってくれることで浸透が加速していく
と考えているので、こういった地道な活動は欠かせません。

**―今後のエンゲージメント活動の展望について教えてください。**

**今井：** まずは今の活動を風化させずに根付かせることが大事だと考えて
います。事業数値を見るのと同様に、定期的に組織状態を確認し、
対話の機会を設けることをスタディストの組織運営の当たり前の
ものとしていきたいです。

　今は組織全体の数値しか開示をしていませんが、先々は個人の
スコアも管理職向けに開示していきたいと考えております。管理
職が個人の状態を正しくとらえ、それぞれのエンゲージメントを
高めるアプローチができれば、さらなる事業成長に繋がると考え
ています。

　また、現在は人事や管理職が主導していますが、チームメンバー
全員が主体者として関わっていただきたいと思っています。その
ために、管理職以外のメンバーにもリテラシーを高めるような研
修機会などを用意したいです。

# ERマトリクス
## ―アクション編

ERマトリクスの軸の一つ「アクション」について解説します。
ERマトリクスにおけるアクションは、16のミッションを達成するために必要な手段や施策、ノウハウなどを指します。
各ミッションを達成するために必要なアクションは何か、各アクションのポイントや落とし穴などを理解し、行動に移していきましょう。

# 情報収集

エンゲージメント活動に必要な社外、社内の情報を
様々な観点で収集していきます。
収集した情報は、主に PLAN を達成する上で役に立ちます。
また、同時に社内のキーパーソン探しを行うことにもなるため、
CONNECT や SPREAD にも繋がる土壌づくりの側面も
持ち合わせたアクションと言えます。

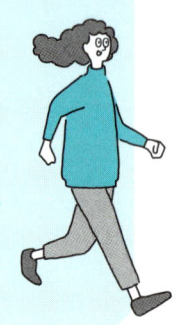

# 社外からの情報収集

## 社外の
## 専門家を探す

　社外からの情報収集にあたって、まずはエンゲージメントや組織づくりと関連性の深い専門家を探していきましょう。大学教授やコンサルタント、他社で先行して実践している方、講演活動や書籍の執筆などを行っている方をイメージするといいでしょう。また、エンゲージメントに関わる各種サービス（サーベイやタレントマネジメントシステム）を導入している場合は、カスタマーサクセスなど運営会社のスタッフが専門家の候補となる場合もあります。

　特に活動初期においては、こうした専門家の講演やセミナーに参加したり、書籍やインターネットの記事、論文などを読み、社会的な背景をインプットすることをオススメします。

　また、調べていくうちに「この人の言っていることはピンとくる」という専門家がいれば、ぜひアポを取って直接話を聞いてみることをオススメします。社内向け講演への登壇依頼をきっかけに、繋がりを構築することも考えられます。

　活動初期の頃に、よき専門家と出会えるかどうかは、この先の活動の良し悪しに大きな影響を与えます。

　また、社外で先行して実践している人に会いに行くのも効果的です。「社外コミュニティに参加してみよう」（P.387）でも触れているように、すでに推進者として活動している人からの経験談やノウハウはとても参考になります。

## よい専門家の条件

### 1. エンゲージメント活動に関する専門的な知見を持つ

　専門的な知見とは、関連する理論や学術研究情報、企業事例やソリューション手法の開発支援を得られるか、などを意味します。ポイントとして「有名だから」という理由だけで、専門家に依頼しないようにしましょう。「蓋を開ければ、強力なトップダウン型の組織づくりを前提とした専門家に相談してしまっていた……」ということもありえます。

### 2. 自社の特性に合った関係が構築できる

　エンゲージメント活動の本質を理解し、程よい距離感でサポートしてくれる専門家を見つけられると理想的です。ERを中心に、社内の人が活動を推進する方針への理解、お互いの期待値などについて、柔軟さやスピード感をもって話し合いができるかが大切なポイントとなります。

### 3. コストパフォーマンスに見合う関係がもてる

　社内講演費用、顧問的な支援費用などのコストと提供価値に妥当性があるかは、当然ながら大切なポイントとなってきます。活動の中で依頼する内容が変わる

こともあるため、コスト面の相談にも柔軟に応じてくれるかも大切です。

　以上三つのポイントを意識しながら、専門家を探してみましょう。

　活動初期段階では、できるだけ多くの専門家について調べることをオススメします。複数の専門家の見解の違いを知ることで、エンゲージメントに関する知見も深まりますし、専門家と会話する中で、自組織を客観的に見る、語るスキルも養われていくでしょう。

　また、よりふさわしい別の専門家を紹介してくれる場合もあれば、他社でER的役割を担っている人を繋いでくれる場合もあります。

## 関連書籍やWebサイト、他社事例からのインプット

　インプット方法としては定番となる、書籍やWebサイトもERにとっては大切です。

　書籍に関しては、特に初期段階は平易でわかりやすい本から読み始めることをオススメします。「難しい本を読まないといけないのでは」と考えてしまい、分厚く読み進めるのに苦労する専門書を最初に手にとってしまうと、理解がなかなか進まなかったり、読むのに時間がかかり実践に移れないといったことになりがちです。

　Webコンテンツに関しては、クオリティが玉石混交なため、信頼できるメディアやWebサイトを見つけることを意識するといいでしょう。その際は、メディアの運営元や執筆者が信頼できるかどうか確認を忘れないようにしましょう。

　他社事例からは、多くの学びが得られます。他社の推進者はどういう考え方をもっているか、どういう方針を持っているか、同じような課題に対してどう対応しているか……など実践を通じて生まれてくる疑問や悩みに、他社事例を通じて向き合うことができます。

　エンゲージメント活動にオススメの書籍やWebサイトを紹介しますので、ぜひ参考にしてみてください。

## 書籍

### 『組織の未来はエンゲージメントで決まる』（2018）

新居佳英、松林博文著／英治出版

エンゲージメントが組織にとってなぜ大切なのか、時代背景や科学的背景をもとに解説されています。入門書としてオススメです。

### 『ワーク・エンゲイジメント ポジティブメンタルヘルスで活力ある毎日を』（2014）

島津明人著／労働調査会

日本におけるワーク・エンゲイジメント研究の第一人者島津明人教授による、「ワーク・エンゲイジメント」の解説本です。豊富な研究データをベースに初心者にもわかりやすく解説されています。

### 『マンガでやさしくわかる組織開発』（2019）

中村 和彦著、松尾陽子マンガ／日本能率協会マネジメントセンター

組織開発という概念や目的をマンガを用いてわかりやすく解説した一冊。組織を作っていくとはどういうことなのかを、明快なストーリーで理解できます。

### 『サーベイ・フィードバック入門 ─「データと対話」で職場を変える技術【これからの組織開発の教科書】』（2020）

中原 淳著／PHP研究所

組織に関するサーベイや可視化されたデータをどう活かしていけばいいか、「サーベイ・フィードバック」という手法をもとに詳しく解説されています。マネージャーにもオススメです。

## Webサイト

### DIO　https://get.wevox.io/media

Wevoxが運営する組織づくりメディア。エンゲージメント活動に注力する企業の推進者やマネージャーの事例が豊富に掲載されています。他社事例の収集、分析に最適です。

ERマトリクス─アクション編

**CULTIBASE（カルティベース）** https://www.cultibase.jp
コンサルティングファーム、文科省認定の研究機関「MIMIGURI」が運営する経営、マネジメントを探求するメディア。豊富な研究、理論や専門家の最新の知見をもとにしたコンテンツで学びを深めることができます。

**note** https://note.com
メディアプラットフォームの「note」では、エンゲージメントに関する投稿が数多くされています。エンゲージメント、組織開発、対話……など関連するワードで検索することで様々な記事を見つけることができます。

# 社内のキーパーソンを探す

## ▌社内の情報収集は キーパーソン探しの第一歩

　社内での情報収集を行うにあたって、職場の人たちから直接話を聞いていきましょう。活動初期においては、マネージャーを中心に、組織やチームの状態を俯瞰的に把握できる人に話を聞くことになるかと思います。こうしたマネージャーの中で、エンゲージメント活動に興味を示してくれる人がいないか、アンテナを張っておくことをオススメします。

　興味を示してくれる人たちは、今後の活動に積極的に参加してくれたり、ER の助けとなってくれる、「仲間」のような存在になる可能性が高いです。活動を推進する上で、こうした仲間の存在は大きな支えとなります。メインミッションの CONNECT ではまさにこうした仲間を増やし、活動の輪を大きくしていくことを目指していきます。社内の情報収集は、仲間となり得るキーパーソン探しの第一歩とも言えるのです。

## 社内のキーパーソンを探すコツ

　社内のキーパーソンを探すには、いくつかのコツがあります。情報収集と並行してキーパーソン探しを行うために、以下のコツを押さえるようにしましょう。

### 社内で噂になっている人はいないか？

　キーパーソンとなる可能性の高い人は、すでに組織へのエンゲージメントが高い傾向にあり、仕事で高い成果を出していたり、マネージャーの場合はいいチーム状態であることが多いです。

　そうした人は社内でも自然と目立ちやすい存在となることが多く、「あのチームの雰囲気がいい」「あの人がいるとプロジェクトがいい方向に進む」など何かしらの噂が立っていることがあります。社内のキーパーソンを探す手がかりとして、社内で噂になる人、よく話題として名前が挙がる人を候補に入れてみるのがいいでしょう。

### 組織へのエンゲージメントを強く体感したことがある人はいないか？

　「過去に組織に対してエンゲージメントを強く体感したことがある人」は、高い確率で活動のキーパーソンになってくれるでしょう。例えば、「自身が成長できているのはこの組織のおかげだと感じている」「今の仕事にやりがいを感じている」「この組織のビジョンに強く共感している」……といった人などが該当します。

　噛み砕いて言えば「組織に愛着を抱く体験をしたことがある人」という捉え方もできます。

ERマトリクス─アクション編

121

### 関連サービスの活用がアクティブな人

　エンゲージメントサーベイをはじめとした関連サービスをアクティブに活用している人はチームづくりへの関心が高いと言えます。サービスによっては、ログイン状況などを管理画面で確認できることもあります。そうしたデータを確認するのも、キーパーソン探しのコツと言えます。

　また、関連サービスの活用とまでいかなくても、エンゲージメントサーベイや各種調査の結果などで、好ましい結果が出ている職場のマネージャーやメンバーなども候補となる可能性があります。

### 講演会の活用

　エンゲージメントに関する講演会への参加や終了後のアンケートなどからキーパーソンを見つける方法です。「講演会を活用する」（P.215）にて詳しく解説しています。

## 社内からの情報収集の方法

　社内からの情報収集には大きく以下の二つの方法があります。

### 1. 職場のメンバー（主にキーパーソン）にインタビューする

　職場の人たちへのインタビューによって定性的な情報を得る方法です。詳しくは、「インタビュー」（P.191）、「聴くスキル：インタビュースキル」（P.344）をご参考ください。

　インタビューは、社内のキーパーソンを中心に行うことをオススメします。活動への興味・関心が高いメンバーは、積極的に情報提供をしてくれる可能性が高く、ERとの関係づくりのきっかけともなります。

　今後、目的・課題・ゴールの設定やストーリー設計など、キーパーソンへ意見を求めたい場面は多々あるため、はじめの一歩として、情報収集に協力してもらうといいでしょう。

情報収集にあたっては、以下のような問いを投げかけてみましょう。

● エンゲージメント活動について、どのような考えをもっているか

● 自身がマネジメントやチームづくり、メンバー同士のコミュニケーションなど、エンゲージメント関連で実践していること
（エンゲージメントという言葉を相手が認知・理解していなくても問題ありません。本質的に重なる取り組みをしているかどうかを聞いてみましょう）

● そのような実践は、どのような背景で実施するようになったか

● 組織の課題をどのように捉えているか

● どういう組織になってほしいか

● 今後のエンゲージメント活動の推進で協力してくれるか

### 2. エンゲージメントサーベイ、各種社内調査の活用

　エンゲージメントサーベイ、各種社内調査などの活用を通じて、主に定量的な情報を得る方法です。組織状態の把握という点においては、とても有効的なツールとなるため、しっかりと把握、分析を行いましょう。

　エンゲージメントサーベイ、各種社内調査によっては、定性的なコメントを収集できることもあります。それらのコメントも社内の情報収集においては貴重な情報源なため、しっかりと確認、活用しましょう。

## 職場からの 定性コメントとの向き合い方

　各種社内調査やエンゲージメントサーベイを用いた際に、定量的なデータだけでなく、定性的なコメントをあわせて収集するケースもあります。

　そうした際に、ネガティブなコメントを目にすることもあると思いますが、決して焦ったり、不用意に不安を抱かないようにしましょう。（特に匿名での収集だとよりネガティブなコメントが集まりやすくなります）。特に多いのが、一つのネガティブなコメントに対して「他の人もこう思っているのでは……」と必要以上に重たく受け止めてしまうケースです。

　コメントに対して、最も大切なのが「コメントをしっかりと受け止めている」という反応を、職場に示すことです。要望を叶えられないとしても、コメント

を確認し、検討していることが職場に伝わることが大切です。

コメントへの反応を役員クラスが示すと、より「組織に声が届いている」という実感を職場の人たちが持ちやすくなります。私たちが支援する組織でも、役員がエンゲージメントサーベイの定性コメント全てに目を通し、対応の検討や職場への反応を示している事例があります。

コメントは情報収集と共に、職場とのコミュニケーションのきっかけともなるものです。ネガティブなコメントにばかり引っ張られてしまい、「なんとか解決しないと……」と抱え込んでしまうと、活動が停滞しかねません。

コメントへの反応によって、職場との信頼関係を築いていく、といった考え方を持つようにしましょう。

# Column

## エンゲージメントサーベイの捉え方を理解する

　情報収集にあたって、エンゲージメントサーベイの活用は効果的です。しかし、目に見えないエンゲージメントを可視化するサーベイは、捉え方によっては誤った状態把握を生む危険性もあります。適切な組織の状態把握のために、エンゲージメントサーベイの捉え方を理解しましょう。なお、本コラムにおいては個人のサーベイ結果ではなく、組織やチームのサーベイ結果の捉え方を前提として解説していきます。

### 体温計とエンゲージメントサーベイの数値は何が違う？

　まずは、エンゲージメントサーベイによって計測されるスコアはどのような意味を持つのか、体温計との違いを例に考えてみましょう。

　体温計、エンゲージメントサーベイ、それぞれ計測したものを数値化する道具です。出てくるものは同じ「数値」ですが、体温計とエンゲージメントサーベイでは、その数値が持つ意味が大きく違ってきます。図 21 では、それぞれの数値の違いについてまとめています。

---

図 21：それぞれの数値が持つ意味の違い

| | | |
|---|---|---|
| 出た数値の主語 | 私たち、組織／チーム | 私 |
| 数値の種類 | 主観数値<br>→ 個人が主観を持って回答をする | 客観数値<br>→ 体温計が客観的に正しい数値を測る |
| 数値の正しさ | 数値が必ずしも正しい訳ではない<br>→ 数値からの解釈が大事 | 数値が正しい<br>→ 体温という絶対値で解釈が必要ない |
| 数値からわかること | 組織／チームの状態 | 自分の状態 |

## ● 数値の主語

エンゲージメントサーベイの数値の主語は「私たち、組織／チーム」となります。仮に数値が 70 だとしたら、「私たちのエンゲージメントの数値は 70 です」という表現になります。一方、体温計の主語は自分となり、「私の体温は 36.2℃ です」となります。

## ● 主観数値か客観数値か

エンゲージメントサーベイでは、個々人が主観的に回答した結果が計測され、数値化されます。そのため、「主観数値」という種類になります。体温計では、機器が客観的に体温を測ることで数値化されるため、「客観数値」という種類になります。

## ● 数値の正しさ

エンゲージメントサーベイの数値は、正しいか間違っているか、を示すものではありません。そのため、数値だけを見ていても得られるものはほとんどなく、その数値の裏にある背景、個々人の考えや心理状態などを解釈する必要があります。70 という数値を高いとみるか、低いとみるかも解釈の仕方によって変わってきます。

一方、体温計は「体温」という絶対値で数値化されるため、解釈を入れる必要がありません。機器の故障や使い方の誤りがない限り、出てきた数値は正しく、そのまま受け入れることになります。35℃は体温が低く、38℃は体温が高いという認識が人によって変わることはありません。

## ● 数値からわかること

エンゲージメントサーベイの数値からは、組織／チームの状態がわかります。ただし、数値だけではわからず、対話を通じて数値に対してしっかりと解釈をした上で、はじめてわかることになります。

体温計は数値を通じて自分の体調、健康状態を知ることができます。体温計が 38℃ を示していれば、「熱があり体調が悪い」ということが明らかになります。そこに、解釈の余地はありません。

## 数値の上がり、下がりに一喜一憂しない

図 22 を見てください。左側はエンゲージメントサーベイの結果が、高い水準で安定しているチームです。右側は、上下を繰り返し、スコアの推移が

凸凹なグラフとなっているチームです。どちらのチームがいい状態だと言えるでしょうか？

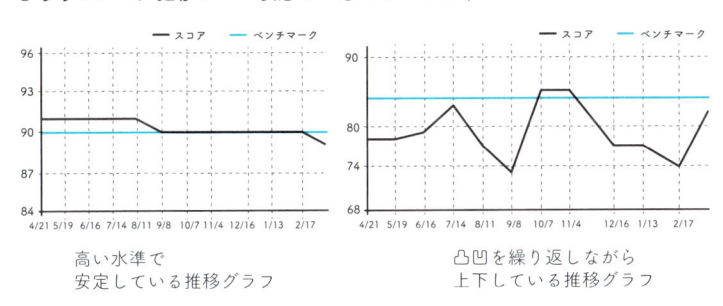

図22：スコア推移の比較

どちらのスコア推移がいい状態だと感じるでしょうか？

高い水準で
安定している推移グラフ

凸凹を繰り返しながら
上下している推移グラフ

ＥＲマトリクス―アクション編

結論から言うと、「どちらのチームもいいとも悪いとも言えない」です。

左側のチームはエンゲージメントが高い状態が維持されており、非常にいいチーム状態だとも言えます。しかし、捉え方によっては、刺激がなく、安定した状態が当たり前となっており、変化に乏しかったり、逆境に対する経験値が低い……とも言えます。

チームメンバー同士で話し合い、スコアの推移を前者のように捉えるか、後者のように捉えるかによっていい悪いが変わってくる。だから、いい、悪いと一概に言えないということになります。

では、右側のチームはどうでしょうか。スコアが上下していることから、不安定なチーム状態だという捉え方ができます。しかし、一方で、チームが成長しようとしている時期だという捉え方もできます。

チームで何かを成し遂げる場合、強いチームは往々にしてどん底や逆境を経験します。チームの悪い状態を経験したからこそ、いい状態に生まれ変わろうとしているとも捉えられるのです。

## 「サーベイ結果をどう解釈するか」が重要に

本パートで再三述べている通り、エンゲージメントサーベイの数値は絶対数値ではありません。

サーベイ結果をテストや評定のような絶対評価として捉えてしまうと、スコアは常に高い方がいい、変化しないほうがいい……といい点を取ることにこだわってしまい、本質的な組織の課題と向き合えなくなってしまいます。

また、いい点を取ることにこだわり過ぎてしまうと、スコアの背景にある理由を考えようとせず、一足飛びでわかりやすい「How」に飛びついてしまう危険性も生まれてきます。「1on1をすればいい」「とりあえずワークショップをやろう」と、目的もなく手段をひたすら繰り返す……。こういった状態を「問題解決のドグマ」とも言います。

エンゲージメントサーベイのスコアを答えあるいは客観数値（低いスコア＝悪い／高いスコア＝いい）だと捉えてしまい、解釈を怠ってしまうと、問題解決のドグマにはまってしまいがちです。「エンゲージメントサーベイを導入したけど、組織がよくならない。ノウハウや解決方法を教えてほしい」という声が出てくるチームは、このドグマにハマっている可能性が高いです。

組織、チームの状態は様々な要因の影響を受けやすく、揺らぎやすいものです。大切なのは、「スコアはどうしてそうなっているのか？」を考え、対話を重ねて改善方法を探っていくことなのです。

# 企画作成・方針決定

PLAN の達成に密接に関わるアクションです。
エンゲージメント活動の
「なぜ（Why）、何を（What）、どう（How）」を整理し、
可視化していくために必要な企画作成や方針決定のポイントを
解説していきます。

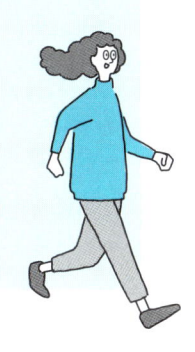

# 生い立ちを整理する

### ■「エンゲージメント活動の生い立ち」から スタート地点を明確にする

　エンゲージメント活動がどのような経緯でスタートしたかという「生い立ち」を整理し、ER が担う役割や PLAN の方向性を考えていきましょう。生い立ちを認識せずに、闇雲にこの書籍に書かれていることを実践しても高い効果は見込みずらくなります。まずは、自分の ER としてのスタート地点がどこかを知ることからはじめていきましょう。

　生い立ちを整理するために、よくある五つのパターンをご紹介します。自身がどの状態に近いかを考えながら読んでみましょう。

## トップダウンでスタートする

　ある日、役員室に突然呼ばれ、「人的資本経営にうちの会社も取り組んでいきたい。ついては、エンゲージメント向上についていろいろと検討を進めたく、君に推進リーダーになってもらいたい」とトップダウンでエンゲージメント活動の推進役となるパターンです。このパターンでエンゲージメント活動が始まることは多く、最も「あるある」なパターンだとも言えます。

　ER からすれば突然のことで困惑するとは思いますが、経営層からの指示ということで、比較的社内での活動がしやすい傾向にあります。

　ただし、経営層が「周りがエンゲージメント活動しているから、うちでもやりたい」といった思いつきに近い状態でスタートする場合もあります。その場合は、経営層のエンゲージメント理解を深めるアプローチが必要になってきます。

## ビジョンや中期経営計画の策定を通じて
## エンゲージメント活動が設定される場合

　1 と同じトップダウンでのスタートですが、ビジョンや中期経営計画など正式に組織全体の取り組みとしてエンゲージメントを扱う点が違ってきます。1 よりも、正当なビジネスプロセスによって活動がスタートする、とも言えます。また、1 よりも未来志向でエンゲージメントが据えられているため、比較的裁量が高く、継続を前提とした活動としてスタートする可能性も高いです。

　その分、ER にとっては責任も重くなりますが、経営層からの理解や支援は比較的受けやすい生い立ちと言えます。

　また、大手企業のグループ会社の場合、親会社がエンゲージメント活動を始めたことをきっかけに、グループ会社も追随する形でスタートするケースもあります。その場合も、最初から正式に組織全体の活動としてスタートするため、この生い立ちに該当します。

## 人事や経営企画を担う部門が経営層へ提案し、改革テーマとして承認される場合

人事部や経営企画部がエンゲージメントの重要性を感じ、活動の必要性を経営層へ提案してスタートするパターンです。ボトムアップ型とも言え、職場からの強い動きが生まれやすい一方で、経営層とのコミュニケーションに苦慮する可能性も高いパターンと言えます。

エンゲージメント活動を行う明確な必然性が求められるのですが、それを論理的にまとめ上げ、企画提案するのは大変難しくもあります。仮に企画が通ったとしても、経営層がしっかりと腹落ちしていない状態で続けようとすると、突然白紙に戻されるということもあり得ます。

ER マトリクスの PLAN を通じて、組織でエンゲージメント活動を行う意味づけをしっかりと行う必要があります。

## 外部の専門家の支援を受け推進していた活動を社内の ER が担うように

外部の専門家からエンゲージメント活動を提案されてスタートする。あるいは、エンゲージメントサーベイなど関連サービスの導入、活用支援をきっかけにスタートする……といった外部からの影響でスタートするパターンです。活動を継続しながら、ER が中心となり少しずつ活動を内製化していきます。

最初は専門家が伴走し、社内研修やワークショップなどを行いながら、少しずつエンゲージメントの理解や対話の方法を学んでいきます。ER はノウハウや手法も共に学んでいき、少しずつ専門家の手を離れて、自分たちで自分たちの組織をよくしていくように動いていきます。

外部の専門家のスタンスによっては、「ずっと頼ってもらう」ことを目的としたアプローチをしてくる場合もありますが、内製化への理解を得られるようにしていきましょう。

## 職場のマネージャーや部門人事がすでに取り組んでいたことを全社的な改革テーマと結びつける場合

　これは五つの生い立ちの中では比較的珍しいパターンですが、ボトムアップ型の組織づくりの最たる例と言えます。例えば、ある部署がエンゲージメントをテーマに取り組んでいたことが、経営層や人事部などの目に留まり、全社的な活動へと展開していくパターンです。面白いことに、発端となった部署で中心的に活動していたマネージャーが、そのまま全社展開する上でERとして活動するケースもあります。

　発端となる部署での活動が「エンゲージメント」という言葉を使っていないケースも考えられます。「やりがいづくり」や「挑戦する風土づくり」など関連するテーマで行っていた取り組みが、エンゲージメント活動と関連づけられ全社展開されることもあります。

　また、エンゲージメントサーベイを始めとしたツールを部門や部署単位で試験的に導入し、そこでの取り組みに価値を感じた経営層、人事部などが全社展開するというパターンもあります。


　以上が五つの生い立ちのパターンになります。自分に近い生い立ちはあったでしょうか。それぞれの生い立ちによって、活動の方針が変わってくることもある程度は掴めたかと思います。

　本書で掲載している各組織のエンゲージメントストーリーにおいても、様々な生い立ちあり、活動を進めていく過程での重点ポイントが異なることに注意が必要です。

## フォーカス事例（生い立ちを整理する）から学ぶ

# 戸田建設株式会社の事例

**イノベーション本部**
**イノベーション推進統轄部**
## 小出 浩平さん

1989 年に新卒で戸田建設株式会社に入社し、技術職として 16 年間勤務。企画業務にも携わる。
その後、株式会社ミスミグループ本社、ワタミグループに転じ、2022 年に戸田建設株式会社へ再入社。イノベーション本部の顧問として、同本部に必要な取り組みを企画し実行する役割を担い、その一つとして、エンゲージメント活動の事務局を務めている。

**イノベーション本部**
**イノベーション推進統轄部**
**環境ソリューション部**
## 尾登 剛さん

2001 年に新卒で三菱グループ内の企業に入社。
環境管理業務や経営企画業務などに従事したのち、2022 年に戸田建設株式会社へ。
現部署にて環境事業に従事しながら、エンゲージメント活動の事務局を務めている。

※取材時（2024 年 1 月）の部署です。

## トップの課題感からスタートし、
## 職場に寄り添った支援で活動を推進

　小出さんは戸田建設に復職した際、イノベーション本部長を兼任している戸田副社長より、「20 代、30 代の若い社員がポロポロと離職していることを何とかしたい」「ワクワクしながら創造的に働ける会社にしたい」との話を受け、社内でエンゲージメント推進活動をスタートさせました。

　同じタイミングで中途入社した尾登さんに声をかけ、現場から内勤まで、合計 100 人程度の若手社員にインタビューをし、課題を明らかにするところからスタートします。

　本書で解説している生い立ちに当てはめれば、「トップダウンでスタートする」に該当します。

インタビューをもとに抽出した課題を戸田副社長にレポートして、取り組むべきことを検討。コミュニケーション不足という課題に対しては、2022年3月から、副社長と社員が直接コミュニケーションをとる「Morimichi Café」という対話の場をつくります。

また共通の物差しで組織の状態を定期的に測るのがいいだろうということで、2023年5月からエンゲージメントサーベイの活用を始めます。サーベイを導入し、その後まず取り組んだのが、スコアに対するリーダーの正しい理解の醸成です。

スコアから自部門の課題を把握してもらい、エンゲージメント施策を考え、実行してもらえるよう、リーダー向けの勉強会を行っていきます。

勉強会の後は、隔月実施のサーベイに合わせて、結果が出たタイミングでリーダーたちと振り返り会を行いながら、推進チームは部長クラス以上のリーダーの相談に乗ったり、部門の定例会や振り返り会に参加したりと、リーダーを多角的に支援していきます。

その結果、自ら部のパーパス・共通言語を掲げるリーダーがスコアに悩み推進メンバーへ相談したことをきっかけに、メンバーとの対話を増やしスコアを向上させたチームも出てきました。

トップダウンでスタートした場合は、比較的社内での活動はしやすい傾向にあります。しかし、トップや推進側の方針と各職場のリーダーの考えにズレが生まれてしまうと、活動は停滞してしまいます。

これは、「CONNECT、SUPPORT の壁」(「四つの壁」を理解する)としてよく出てくる課題です。 小出さんと尾登さんは部門のリーダーに寄り添った推進支援を行うことで、各職場での活動を推進してくれる味方を作り、「CONNECT、SUPPORT の壁」を乗り越えていきました。

また、その後、リーダー以外の社員からも、エンゲージメントに興味があるという人が出てきたそうです。

先述の通り、リーダーを中心に職場に仲間がいることで、「全員で取り組む」という雰囲気が組織内に生まれやすくなります。

トップダウンでスタートしたエンゲージメント活動を、「上から言われたから、やってください」と職場のリーダーに押し付けるのではなく、推進者がリーダーに伴走し、支援することで活動を推進していく。

Engagement Runner としてのスタンスや動き方において、とても参考になる事例です。

　より詳しくは以下の記事からご覧いただけます。

https://get.wevox.io/media/engagementstory_toda

# 「四つの壁」を理解する

　ビジネスの場においては、壁にひとつもぶつかることなくプロジェクトが進んでいくことはほぼないと言ってもいいでしょう。エンゲージメント活動も例にもれず、多くの壁が待ち受けています。事前にどのような壁があるかを知っておくことで、可能な限り回避するPLANやERとしての立ち回りを考えられるようになります。

　本項では、ERマトリクスの四つのメインミッション＋UPDATEをベースに、どのような壁が発生しそうかを解説します。

　自組織において、どのような壁がありそうか（すでに活動がスタートしている場合はどの壁にぶつかっているか）をイメージしながら解説を読んでみましょう。

## 1.PLAN の壁

- エンゲージメント活動をする意味を職場や経営層に説明できない
- 職場へのエンゲージメント活動の理解が進まない
- 従業員満足度調査などこれまでの活動と混同される／違いについて明確な説明ができない
- 経営層のエンゲージメント理解が乏しくサポートを受けられない
- 自組織の状態把握ができていない
- 活動をする上での社外／社内のキーパーソンが見つからない
- エンゲージメント活動によって目指すゴールがはっきりとしていない
- どういったプロセスで活動を進めるかプランが練られていない
- どういう規模で活動をするか検討ができていない

## 2.CONNECT、SUPPORT の壁

- 職場のマネージャーが協力的ではない
- 職場での活動推進役が見つからない
- 職場に対話を促しても実行に移してくれない

- エンゲージメントサーベイの結果を有効活用できていない
- 講演会や説明会への出席者が少ない
- 講演会や説明会、相談会などで相談や質問を受けた際にうまく対応できない
- 職場での対話が活発に行われるイメージが沸かない
- ワークショップをうまくやれそうにない
- エンゲージメント活動に否定的な人への対応がわからない

### 3.SPREAD の壁

- 活動によって生まれる職場のいい変化を発見できない、埋もれてしまう
- 特定の人だけの活動に留まり社内で広く展開されない
- エンゲージメント活動で生まれたいい変化を他者が知る機会がない
- 組織としてエンゲージメント活動に尽力する人を称賛する仕組み、機会がない
- 組織内で情報共有や学び合い、励まし合いをする機会がない
- 経営層がエンゲージメントに関心を抱かない
- 経営層からのエンゲージメントに関する発信がない

### 4.UPDATE の壁

- 経営層からエンゲージメント活動に対する成果に対する報告を
  求められるも、どのように提示すればいいかわからない
- エンゲージメント活動に対する費用対効果について説明ができない
- 活動がマンネリ化していると職場から指摘される
- ER として活動する人が少数しかいない
- 後進の育成が進んでいない
- ER が権威化あるいは先生化してしまい、職場の自発的な活動が
  生まれにくくなっている

ERマトリクス―アクション編

# ER としての役割を整理する

エンゲージメント活動の生い立ちと四つの壁について理解したところで、自身の ER としての役割を以下の図を参考に整理してみましょう。生い立ちを選び、現在ぶつかっている壁のところに、具体的にどういった課題感があるか書き出します。

記入をしたことに対して、どのようにアプローチしていけばいいか、どの壁から対応していくかといった視点は今後のプランを考えていく上での参考になります。また、自分が ER として活動する意味や目的もこの表をもとに整理できることもあります。

ER としてより強い自覚、目的意識を持つためにも、図 23 の表を参考に、整理してみてください。

## 図 23：生い立ちと四つの壁から ER としての役割を整理する（記入例）

| エンゲージメント活動の生い立ち | PLAN の壁 | CONNECT、SUPPORT の壁 | SPREAD の壁 | UPDATE の壁 |
|---|---|---|---|---|
| 1. トップダウンでスタートする | | | | |
| 2. ビジョンや中期経営計画の策定を通じてエンゲージメント活動が設定される場合 | | | | |
| 3. 人事部などが自ら経営層へ提案し、改革テーマとして承認される場合 | ・経営層のエンゲージメント理解<br>・どのような体制にするか？ | ・キーパーソンを誰にするか<br>・職場での対話に対する受容度<br>・マネージャー層のエンゲージメント理解と対話スキルの向上 | ・事例をどう生み出すか、見つけるか<br>・事例の発信方法、新たに社内通信を作るリソースがあるか | ・活動の見直しタイミングの設定<br>・経営層を交えた活動の振り返り、成果報告の場をどう作るか |
| 4. 外部の専門家の支援を受け推進していた活動を社内の ER が担うように | | | | |
| 5. 職場のマネージャーや部門人事がすでに取り組んでいたことを全社的な改革テーマと結びつける場合 | | | | |

# 活動の目的・課題・ゴールを考える

## 目的・課題・ゴールを仮説立てするための五つの視点

活動の目的・課題・ゴールとは、以下の三つの観点を言います。

1. そもそもエンゲージメント活動によって何を実現しようとしているか？（目的）
2. エンゲージメント活動を通じて対応したい課題はなにか（課題）
3. 定量的／定性的なゴールは何か？（ゴール）

この三つの観点を整理し、しっかりと可視化することを目指していきます。考えていく上で、「情報収集」で集めた情報が役に立ちます。集めた情報と、図24〜25も参考にしながら整理していきましょう。

## 五つの視点の解説

### 1. 組織（経営層・活動オーナー等）の期待から見る

組織が掲げている方針や、組織がエンゲージメント活動及びERに求めることを考える視点です。

経営層がエンゲージメント活動へ理解を示し、率先している場合は、その方針を整理します。中期経営計画などに入っている場合は、その方針を参考にしましょう。

課題については、エンゲージメント活動で扱いたい課題として、活動の企画当初から挙がっているものや、活動の必要性について検討を進める過程や情報収集の中で明らかになるものがあります。

また一見するとエンゲージメント活動とは関係がない組織課題も、よくよく検討してみると深いところで繋がっているケースもあります（例として、自社の

理念の浸透など）。組織が抱える課題についても一通り把握し、活動と組織課題の関連性について検討することも視野に入れておくことをオススメします

　ボトムアップ型でスタートした場合などは、経営層がまだエンゲージメントへの理解に乏しい場合もあるかと思います。その場合は、エンゲージメントと絡めやすいテーマを組織が方針として持っていないかを考えてみましょう。例えば、健康経営や人的資本経営などを掲げている場合は、エンゲージメント活動と絡めやすくなります。

　経営層に直接話しを聞ける場合は、このタイミングで方針について聞いておくと、双方にとってエンゲージメント活動の理解促進に繋がると共に、トップの協力を得るきっかけともなります。

## 2. 組織の経営理念・MVV・パーパスから見る

　組織の経営理念やミッション・ビジョン・バリュー（MVV）やパーパスの実現との関連性を考える視点です。事業内容、組織の社会的な存在意義（パーパス）、自分たちの組織らしいこだわりなどを整理し、書き出してみましょう。

　創業者あるいは創業期を知るメンバーがいれば、直接話しを聞くのも効果的です。創業から暦が長い会社の場合は、社歴の長い人から会社の歴史を聞いたり、社史など過去の資料を参考に、会社の生い立ちを深堀ってみるのもいいでしょう。

　特に創業から時間が経っている大手企業の場合は「そもそもなぜこの会社が存在するのか。なぜこの事業が存在するのか」といった視点は抜けがちです。こうした、そもそもの存在意義を見直すことで、目的・課題・ゴールが浮かび上がってくることもあるので、ぜひこの機会に会社の経営理念や MVV、パーパスを見直すことをオススメします。

## 3. 外部環境の変化から見る

　外部環境には大きく二つの種類があります。一つは、直接的な外部環境で、顧客や市場、技術、規制などに関連するもの。もう一つが社会的テーマ、時事問題、政治など間接的な外部環境です。これらの外部環境を洗い出し、それに対してどう対応していくのがいいのかを考えていきます。「社外からの情報収集」（P.116）で集めた情報も活用できます。

　エンゲージメントだけの視点ではなく、外部環境の変化の中で、「競争優位に

立つためには何が必要か」「継続性を実現するためにはどうすればいいか？」といった事業戦略的な視点を持つことに繋がります。

この視点は、環境変化の激しい昨今、特に重要度を増してきています。「いい組織にする」というと、内向きな思考に偏りがちですが、しっかりと「外がどうなっているか」も考えるようにしましょう。

## 4. 内部環境の変化から見る

組織の内部環境の変化の視点です。「社内からの情報収集の方法」（P.122）で情報を集めていれば、この観点は出しやすくなります。意見や考えが出てこない場合は、社内からの情報収集に立ち返ってみましょう。

離職者が増えている、工場等のラインでの事故件数が増えている、ハラスメントの通報が増えている、ボトムアップでの改善提案数が減っている……などの、社内の変化をもとに課題や目的を整理し直すことができます。

また、組織の中でエンゲージメント活動を推進するERは、外部の専門家と違い、この観点の深堀りができるのが一つのメリットでもあります。

## 5. 将来のビジョン、構想から見る

制約を一切取っ払って、将来のビジョンを描くとしたらどういう状態を目指していきたいかを考えていく視点です。1～4だけの視点だと、どうしても目先の課題にとらわれがちです。

将来のビジョン、構想という視点を取り入れることで、ER自身はもちろん、社内の仲間をはじめ、職場の人たちがわくわくできるゴールを描けるようになるはずです。他の視点とは違い、未来志向に頭を切り替えて考える必要があります。

また、会社の中期経営計画やMVVにも縛られる必要はありません。それらの会社の方針もないものとして、いい組織にするために何が必要か考えてみましょう。

一人だけでなく、周りのメンバーと制約を取り払うという前提で、話してみるのもオススメです。

わくわく感のある目的・ゴールを生み出すために、どのような新しい視点があるといいか、思い切って大胆な目標を掲げるとしたらどうか……など現実に

とらわれることなく想像をふくらましていきましょう。

## 目的・課題・ゴールを考えるコツ

　五つの視点があるとはいえ、いざ考え出してみると、「何を書こう？」と難しさを実感する人もいるかと思います。

　ここで、避けたいのが目的・課題・ゴールを考え込むことに時間を費やしすぎて、エンゲージメント活動が一向に進まない、ということです。こうした落とし穴にはまらないように、考え方のコツを紹介します。

　ERとしての活動のあらゆる場面にも共通する、とても大切なマインドセットにもなりますので、ぜひ心に刻んでおきましょう。

### 「粒度がわからない」というあるあるな悩み

　いざゴールを考えようとしたときに、よく抱くのが「粒度がわからない」という悩みです。特に規模が大きい会社の場合、組織視点でのエンゲージメント活動のゴールと言われても、いまいちイメージができず、遠い話のように思えてしまうことがあります。

　そうした感覚を抱く根本的な要因として「経営者とのコミュニケーションが足りていない」ことが挙げられます。そもそも、経営者がどういう組織にしたいか、という考えを知らなかったり、企業が掲げる理念やMVVについての理解が不十分だったりすると、「粒度がわからない」という悩みに陥りがちです。

　そのため、解決策の一つとしては、エンゲージメント活動の目的・課題・ゴールを考えることをきっかけに、経営者とコミュニケーションを取ることが挙げられます。

　いきなり経営者とのコミュニケーションはハードルが高いと感じる場合は、まずは「人事部など自分が所属する部署の範囲で考えうるエンゲージメント活動のゴールの設定」でも問題ありません。組織全体として……ではなく、人事部としてのゴールであれば、比較的考えやすいかと思います。

　大事なのは、自分たちが見える範囲でゴールを設定したとしても、一定のタイミングで見直しをし、より組織全体としてのゴールとして再設定ができない

かを検討することです。こうしたゴールの見直しが活動の UPDATE に繋がっていきます。

## 自分のエンゲージメントの体感が参考になる

組織全体のゴールを考えることに対して難しさを感じるもう一つの背景には、「そもそも自分自身がまだエンゲージメントについてわかっていない」というもやもやがある場合が多いです。

こうしたもやもやを抱くことは、実はとても素晴らしいことです。というのも、こうしたもやもやが、「自分のエンゲージメントとは何か？」を考え、体感を得るきっかけになるからです。

そして、この「自分のエンゲージメントの体感」がゆくゆくは、組織全体のエンゲージメント活動の推進にも繋がっていきます。組織のゴールを考えるために、時間を多く取れそうな方は、ぜひ「エンゲージメントの体感と実践」（P.271）のレベル 1 から取り組んでみてください。

## 完璧を求めない

「目的・課題・ゴールを完璧な形で設定する」という考え方に固執しないようにしましょう。「まずは仮説から」というスタンスで進めていくことが大切です。特に人事経験の長い人だと「制度設計」や「人事戦略」と同じようなスタンスで、しっかりと考え込まないといけない、間違えがあってはいけない、という思考に陥りがちです。

完璧や正解を求めすぎず、仮説からスタートしてみる、という気持ちで前に進めていくのも大切です。

動き出してみて、目的・課題・ゴールを考えるための視点や気づきを得られれば、一定の期間で見直し、UPDATE していけばよいのです。

ERマトリクス―アクション編

## 一人で考え込まない

目的・課題・ゴールを「一人で考えられる」ER を目指せばいいというわけではありません。むしろ、一人で考え込みすぎると独りよがりな考え方になってしまったり、視野が狭い目的・課題・ゴールになってしまいがちです。

「目的・課題・ゴールをみんなで考える、作るプロセス」を設計できる ER を目指すようにしましょう。この「目的・課題・ゴールを考える」というアクションは、キーパーソンとの関係づくりにも活かせます。最初の叩き台は一人で作ったとしても、それをしかるべき人たちに見せ、意見をもらい、ブラッシュアップをしていく。こうした過程を職場に入り込んで行えるのが、外部の専門家にはなかなかできない、ER の強みでもあります。

## 動きながら考える

　五つの視点を全て盛り込んだ形で目的・課題・ゴールを考えるのが理想的ですが、埋められるところを埋めて、動き出しても問題ありません。ただし、目的・課題・ゴールですので、未来志向の視点は必須とも言えます。他の視点が欠けた状態で動き出すとしても、「5. 将来のビジョン、構想から見る」は盛り込めるようにするといいでしょう。

　全てを埋めてから動くのではなく、動きながら考えるという意識も大切です。3ヶ月や半年、エンゲージメント活動をした後に、もう一度目的・課題・ゴールを見直すといったプロセスを、予めスケジュールの中に組み込むのもいいでしょう。

ERマトリクス—アクション編

# 目的・課題・ゴールの作成イメージ

図 24：目的・課題・ゴールを考える五つの視点

1. 組織（経営層・活動オーナー等）の期待から見る

- 組織（経営層・活動オーナー等）から求められているものは何か？
- 示されている背景、課題からみたら、何を目指すべきか？
- 具体的な目標、ビジョンは？

2. 組織の経営理念・MVV・パーパス、存在意義から見る

- 会社・組織の理念や価値観を実現するとしたら、どのようなゴールを描くべきか？
- 何にこだわりたいか？

5. 将来のビジョン、構想から見る

- 制約なく将来ビジョンを描くとしたらどんな状態か？
- 創造性を喚起するために、どんな新しい視点、大胆な目標を設定するか？

3. 外部環境の変化から見る

- 顧客や市場、技術、規制など関連する直接的な外部環境の変化からみたら、何を目指すべきか？
- 社会や政治、その他間接的な外部環境の変化からみたら何を目指すべきか？
- 競争優位に立つためには何が必要になるか？

4. 内部環境の変化から見る

- 現場や職場で起きている問題・課題からみたら何を目指すべきか？
- 社員の意識や行動の変化からみたら何が必要になるか？
- 組織構成や体制などの変化からみたら何が必要になるか？

## 図 25：五つの視点の書き出し例

五つの視点で、エンゲージメント活動の目的・課題・ゴールを描く際に、
考慮すべき要素を改めて書き出してみてください。

1. 組織（経営層・活動オーナー等）の期待から見る

---

- ・経営層からは中期経営計画に「エンゲージメントの向上」を入れる予定だと聞いている
- ・役員からは「エンゲージメントが高い組織、一人ひとりが活き活きと働ける組織を
  目指していきたい」「挑戦する風土が必要だ」と発言あり
- ・人事部に活動をリードしてほしい、とのこと

---

2. 組織の経営理念・MVV・パーパス、存在意義から見る

---

- ・ミッションである「先端技術で未来の笑顔を創造する」とエンゲージメントが
  どう関わるか？
- ・まずは、自分たちが笑顔で働けることが大事なのでは？
- ・未来を創るためには、継続性も必要。一人ひとりが活き活きと、長く働きたいと
  思える組織になる必要があるのでは

---

3. 外部環境の変化から見る

---

- ・人的資本経営の注目度の高まり。同業他社でもエンゲージメント活動について公表している
  組織が出ている
- ・採用面においても、エンゲージメントに関心のある、人を大事にする企業とそうでない企業で
  差が出てこないか

---

4. 内部環境の変化から見る

---

- ・離職率が増加傾向にある
- ・若い人が挑戦する機会や成長機会が少ないのでは
- ・マネージャー層の中でも一定数は組織状態の改善に興味関心を持つ人がいるが、どうすれば
  いいかわからないという声もある

---

5. 将来のビジョン、構想から見る

---

- ・笑顔を創造するのは、笑顔で働く人たち
- ・エンゲージメント活動を通じて、笑顔で働く人を増やしていきたい
- ・挑戦するマインドの醸成、成長機会の提供、対話の促進など、活き活きした職場を生み出したい

---

ERマトリクスーアクション編

## フォーカス事例（目的・課題・ゴールの設定）から学ぶ
# 株式会社福井村田製作所の事例

**管理部人事課**
### 藤井 耀さん

2015 年、株式会社村田製作所に入社。
本社人事部で組織変更や人事異動などを、株式会社伊勢村田製作所で人事制度の統合や経営理念の浸透を担当したのち、2019 年より株式会社福井村田製作所へ。
現部署にて採用や人材開発を担当したのち、2020 年より人事制度、勤怠・給与、および組織開発を担当。

※取材時（2023 年 11 月）の部署です。

## 職場のキーパーソンと何度も対話し、ビジョンをブラッシュアップ

　福井村田製作所は組織づくりにおけるビジョン（本書におけるゴール）として「シン・FMC 計画」を掲げています。これは、社員一人ひとりが、Must だけでなく Will を語れる会社と社員の「双方向的な天秤型」ウェルビーイング組織を目指すというものです。

　藤井さんはシン・FMC 計画を作るにあたり、まずは自分と同じ人事課内でエンゲージメントと親和性がある担当者や上司に声をかけ、共にビジョンを考える仲間を増やしていきました。その後スタッフ系部署の各課から、管理職とキーパーソンとなるような社員二人ずつ程度に集まってもらった上で、「一緒にやっていきませんか」とビジョンのたたき台を提示し、意見をもらいながら仮説を作ります。

　次にその仮説を持って、製造部門の管理職にビジョンについて説明し、共感してくれそう、ビジョンを体現していそうな現場レベルの監督者を40 人ほど紹介してもらいます。そして、紹介してもらった監督者たちと集中的にありたい姿についての対話会を設定。社内のキーパーソンを探し、共に対話をしてたたき台（仮説）のビジョンを磨いていく、という推進者

にとって重要なアクションを取っていることがわかります。

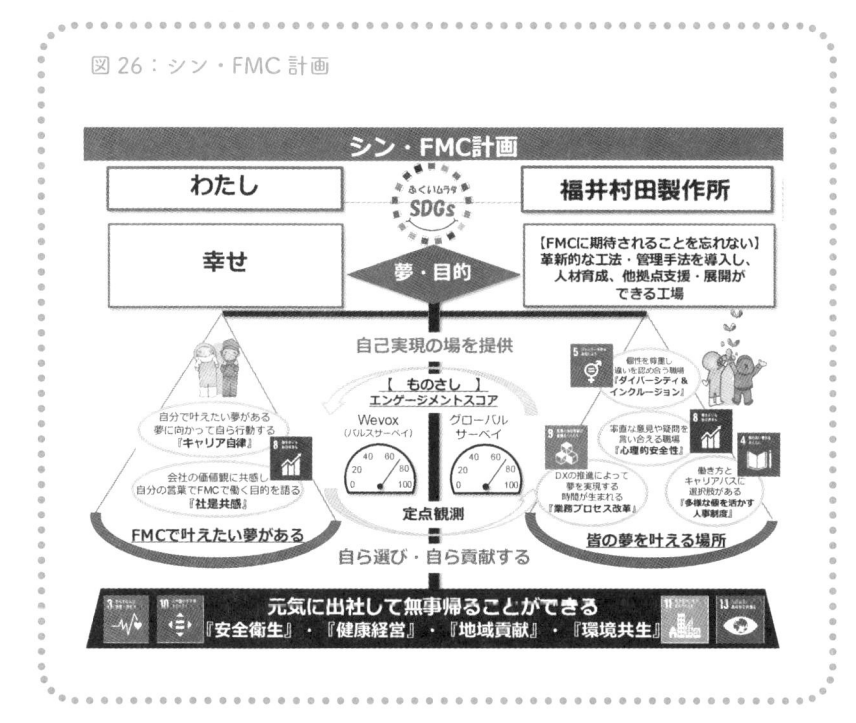

図26：シン・FMC計画

しかし、この対話は最初からスムーズに進んだわけではありませんでした。元々は経営から現場に向けて指示がなされるピラミッド型組織だったこともあり、「トップダウンで明確な指示のもと製品を作っていくメーカーにおいて、社員と会社が対等にあるようなビジョンは想像できない」「従業員に幸せを提供するということは、ワガママな従業員を増やすことになるのではないか？」といった反対意見が多数出たのです。

しかし、藤井さんはそこで諦めることなく、多いときで月に5回に及ぶほど、対話の機会を何度も設けます。そして、当初は藤井さんから製造監督に向けて「このビジョンを承認してくれませんか？」と働きかけていたのを、「みなさんと共に考えないとダメなんです、助けてください」といった同じ目線に立つアプローチに変えていきました。

一度は、ほぼ白紙の状態で対話をする回を設けたこともあり、その際に

「現場のメンバーが、自分たちにメリットがあると思えるビジョンを作れれば、押しつけじゃない自分たちのビジョンになっていくかもしれないね」という発言をある製造監督がしたそうです。その意見に、他の製造監督の中からも共感を示す人が何人かいました。

その姿を見た藤井さんは機を逃さず、「会社と社員は対等な関係性を築き、天秤のように釣り合っている状態が理想。そして、ただ釣り合っているだけじゃなくて、会社は社員に自己実現の場を提供し、同時に、社員一人ひとりは会社に対して自ら選んで自ら貢献するという Win-Win の構図を作る。これができれば、社員にとってもポジティブだし、会社にとっても目的の実現に繋がりますよね」と、現場や会社に対するメリットと共に、ビジョンの背景を伝えます。

この一言がきっかけとなり、製造監督の人たちがだんだんとビジョンに納得感と共感を抱き始め、その結果、シン・FMC 計画が誕生しました。

まずは人事部をはじめとした身近なキーパーソンとビジョンやゴールの仮説について対話を重ねる。そして、次は職場のキーパーソンたちとその仮説について対話を何度も重ねていく。こうすることで、「人事が作ったビジョンやゴール」ではなく「人事と職場が一緒に考えて、作ったビジョンやゴール」となっていく。こうしたプロセスがこの事例から紐解けます。

福井村田製作所の事例からは仮説を対話にうまく活用したこと、「職場を説得する」ではなく「職場と一緒に考える」という対話の場を意識していたこと、最初は反対派に思える人でも対話を重ねて相互理解を深められる……など、多くのヒントがあります。ビジョンやゴールを考えていくための歩み方として、ぜひ参考にしてみてください。

より詳しくは以下の記事からご覧いただけます。

https://get.wevox.io/media/engagementstory_fukuimurata

# ストーリーを設計する

## ストーリーの設計とは？

　ストーリーの設計とは、エンゲージメント活動で目指す組織の変化をマイルストーンとして整理、可視化することを言います。ストーリーにはマイルストーンと活動の重点ポイントや制約などをまとめた「サマリーストーリー」と、体制やスケジュールなどより詳細なプランも含めた「ディティールストーリー」の二種類が存在します。

　限定的なチームあるいはモデルチーム活動から小さくエンゲージメント活動をスタートさせる場合は、「サマリーストーリー」で十分なケースが多いです。

　組織全体の活動として企画していく、経営者への提案を行う場合などはマイルストーンに加えて、スケジュールや体制なども加えた詳細な「ディティールストーリー」が必要となってきます。

　目的・課題・ゴールとストーリーはセットになっており、社内での活動を推進したり、上層部からの決裁を取ったり、新たな仲間を見つけたりと今後の活動のベースとなるものです。

　ストーリーの設計では、目的・課題・ゴールよりも、具体的な要素を考えていくことにもなるため、複雑性も増していきます。目的・課題・ゴール同様、〝完璧さ〟にこだわる必要はありませんが、できるだけ実行可能性の高いストーリーの設計が求められます。

　規模が大きい組織であったり、経営層が綿密な計画性を重んじるタイプの場合、ディティールストーリーの作成はERにとって重要なプロセスとなります。

　比較的柔軟な組織の場合、あるいは規模が小さい組織や部署単位での活動においては、サマリーストーリーさえあれば活動をスタートできる場合もあります。しかし、より活動を広げたり、長期的な活動にしたり、職場の一人ひとりが深く活動に参加してもらうために、ディティールストー

リーが必要になることもあります。

　ストーリーがなくても活動自体はスタートできます。しかし、そうした場合に起きやすいのが、その場その場で取ってつけたような How を繰り返し、本質的なエンゲージメント活動が生まれないという現象です。これは、ER が活動自体の道筋を曖昧に捉えており、「今、何をしているのか。次に何をすればいいのか」という見通しが全く立っていない状態で、闇雲にアクションだけをし続けている状態とも言えます。

　こうした一つひとつの取り組みが繋がらない状況が続くと、活動が自然消滅する可能性もあります。ストーリーは推進をする側にとっても、経営層や職場の人にとっても、道しるべのような役割を果たすのです。

## サマリーストーリーを考える<br>六つのポイント

　それでは、実際にサマリーストーリーを考えてみましょう。

　サマリーストーリーでは、活動による組織の変化を描くマイルストーンや重点アクション、課題や制約などを整理していきます。考える際に、図27 の六つのポイントが参考になります。これらのポイントを一つひとつ整理していくことで、ストーリー設計を進めることができます。それぞれのポイントを見ていきましょう。

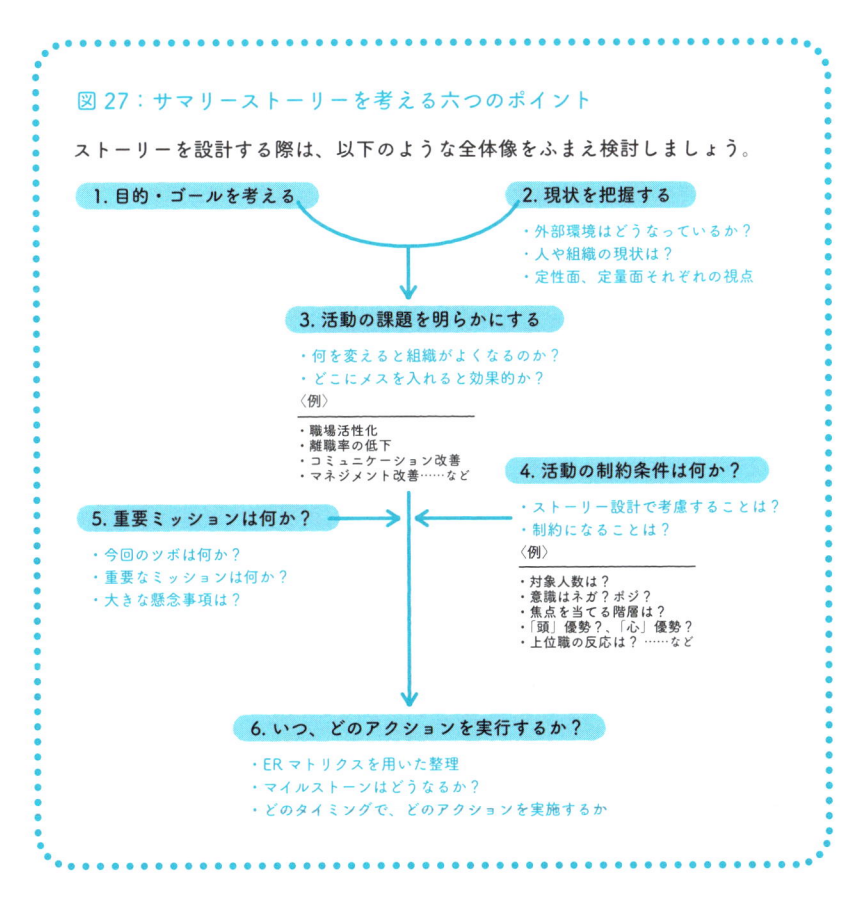

図27：サマリーストーリーを考える六つのポイント

ストーリーを設計する際は、以下のような全体像をふまえ検討しましょう。

**1. 目的・ゴールを考える**

**2. 現状を把握する**
・外部環境はどうなっているか？
・人や組織の現状は？
・定性面、定量面それぞれの視点

**3. 活動の課題を明らかにする**
・何を変えると組織がよくなるのか？
・どこにメスを入れると効果的か？
〈例〉
・職場活性化
・離職率の低下
・コミュニケーション改善
・マネジメント改善……など

**4. 活動の制約条件は何か？**
・ストーリー設計で考慮することは？
・制約になることは？
〈例〉
・対象人数は？
・意識はネガ？ポジ？
・焦点を当てる階層は？
・「頭」優勢？、「心」優勢？
・上位職の反応は？……など

**5. 重要ミッションは何か？**
・今回のツボが何か？
・重要なミッションは何か？
・大きな懸念事項は？

**6. いつ、どのアクションを実行するか？**
・ERマトリクスを用いた整理
・マイルストーンはどうなるか？
・どのタイミングで、どのアクションを実施するか

ERマトリクス─アクション編

**1. 目的・ゴールを考える**

　ストーリーを設計していく上で目的・ゴールをどこに置くかは重要です。詳細は「活動の目的・課題・ゴールを考える（P.139）」で解説しています。ストーリーを考える際、早く対策案を具体化しようとして、目的・ゴールよりも手段の検討に多くの時間を費やす傾向があります。

　目的・ゴールが曖昧なまま手段を検討しても、求める成果を得られるかどうかは疑問です。そのため、目的・ゴールを念頭に常に「何のためのエンゲージメント活動なのか？」を問い続けることが重要です。

## 2. 現状を把握する

　マトリクスの目的にある「組織の状態把握」を経ていれば、そこで整理した組織状態をストーリー設計において参考にできます。まだの場合は、「情報収集」（P.116）の解説を参考に、組織の状態を把握していきましょう。

## 3. 活動の課題を明らかにする

　「目的・課題・ゴールを考える」で整理した組織の課題はストーリー設計においても活用できます。エンゲージメント活動によって、コミュニケーションの活性化を図るのか、新しい風土づくりを行うのか、離職防止など喫緊の課題対応に取り組むのか……など、何を変えたいのかを明確にしましょう。

## 4. 活動の制約条件は何か？

　活動を進める上で制約となる事柄は何かを検討します。具体的には、活動の対象範囲や人数、組織のエンゲージメント活動に対する順応性、ER の経験（違うテーマでの組織改革経験や組織開発関連の経験を含め）の有無、活動に投入できる費用や人員数などがあります。

## 5. 活動の重要アクションは何か？

　活動の中で特に重要となるアクションを検討します。はじめてエンゲージメント活動のストーリーを検討する場合、取り組むアクションが総花的になることがあります。多くのアクションを全て同じ優先順位で行おうとすると経営資源の大量投入が必要となったり、活動が発散的になり成果が得られ難くなったり、活動の推進管理が煩雑になったり……とハードルが発生しやすくなります。

　そのため、優先度の高い重要アクションを三つほど決めることを推奨しています。例えば、本書のアクションで掲載されている中から、「キーパーソンとの対話」「説明会」「相談会」を重要アクションとする……といった方針を決めていきます。

## 6. いつ、どのアクションを実行するか

　最後は「いつ、どのアクションを実行するか」について検討する視点です。このポイントを考える際に、ER マトリクスが活用できます。マイルストーンのどのタイミングで、どのアクションを用いていくかを整理します。

図 28：サマリーストーリーの要素の例

① 目的：「挑戦する風土の醸成」
　ゴール：「新たなチャレンジによる
　　　　価値創出と働きがい醸成」

② 現状把握
　外部：人的資本経営の注目度の高まり、
　　　　同業他社のエンゲージメント活動の活性化
　内部：離職率の増加、若手社員の挑戦、成長機会の減少

③ 課題：「挑戦する風土の欠如」「笑顔で働きづらい職場が多い」

④ 活動の制約条件
　・経営層の本質的なエンゲージメントへの理解が低い、現状では「他社がやっているから」程度の認識
　・マネージャー層のエンゲージメント理解が低い、対話に対する消極的な姿勢

⑤ 重要アクション：キーパーソンとの関係づくり／基礎知識と実践知の提供／
　　　　　　　　　進捗状況や成果のレポーティング

⑥ マイルストーン

| 開始〜1ヶ月目 | 1ヶ月目〜3ヶ月目 | 3ヶ月目〜半年目 | 半年目〜10ヶ月目 | 10ヶ月目〜1年目以降 |
|---|---|---|---|---|
| ●アンバサダーの募集 ●なぜ、なにをやるかなどの周知 | ●アンバサダーのエンゲージメント理解・実践力向上 | ●アンバサダーから職場へエンゲージメント理解、実践を広げる | ●新たなチャレンジの創出 ●笑顔で働く人たちを称える表彰企画の検討 | ●活動の拡大を図るアンバサダー活動のさらなる活性化 |

主なアクション

| | | | | |
|---|---|---|---|---|
| ・ストーリーや体制の設計 ・キーパーソンを探す | ・キーパーソン（アンバサダー）との対話 ・研修、トレーニング ・対話の支援 | ・アンバサダーを中心とした勉強会 ・活動の事例化と情報発信 | ・社内表彰制度 ・社内発信の強化 ・経営層へのレポーティング | ・社内表彰制度 ・社内発信の強化 ・経営層へのレポーティング |

　図28のサマリーストーリーの要素例はあくまで必要な要素を一覧化したものになります。実際にストーリーを資料に落とし込む際は、複数枚のシートに、それぞれの要素の概要や詳細を記載していくことになります。

　これら、サマリーストーリーの要素に、後述の「体制・スケジュールを考える」で整理した体制や詳細なスケジュールを加えることで、ディティールストーリーを作っていくことになります。

## ストーリーを
## 考えるコツ

### 自社の他の変革を棚卸ししてみる

　組織で過去に行われた、エンゲージメント以外の組織変革テーマで成果が出たものがあれば、どのような経緯で進んでいったのかを棚卸ししてみましょう。当時の関係者に話を聞く場合は、成功話だけでなく、うまくいかなかったこと、失敗したことなども合わせて整理して、振り返ってみることをオススメします。

　特に、失敗した経験を持っている人は、新たなテーマに対しても否定的なスタンスを取りがちです。ER 自身が、過去にうまくいかなかった経験を持っている場合は、自身で振り返りを行い、エンゲージメント活動で同じ失敗を繰り返さないようにするといいでしょう。過去の組織変革の成功例、失敗例から、エンゲージメント活動でも転用できそうな取り組み、あるいは NG 施策などがあればストーリーにしっかりと盛り込んでおきましょう。

## ストーリーを試してみる

　ストーリーを作成する際に、お試し期間、検討期間を設ける手法があります。3ヶ月間など短期間の中で、ストーリーを試しに実行し、振り返りやフィードバックを受けて、ブラッシュアップしていきます。

　やってみないとわからないことが多いから、1回やってみる、実験してみるというプロセスです。組織内で活動を推進するERは、外部の専門家よりも柔軟に、お試し版のストーリーを実行できます。モデルチーム活動からスタートする場合は、設計したストーリーが活動の推進に寄与するか、各ステークホルダーとのコミュニケーションに役立つかどうかも同時に試してみるといいでしょう。

　お試し期間中や終了後にしっかりと見直しを行い、本番用のストーリーに反映させることも忘れないようにしてください。

## そもそもなぜやるかを常に自問しながら作る

　ERの意向やボトムアップ型にエンゲージメント活動がスタートした場合、軌道に乗るまではERの存在意義であったり、活動の意味が曖昧になりがちです。

　「そもそもなぜエンゲージメント活動なのか」「なぜ、自分がそれをリードするのか」といった根本の部分を常に自問しながら、ストーリーを作るようにしましょう

ERマトリクス－アクション編

## フォーカス事例（ストーリーを設計する）から学ぶ
## 第一三共ビジネスアソシエ株式会社の事例

人事推進部 主席
キャリアサポート機能統括＆
（人・組織）ビジネスコーディネーション担当
### 吉田 美加さん
第一三共株式会社人事部での経験を経て、2018年シェアード系グループ会社である第一三共ビジネスアソシエ株式会社に女性初の管理職として転籍。
組織統括の役割を持ちながら、エンゲージメントに関する自社内活動を推進。
現在は、人事推進部内の業務も担いながら、社長直轄で活動を推進している。

※取材時（2024年7月）の部署です。

## 検討プロジェクトを経た緻密なPLANで
## エンゲージメント活動をスタート

　第一三共ビジネスアソシエでは、2021年4月からスタートする中期経営計画の策定に向け、2020年初めから議論が開始されました。その議論の中で、当時の社長から三つの指標のうちの一つとして「エンゲージメント向上」の検討が示されます。

　吉田さんは「組織活性・エンゲージメント」をテーマにした中計立案のための検討プロジェクトを担うチームの一人として選ばれます。この検討チームでは、本書でいうPLANを進め、中計に入れる価値があるかを検討し、最終的な経営判断によってエンゲージメント向上活動（第一三共ビジネスアソシエでの活動名）の正式化を目指すことになります。

　吉田さんは、まず検討チームのメンバー構成から考案をしました。エンゲージメントはこれまでの王道だった「ビジネス指標」と違い、人や組織の状態を表す指標でもあります。こうした背景から、これまでのビジネス指標的な発想にとらわれない、面白い発想ができる人をメンバーに入れるように、自らキーパーソンの指名をし、上長や社長と交渉をして一部のメンバーを入れ替えるなど、体制づくりからスタートします。

　検討チームのメンバー構成が決まってからは、まずはエンゲージメントの理解を深めるためにメンバー全員で学ぶ期間を2ヶ月ほど取ります。この検討プロジェクトが動き出すまで、吉田さんをはじめ、検討チームのメンバーはエンゲージメントについてほとんど何も知らない状態でした。

　その後、検討メンバーが初めて全員で集まる打ち合わせでは、吉田さんがアジェンダを決め、外部の専門家に提供してもらったエンゲージメントに関する資料や、事前に準備した検討プロジェクトの活動スケジュールをメンバーに共有し、視点合わせを行います。

　この打ち合わせを、「ノーミングセッション」と称して、メンバーが率直に言いたいことを言い合い、一つのチームとしてゴールに向かっていくための対話の時間を取っています。こうした時間を取ることで、検討チームのメンバー間の相互理解を深めていきます。こうした対話を通じて、検討チーム自身が「エンゲージメントとは何か」を感じるきっかけともなります。

図29：エンゲージメント向上PJ 活動スケジュール

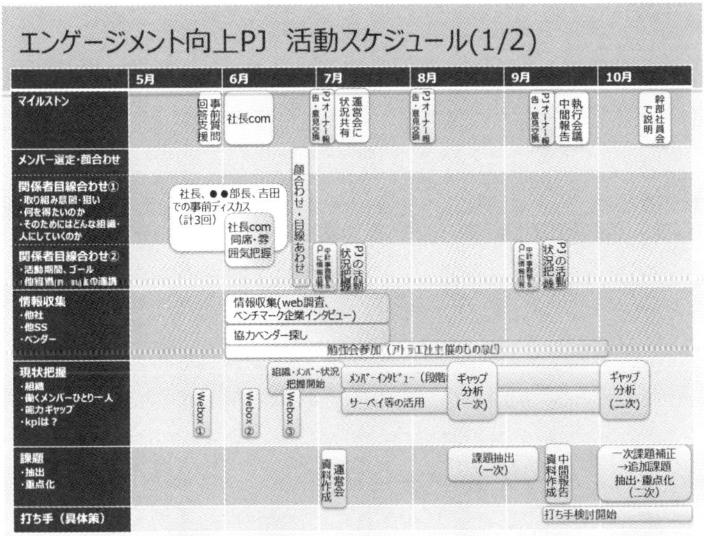

ただし、まだこの段階では、エンゲージメントの理解についてはばらつきがある状態でした。こうした状況を改善するために、吉田さんは社長も同席のもと、改めてキックオフミーティングを開き、「なぜ、エンゲージメントを検討するのか？」「当社にとっての望ましいエンゲージメントが高い状態は？」「エンゲージメントを高めることで当社として何を実現していくのか？」といった意識合わせ、視点合わせを丁寧に行っています。

　また、各メンバーが検討を進めていく中で、メンバー間の認識に齟齬が出ることを防ぎ、進捗共有を円滑に進めるために、吉田さんは課題管理シートを効果的に活用していきます。

　吉田さんが課題管理シートに検討プロジェクトを通じて出てきた懸念や問題点をどんどん書き足し、会議の中でこのシートを見ながら認識を揃え、進捗を検討・管理していきます。プロジェクトが進み、メンバーの役割分担がなされていくと、吉田さんだけでなく、他のメンバーもシートに書き足すようになっていきました。

　このシートには、課題だけでなく、どんな気づきがあったか、どんな活動をしたのかといった点についても書き加えており、メンバー自身の参画意欲が高まるきっかけともなっています。

　約1年をかけた検討プロジェクトのゴールとして、中計に盛り込むエンゲージメント活動の5年間のマスタープランと最初の1年目の詳細な活動計画を策定することになります（本書における「ディティールストーリー」に該当）。

　このゴールの前提として、そもそも中計の中にエンゲージメントを入れるのか、エンゲージメント向上に向けた活動を進めるのか？という検証の意図も含まれていました。

　最終的に、経営層に提案をした内容の一部抜粋が図30 〜 31 になります。これらの資料には、検討プロジェクトとして1年を通じてどのような取り組みをしたかについても、詳細に記載されています。

　検討チームによる提案が実を結び、正式にエンゲージメント向上が2021年4月からの中計に盛り込まれることになり、2021年からエンゲージメント向上活動が正式にスタートしていきました。

この検討プロジェクトの過程で吉田さんが意識したことは、社長や検討チームのメンバーとの丁寧な対話でした。例えば、当時の社長の考え方が当初はエンゲージメントという言葉を使っていても、実際の認識は従業員満足度に寄っていたため、何度も対話を通じて視点を合わせていく、といったことです。

また、組織の現状把握においては、エンゲージメントサーベイだけでなく、意識調査やストレスチェックなどのデータを担当部署にお願いし、問題ない範囲で開示してもらうように働きかけることで、多角的なデータ分析から、人、組織の課題の精度を上げられるようにしています。

さらには、検討チームメンバーの人脈を活かし、他社へのインタビュー調査を実施するなど入念な検討、調査をし、情報を整えた結果、経営層も検討メンバーも納得できる PLAN を達成することができました。

この事例からは、ストーリーの設計過程において、エンゲージメントについてとことん考え、目線合わせの対話をし、意思決定をするキーパーソンたちや、後に推進活動を担うことになるメンバー達が腹落ちすることの重要性も見えてきます。

図 30：最終報告の内容

**最終報告の内容**

1. プロジェクトの概要
   - ゴール・成果物
   - 検討メンバー
   - これまでの検討経過
2. DSBAのエンゲージメントとは
   - エンゲージメント定義と、測定に用いるキードライバーについて
   - エンゲージメントが高まった状態とは？
3. エンゲージメントの組織現状把握～課題の明確化
   - 検討プロセス
   - ①wevox（前回調査）、②ストレスチェック、③組合員意識調査、④wevox（再調査）、⑤インタビュー（グループ(リフレリング)、個別(出向者)、部長）、⑥他社調査・外部有識者知見
4. 課題解決策の立案プロセス
   - 検討プロセス（再掲）
   - 課題解決策への絞込み
   - 課題の構造化
5. 課題解決策の全体像と今後の活動スケジュール
   - 課題解決策の全体像とマスタープラン(中計5年間)
   - 準備期間および初年度活動スケジュール
   - 推進体制および各活動テーマ概要
6. 今後の課題、懸念

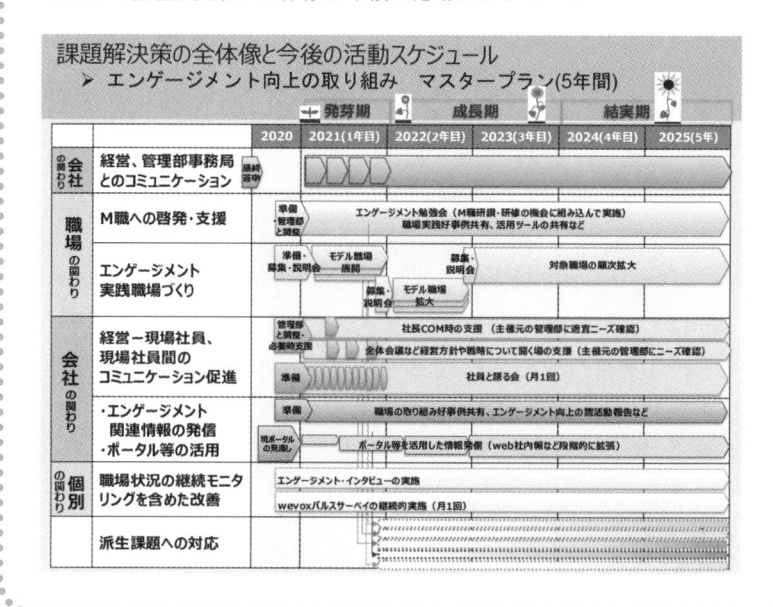

図 31：議題解決策の全体像と今後の活動スケジュール

より詳しくは以下の記事からご覧いただけます。

https://get.wevox.io/media/engagementstory_daiichisankyo-ba2

# 体制・スケジュールを考える

## エンゲージメント活動の基本体制を参考に考える

エンゲージメント活動の体制は、図32「エンゲージメント活動の基本体制」を参考に考えていきましょう。この基本体制は、私たちの支援経験の中で、成果を出しやすい体制をモデル化したものです。

エンゲージメント活動において体制を考えるということは、各ステークホルダーの役割を明確化することを意味します。経営層、部署・チーム（職場）、そして人事部、経営企画部などをはじめとした推進役（Engagement Runners）がそれぞれどういう役割を担い、どういう関係性の中で活動を推進していけばいいかが、この基本体制にて整理されています。

この基本体制を参考に、白組織の活動のストーリーに当てはめたときに誰が、どの役割を担っていくのかを具体的に考えていきましょう。

経営層においては、誰に活動のレポーティングを行うか、方針決定は誰がするのか、職場への情報発信を誰に依頼するか……などを考えます。

部署・チームにおいては、モデルチーム活動なのか、アンバサダー制度なのかなどストーリー設計によって誰にどういう役割をお願いするかは変わってきます。また、それぞれの職場でどのような取り組みをしてもらうのか、どのような頻度で対話をしてもらうのか……などもストーリー設計と照らし合わせながら整理しましょう。

ちなみに、エンゲージメント活動は人事部内の各部署（採用・人材開発・人事企画・労務など）との連携が必要なシーンが多く発生するので、人事部内の各部署の役割を改めて設定しながら、推進チームのメンバーを検討することも重要です。

人事部全体で、エンゲージメント活動の目的・課題・ゴールの共通認識を形成することで、人事部内の各部署での取り組みがエンゲージメント活動にどう紐づくかが明らかになり、連携が取りやすくなります。

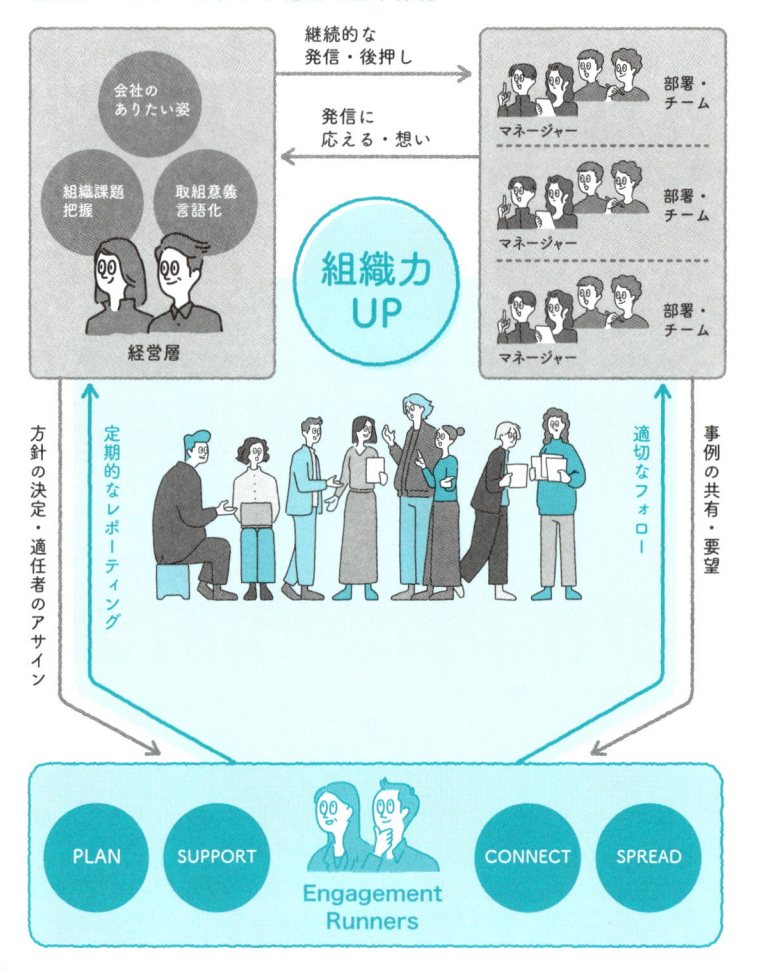

図32：エンゲージメント活動の基本体制

## スケジュールで
## 具体的な見通しを立てる

　サマリーストーリーで設定したマイルストーンをベースに、より詳細なスケジュールを考えていきます。各アクションのスケジュールを並列し、過密日程になっていないか、ERを含む推進チームのリソースで対応できそうかといった見通しもつけておきましょう。

　マイルストーンで描いた組織の変化と共に整理することで、より具体的な見通しを立てられるようになります。

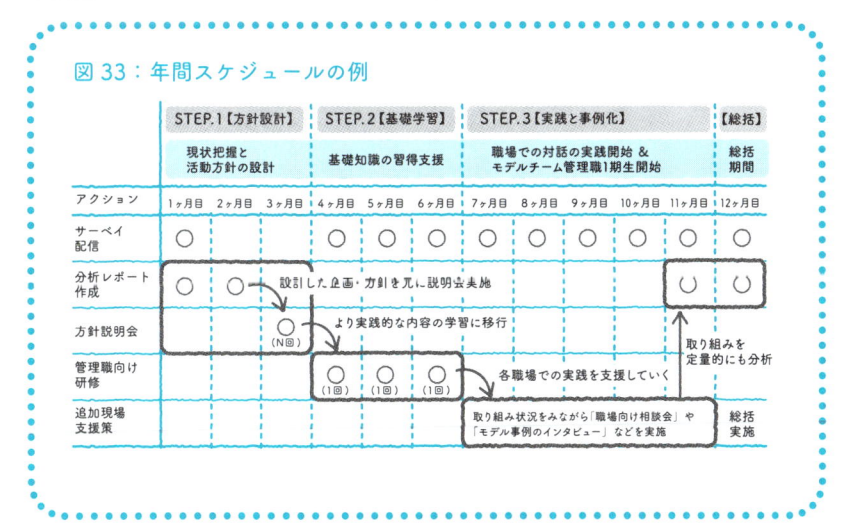

図33：年間スケジュールの例

| アクション | STEP.1【方針設計】現状把握と活動方針の設計 | | | STEP.2【基礎学習】基礎知識の習得支援 | | | STEP.3【実践と事例化】職場での対話の実践開始 & モデルチーム管理職1期生開始 | | | | | 【総括】総括期間 |
|---|---|---|---|---|---|---|---|---|---|---|---|---|
| | 1ヶ月目 | 2ヶ月目 | 3ヶ月目 | 4ヶ月目 | 5ヶ月目 | 6ヶ月目 | 7ヶ月目 | 8ヶ月目 | 9ヶ月目 | 10ヶ月目 | 11ヶ月目 | 12ヶ月目 |
| サーベイ配信 | ○ | | | ○ | ○ | ○ | ○ | ○ | ○ | ○ | | ○ |
| 分析レポート作成 | ○ | ○ | 設計した企画・方針を元に説明会実施 | | | | | | | | ○ | ○ |
| 方針説明会 | | | ○(N回) | より実践的な内容の学習に移行 | | | | | | | 取り組みを定量的にも分析 | |
| 管理職向け研修 | | | | ○(1回) | ○(1回) | ○(1回) | 各職場での実践を支援していく | | | | | |
| 追加現場支援策 | | | | | | | 取り組み状況をみながら「職場向け相談会」や「モデル事例のインタビュー」などを実施 | | | | | 総括実施 |

## フォーカス事例（体制を考える）から学ぶ
# 株式会社アドバンテストの事例

**ATE ビジネスグループテクノロジー開発本部**
**テクノロジー統括部第 3 開発部部長**
# 寒竹 秀介さん
1999 年、株式会社アドバンテストに新卒入社。
以降、半導体試験装置向けの LSI の開発に従事。
入社当初はエンジニアとして、現在はマネージャーとして開発業務に携わっている。
2013 年から約 4 年半、ドイツのアドバンテストヨーロッパで勤務し、2020 年 2 月より現職に至る。

※取材時（2021 年 12 月）の部署・役職です。

## 手挙げ制で集まった 22 チームを対象に、推進活動をスタート

　アドバンテストの ATE ビジネスグループで、寒竹さんを含む開発部門のマネージャー 4 名、人事 1 名の計 5 名からなるエンゲージメント改善チームが立ち上がったのが、2020 年 6 月でした。「そもそもエンゲージメントとは何なんだろう」というところからスタートし、対話の末に、「我々の考えるエンゲージメントは〝共感と貢献意欲〟だ」と定義づけます。

　その後、寒竹さんをリーダーに、新たに情報発信担当、活動アドバイザー、活動スポンサーとして開発グループのトップの役員を推進チーム内に組み込み、活動をスタートさせました。

　このように、推進チームの体制設計からスタートすることで、活動をスムーズに進めやすくなります。活動スポンサーとして役員がチームに参画しているのも、ポイントと言えます。

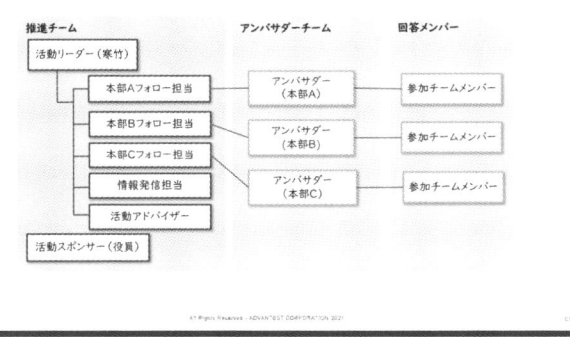

図 34：活動推進チーム体制

　活動を開始するにあたり、寒竹さん含む推進チームは、まずはマネージャー全員に対し、自分たちがやっていきたいと思っている活動についての周知説明を行いました。その後、手挙げ制で参加意欲を示したチームのメンバーに対して改めて活動内容を説明し、合意があった 22 チーム 170 名に対して、本格的な推進活動をスタートさせます。

　この 22 チームから、本部ごとに数名ずつアンバサダーを任命してもらい、そのチームをアンバサダーチームと呼称しており、本書で解説しているアンバサダー制度とモデルチーム活動を組み合わせた形に該当します。（参考：「モデルチーム活動を企画する」P.173 ／「アンバサダー制度を企画する」P.186）。

　トップダウンで全社員や部門全員を対象に推進活動を始めると、各チームで大きな温度差が出たり、推進チームによるサポート体制が弱くなってしまう傾向にあります。寒竹さんは、こうした事態を避けるために、部門全体に向けた推進活動から始めるのではなく、説明をした上で、手挙げ制で合意のとれたチームを対象に、推進活動をスタートさせたのです。

　寒竹さん曰く、推進チームが立ち上がる前に繰り返してきた活動は、全員参加が義務付けられて「やらされ感」が蔓延していたとのこと。寒竹さ

んを含む推進チームの「やらされ感を無くし、自主的に参加してもらえる活動にしたい」という想いが、スモールスタートから徐々に広げていくという順序を踏む体制づくりに繋がりました。

　エンゲージメント活動は、一人ひとりの Will が大切な活動です。「会社からやれと言われているから」といったやらされ感があっては、エンゲージメントと向き合うことは難しくなります。こうしたエンゲージメントの特性に合わせて、寒竹さんのように、どういう体制で活動を行えばいいか、どう参加するチームを募ればいいかをしっかりと設計することはとても重要になってきます。

　より詳しくは以下の記事からご覧いただけます。

https://get.wevox.io/media/tws211109_advantest

# エンゲージメントサーベイの「センターピン」を決める

## センターピンの考え方

エンゲージメントサーベイを導入している組織の場合、目的・課題・ゴールやストーリーと同時に考えるといいのが、エンゲージメントサーベイの項目のどこに重きを置いて活動を進めていくか、です。ここで選んだ重点項目を「センターピン」と呼びます。

ボーリングのセンターピンを倒すと、他のピンも倒れていくのと同じように、「重点項目を改善していくことで、他の項目にもいい影響が生まれる」ということが、エンゲージメント活動でも起きます。そうした意味から、センターピンという言葉を使っています。

エンゲージメントサーベイの項目の中から、ゴールの達成を目指す上で、どの項目に注力、着目していくかを決めてみましょう。

例えば、ゴールを「支え合いながら、思い切って挑戦する組織へ」とした場合、挑戦や相互支援に関わる項目をセンターピンとします。

相互支援に関わる項目をセンターピンに選んだとしたら、その項目のスコアを高めるために必要な目的や重点アクションをストーリー設計に折り込んでいきます。

そうすることで、勉強会や研修の企画、職場での対話のテーマ、モデルチームやアンバサダーとの活動の方向性……といったそれぞれの取り組みを考え、実行しやすくなります。

また、エンゲージメントサーベイのスコアを利用した組織の状態変化、活動による組織への影響などもセンターピンがあることで、「どこに着目すればいいか」が絞られ、把握がしやすくなるというメリットもあります。

ERマトリクスーアクション編

図 35：センターピンを決める（例）

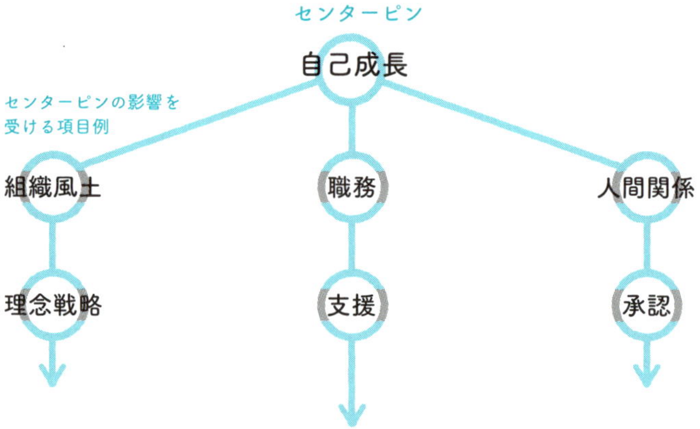

センターピン
**自己成長**

センターピンの影響を
受ける項目例

**組織風土**　　　**職務**　　　**人間関係**

**理念戦略**　　　**支援**　　　**承認**

まずはセンターピンを決めるだけでも十分です。影響を受ける項目は取り組みの中で明らかになるので、事前に設定する必要はありません。
余裕があれば事前に、「自己成長ができる『組織風土／職務／人間関係』とは？」のように、センターピンと他の項目を重ねる形で、仮説として考えてみましょう。

※本図の項目は「Wevox」を例にしています

## センターピンについての TIPS

### 活動方針を考える

　センターピンをストーリー設計に活かすために、図36「活動方針を考えるシート」を活用しましょう。選んだセンターピンとそれに関連して重視したい項目、考えられる手段を書き込み、ストーリーを考える参考材料としていきます。

　センターピンは一つでも複数でもいいですが、多くなりすぎないよう最大三つを目安にしましょう。

図 36：活動方針を考えるシート 記入例

| センターピン | 他に重視したい項目<br>（スコアが低い、社内で問題になること<br>が多いなど） | センターピン × 重視項目で<br>考えられる方向性 |
| --- | --- | --- |
| 自己成長 | 人間関係 | ・成長を促す会話を重視する<br>・成長できるメンバー同士の交流<br>・1on1 の研修を行い、やり方を<br>よく確認する |
| 会社の方針や<br>事業戦略への<br>納得感 | 支 援 | ・会社の方針を咀嚼してしっかり伝える<br>・事業戦略を自分の業務に落とし込む<br>手伝い |
| 発言や意見に<br>対する承認 | 環 境 | ・本人たちが働きやすいと思っている<br>職場のあり方に耳を傾ける<br>・ワークライフバランスについての<br>意見交換を実施 |

## センターピンをきっかけに他の項目も影響を受ける

　センターピンに決めた項目について取り組んでいくと、結果的に、センターピンに選んでいない項目も影響を受けていくことが多いです。センターピンに決めた項目だけが変化するわけではありません。

　例えば、「やりがい」をセンターピンにした際に、互いのやりがいを理解し合う対話を実施することで相互理解が進み「人間関係」のスコアが上昇したり、自分たちの仕事や事業の価値について振り返ることで「事業やサービスへの誇り」のスコアが上昇するケースなどです。

　そのため、センターピンを起点に取り組みを進めたからといって、他項目を捨てたということにはなりません。エンゲージメントサーベイの全ての項目に手を付けるのは難しいからこそ、センターピンを決めて取り組み、3ヶ月〜半年程度に1回見直しを行いながら、その時々のゴールに向けて取り組みを絞り、活動を続けるのが有効です。

## 分析からセンターピンを発見していくことも可能である

　エンゲージメントサーベイを実施しているケースだと、相関分析などを行うことによってセンターピンを発見できるケースもあります。エンゲージメントとの相関が強いということは、その項目を改善することによってエンゲージメントの向上が見込めるということになります。

　ただ、分析結果が全て正しいものであると捉えてしまったり、分析を行うことばかりに注力してしまわないように注意してください。

　正しい分析と正しい解釈を行うためには、専門性が必要となります。また、定量的な分析から導き出されたセンターピンよりも、事業戦略などのエンゲージメント活動に関するストーリーから、逆算して設定されたセンターピンを重視すべきケースも往々にしてあります。分析から得られた情報は、参考情報として受け止めるのがいいでしょう。

## 全社のセンターピンと部署のセンターピンがある

　全社で共通の組織課題がある場合は「全社でのセンターピン」を設定した方が良いのですが、それとは別で「部署でのセンターピン」を検討する必要があります。全社での組織課題と部署での組織課題が完全に一致するのであれば、部署でのセンターピンは不要なのですが、完全に一致するケースは稀です。

　部署ごとに「どこに課題があって何に注力すべきか？」を考え、全社でのセンターピン以外に注力すべき項目が浮かび上がってきたのであれば、部署でのセンターピンにも向き合っていく必要があります。

## 他社の人的資本の開示情報も参考になる

　各企業のセンターピンが、人的資本の開示の文脈で統合報告書などで開示されているケースがあります。各企業の事業戦略やエンゲージメント活動のストーリーも合わせて記載されているケースも多いので、非常に参考になる情報が得られます。（参考：「エンゲージメントと人的資本経営との関わり」P.260）。

# モデルチーム活動を企画する

## ┃ モデルチーム活動
## ┃ とは

モデルチーム活動とは、職場の限定的なチーム（3 〜 10 チーム程度）による活動のことを言います。

少数での活動を通じて、成功事例を生み出し、社内に活動の効果や価値を広く伝播していくことが大きな目的となります。

パイロット版的な意味合いもあり、エンゲージメント活動をどう行えばうまくいくのか、職場の人たちはどのような反応をし実践を生むのか、ER はどのように職場を支援すればいいのか……などをモデルチーム活動を通じて、試験的に体験し、学んでいきます。

3 ヶ月から半年程度が実施期間として想定され、月に一度、モデルチームの推進担当者と ER が集まり、振り返りを行ったり、勉強会を行いながら、集団で学習を進める、といったパターンが多くなっています（図37）。

ここで注意してほしいのが、月に一度の集まりを「イベント的に体験する」のがモデルチーム活動だという認識を持たないようにすることです。

「日常業務から距離を置いて、組織やチームについて考える」といった非日常的なイベントとしてモデルチーム活動があるのではありません。「日常業務内で エンゲージメントと向き合うための実践を重ねていく」ためにモデルチーム活動があるという意識を、全員が持てるようにしましょう。

日常業務内でのエンゲージメントの実践としては、「対話 & TEAM EXPERIENCE 編」（P.295）を参考に、各チームの状態に応じてワークや対話に取り組んでもらいましょう。

エンゲージメントサーベイを導入している組織であれば、参加チームごとにセンターピンと関連アクションを決めてもらい、日常業務の中で実践するのもオススメです。

図37：モデルチーム活動の概要例

| 1ヶ月目 | 2ヶ月目~Nヶ月目 | 最終月 |
|---|---|---|
| ・エンゲージメントの理解<br>エンゲージメントの考え方をきちんと理解し、心構えを改める<br><br>・目標と行動を決める<br>ありたい姿を自分の言葉で考え、どの項目に対してターゲットを絞るのか、どんな行動をするのか？を具体的に考える | ・Q&Aセッション<br>行動して感じた疑問に対する、答え（考え方や知見）をERが準備して公開<br><br>・振り返り<br>自分で進捗に点数をつけて、振り返りをすると同時に残された時間に何をするのか？修正をするとしたらどのようにするのか？を考えてもらう。 | ・やったことのまとめ<br>最終月までの成果や気づき、反省などを振り返り、発表の準備をする。<br><br>・最終発表<br>参加者が取り組みを発表し、ERや参加者同士でのフィードバックを実施。ERは出てきた意見やノウハウを集約。 |

## モデルチーム活動で 期待される効果

### ER、職場のスキルアップ

　モデルチーム活動では、各チームが対話をベースに、エンゲージメントの実践（一人ひとりがエンゲージメントと向き合うこと）に取り組んでいきます。

　そして、一つひとつの実践をもとに振り返りを行ったり、外部の専門家からフィードバックを受けることで、経験学習（P.228）が加速され、「なるほど、こうやってエンゲージメントと向き合っていけばいいのか」という実感をもとにスキルアップがされていきます。

　これは、モデルチームのメンバー自身のスキルアップも意味しますし、ERや推進チームのスキルアップも意味します。

### 組織独自のノウハウの形式知化

　モデルチームが実践を重ねていくことで、各組織の文化や慣習に沿った活動のポイントを形式知化できます。

例えば、「エンゲージメントの考え方がこの会社の人たちに伝わるには、こういう言い方がいい」であったり、「この会社の慣習的に、まずは説明会を中心としてエンゲージメント理解を広げていったほうがよさそうだ」といったように、各組織での活動のポイントを整理することに繋がります。

### エンゲージメント活動の習慣化

各モデルチームのエンゲージメント活動に関わるスキルアップがされ、よりよいチームにしていくための取り組みイメージが鮮明となっていくことで、「自分たちのチーム状態を知りたい」という意識が強くなっていきます。

その結果、チームに関する対話機会の定例化、エンゲージメントサーベイの活用率の上昇といった形で、エンゲージメント活動の定着、習慣化が定量的に表れるようになります。

## モデルチーム活動で目指すこと

### 第一の目的は「好事例を見つける・形にする」

モデルチーム活動でまず目指したいのが、ERマトリクスのミッションにある「好事例を見つける・形にする」（P.93）です。モデルチーム活動において生まれたいい取り組みやチームの変化を事例化するのは、ERにとって重要な役割となってきます。

ここでいう好事例とは、「いい取り組み方の工夫」「チーム内での対話への姿勢」「自組織でよくある落とし穴」などの実践知を指します。

よく「エンゲージメントサーベイのスコアが上がったこと」を好事例としようとするケースも見られますが、他の職場の参考になるのは、例に挙げたような実践知です。

スコアの向上を好事例としようとして、あえてスコアが低いチームをモデルチームとして集めるというケースも見られます。しかし、そうしたチームは意欲が低い傾向にもあり、うまく職場での実践がなされずに、モデルチーム活動で思ったような経験値を得られないまま終わることもあります。

何を好事例とするかをER自身がしっかりと整理し、モデルチームともすり合

わせておくようにしましょう。

　モデルチームが行う対話やワークの中で出てきた意見や個人、チームの変化などを逃さないように、ER がしっかりと観察し、ログ（記録）を取ることをオススメします。

　また、モデルチーム活動を全社展開に繋げるために、「好事例を届ける・実践に活かす」ところまで視野に入れておきましょう。モデルチームの成功事例を通じて、「どういうメリットがあるか」「どういう変化をチームや個人にもたらすか」「取り組み方のヒント」などを伝えるのがベストです。

## さらに目指すのは全社展開のための SPREAD と UPDATE

　「好事例を見つける・形にする」「好事例を届ける・実践に活かす」の先に目指していくのが、エンゲージメント活動の全社展開です。「モデルチーム活動」は、あくまでも試験的な活動です。そこで得たノウハウ、経験値を活かして、さらに広い範囲に伝播し、組織全体のエンゲージメント活動の活性化を目指す必要があります。また、全社展開を目指すにあたって、活動を見直し、改善していくことも大切です。

　ここでよくある落とし穴が、モデルチーム活動での成功に固執しすぎてしまうことです。もちろん、モデルチーム活動で失敗しないように努力すること自体は悪いことではありません。

　しかし、全てをうまく進めようと無難な取り組みに終始してしまっては、全社展開に活かせる経験値を得ることができません。「これはあくまで実験なんだ」と割り切って、ER にとってもチャレンジングなアクションにどんどん取り組んでいきましょう。

　たとえ失敗をしたとしても、その教訓から全社展開における最適な方法を導けるようになればいいのです。よりよい経験値を得るために、モデルチームのメンバーとも「これは実験で、チャレンジすること自体に意味がある。このチャレンジを社内で共有することで組織づくりに貢献できる」といった目的を共有するようにしましょう。

　また、モデルチームの成功にリソースを割きすぎて、全社展開の準備がおろそかになってしまわないように注意も必要です。特に、初めての活動の場合、モデルチームの対応にあたふたしてしまい、経験値を次に活かすための振り返

りを行えなかったり、全社展開に向けたストーリー設計になかなか着手できなかったりしがちです。モデルチームの活動の中に、全社展開に向けた PLAN の工程も入れ込んでおくといいでしょう。

## ┃ モデルチーム活動を
## ┃ 企画するポイント

### 意欲の高いメンバーをモデルチームに

　モデルチーム活動では、何よりも職場での日常的な実践が重要です。そのため、意欲の高いメンバーがいるチームを、モデルチームとすることで、より高い経験値を得ることができます。また、好事例の発掘もしやすくなります。

　エンゲージメント活動に共感し、「やってみたい！」という姿勢を持つマネージャーあるいはメンバーがいるチームだと、モデルチーム活動を推進しやすくなります。

　逆に、意欲の低いチーム、「言われたからやる」といったスタンスのチームをモデルチームとすると、職場での日常的な実践がなされず、「忙しいからできなかった」といった報告を受ける可能性が高くなります。結果的に経験値を得られないまま、モデルチーム活動が失敗することにもなりかねません。

　社内のキーパーソンをはじめ、意欲的なメンバーたちにモデルチーム活動に参加してもらえるようにアプローチしていくことが、ER の大切な役割となってきます。

### 1チームから2名以上の推進担当者による活動を推奨

　モデルチーム活動では、対象となるチームから推進担当者を決めましょう。この推進担当者は、モデルチーム同士が集まる振り返りや FR とのコミュニケーション、チーム内での対話の場の設定やファシリテーション（ER がファシリテーションをするケースもあります）など、様々な取り組みを行っていきます。

　この推進担当者は、1チーム1名ではなく、2名にすることをオススメします。一人でエンゲージメント活動を進めていくのは、精神的にも、工数的にも負荷がかかりがちです。モデルチーム活動が円滑に進むように、一緒に活動し、対

話をするペアを作ることが重要となってきます。

多くの場合、推進担当者の一人はマネージャーが担当することになります。そのため、マネージャー＋1名を推進担当者とするモデルチームの体制が多くなります。

## モデルチーム自らの意志での目標設定、実践をベースに設計

実践をベースとした経験学習で高い効果を得るためには、「自分たちの意志を伴った実践」が重要となってきます。「誰かから指示された強制的な実践」では、高い学習効果は見込めません。

エンゲージメント活動において、自分たちの意志を伴った実践を行うためには、可能な限りスタート時に「本当に実現したいチームの状態目標」を自分たちで決めることが重要となってきます。

「チーム目標について考えるワーク」（P.318）を参考に、自らの意思で目標設定ができるように ER がサポートしましょう。

## 活動期間を決めること

モデルチーム活動は 3 ヶ月から半年程度の活動期間が目安となります。これより短くても長くてもいいのですが、大事なのは活動期間を予め決めておくことです。活動期間を決めないと、ダラダラと続けてしまったり、いつの間にか活動が自然消滅してしまうということも起きてしまいます。

活動期間を決め、スタート、職場での活動、活動のまとめをどういうステップで進めていくかをしっかりと設計するようにしましょう。

## インプットとアウトプットを繰り返す

振り返りや相談会などの活動はモデルチームにとっては、インプットとアウトプットを同時に行う機会となります。

他のモデルチームの活動を知る、ER や外部の専門家からエンゲージメン

ト活動のポイントについて教わるといったインプット。期間内でのモデルチーム活動内容、活動から得た気づき、次に行うといいアクションのアイデアなどを話すアウトプット。

こうしたインプットとアウトプットを繰り返していくことで、エンゲージメント活動に必要なスキルが蓄えられていきます。

また、インプットを通じて次の実践のアイデアが湧いたり、アウトプットを前提とすることで「ちゃんと実践しないと」という意識が生まれたりと、実践を促すことにも繋がります。

## モデルチーム活動の実施例

具体的なモデルチーム活動の実施例が図 38 と図 39 になります。このモデル活動を行っている組織では、一期につき最大 10 チームのモデルチームを想定してプランを立てています。

図 38 のモデルチーム活動の全体像では、募集から事前学習期間そして各期の活動を経て、二期生の活動へ繋げていく流れがわかります。

図 39 では、より詳細に一期ごとでのモデルチーム活動の詳細がまとめられています。このモデルチーム活動では、日常での活動と推進担当者とER による相談会を中心に設計がされています。

このように、モデルチーム活動においては、職場での実践と、ER をはじめとした推進チームや他のモデルチーム、外部の専門家とのセッションをセットで行うのがスタンダードとなります。(モデルチーム活動だけでなく、エンゲージメント活動全般においても、日常の活動とセッションをセットにする取り組み方は効果的です)。

モデルチームの日常の活動については、「対話 & TEAM EXPERIENCE 編」(P.295) を参考に、エンゲージメントの体感と実践 (＝一人ひとりが自分にとってのエンゲージメントとは何かを体感する。自分が、またはチームのメンバーがエンゲージメントを体感できるようなアクションを取る) に繋がる対話に取り組んでもらいましょう。

ER マトリクス―アクション編

## 図 38：モデルチーム活動の 1 年（二期分）での活動計画例

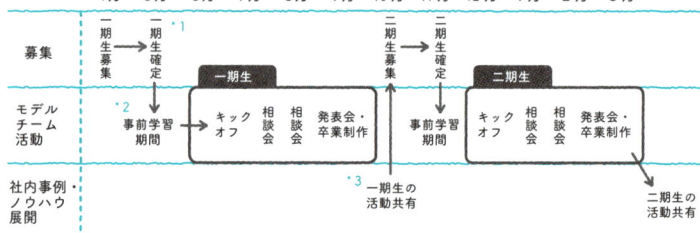

*1：参加組織数・人数 ・一期につき最大「10 組織」とする。　※二期分合計で最大 20 組織
　　　　　　　　　　　　・初回キックオフは、チームの全メンバー参加にし、その後、チームを代表する「推進担当者」
　　　　　　　　　　　　　に絞る。
　　　　　　　　　　　　　→1 組織につき「Min 管理職 1 名メンバー 1 名」の計 2 名とし、一期全体で計 20 名ほどの
　　　　　　　　　　　　　　推進担当者を前提にする。※重要なのは、意志と意見のあるメンバーが推進担当者になること。
*2：事前学習期間　　　 ・エンゲージメントに関する基礎知識を、参加者は事前に　動画や資料を通じてインプットする。
*3：活動共有　　　　　 ・各期生の取り組み内容や、職場での気づき・ノウハウを整理したものを社内報で発信する。

## 図 39：モデルチーム活動の 6 ヶ月での活動計画例

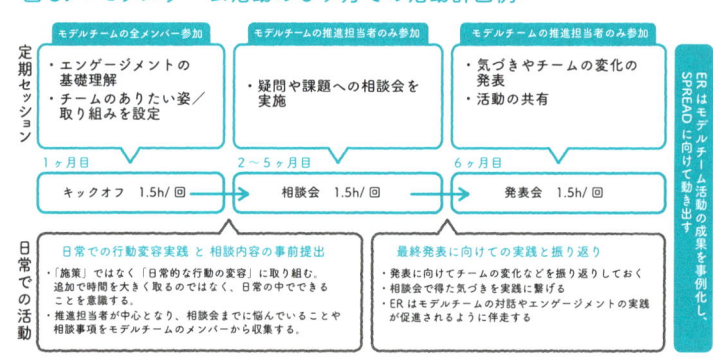

## モデルチームを決める際の
## ポイント

モデルチームを決める際に気をつけてほしいのが、「ER あるいは人事部などが選抜する」ような形にならないようにすることです。モデルチーム活動によく付きまとってくる否定的な意見として「特定のチームだけ特別扱いして、他のチームから不満が出るんじゃないか」というものがあります。

また、特に人事部は「全社一斉に制度を変える、施策を打つ」ことが主なミッションであり、一部だけ先行して取り組んでもらうという活動に慣れていない背景もあります。そのため、特定の部署だけでの取り組みを「不公平」だと捉えてしまう傾向にあるのです。

不公平感に頭を抱えることがないように、モデルチーム活動は手挙げ制で募ることを推奨します。そうすれば、意欲の高い人、チームが自らモデルチームとなるため、「選抜」ということにはなりません。また、全員に参加する資格があるとすれば、「不公平」と言われることもなくなります。

ただし、手挙げ制にしたとしても、すぐに手が挙がらないケースももちろんあります。その場合は、職場のキーパーソンを中心に、何度も声をかけモデルチームとして活動してくれないか諦めずに誘うことも必要となってきます。

モデルチームの数については、目安として最低3チーム、最大10チーム程度からスタートするといいでしょう。いくつかのチームが結果的に動けなくなったとしても、複数事例が生まれるように、また ER の対応負荷が高くなりすぎないように構成することを推奨します。

ERマトリクス―アクション編

## 一期生から二期生へ……
## 期を重ねるごとにノウハウを継承する

　モデルチーム活動で生まれたノウハウは、資料にまとめるなど、できる限り目に見える「モノ」として形式知化させるようにしましょう。例えば、「A 社流 エンゲージメント対話を失敗させないための五箇条」といった形で、その組織に合わせた形で、ノウハウをまとめる組織もあります。

　モデルチーム活動を3ヶ月ごとで三期分行う場合、一期生のノウハウを形式知化し二期生へ継承する。同じ様に二期生のノウハウを形式知化し、三期生へ継承する……。といった形で、期ごとでのノウハウが「その場限り」にならないようにすることが大切です。

　そうすることで、二期、三期のモデルチーム活動が高いレベルへより短い期間で到達できるようになり、さらに高いレベルを目指すことも可能となります。

　さらに、全社展開を想定している場合、その組織の文化や慣習に合わせて形式知化されたノウハウがあるため、各職場での活動推進がスムーズに行えるようになる効果もあります。

フォーカス事例（モデルチーム活動を企画する）から学ぶ

# TIS システムサービス株式会社の事例

コーポレート本部
人事部 働き方改革推進室
## 阿部 博樹さん
2005 年に新卒入社。現場部門を経て、2017 年より人事部。
2021 年より働き方改革推進室と協働して、Wevox の運用とモデル部門の育成・推進を
中心的に担っている。

コーポレート本部
人事部 働き方改革推進室
## 荒木 奈穂美さん
2002 年に新卒入社。現場部門を経て、2020 年より人事部働き方改革推進室。
Wevox の導入に携わり、現在は阿部氏とともに Wevox の運用とモデル部門の育成・推
進を担当。

コーポレート本部
人事部 働き方改革推進室
## 渡抜 裕二さん
1985 年入社。現場部門を経て、2002 年より人事部。
2020 年 4 月の働き方改革推進室発足当初より人事部と働き方改革推進室を兼務し、
Wevox の導入に携わる。
現在は阿部氏、荒木氏とともに Wevox の運用とモデル部門の育成・推進を担当。

## 現場からの声に耳を傾け、
## モデル部門の活動をブラッシュアップ

　　TIS システムサービスでは、「働きがいを上げる」というミッションの
もと 2020 年 4 月に人事部の配下に働き方改革推進室が立ち上がりました。
2021 年度から、中期経営計画の柱の一つに据えられた「エンゲージメン
ト向上」の取り組みについて、「働きやすさ」「働きがい」両面から検討、
実行を重ねていきます。

　　その後、エンゲージメントサーベイの導入や説明会、専門家を招いたセ

ミナーなどを通じて職場のエンゲージメント理解の促進に注力。

2022年7月から、3ヶ月という期間で第一期のモデル部門の活動（本書におけるモデルチームの活動）を開始し、10月からは第2期の活動も開始します。

手挙げ式で集ったモデル部門参加チームには、まずは取り組みの目的やモデル部門の役割、スケジュールなどの説明を実施。そして、外部の専門家に依頼をし、月1回、ワーク実践型のトレーニングを行いました。

各モデル部門は、インプットした内容をチームメンバーと対話したり、トレーニングで考えたチームをよくするためのアクションプランを実践したりと活動を進めていきます。さらに、こうした活動の中で出てくる悩みや不明点について、推進者と話し合う相談会の場も毎月設けました。

個別相談への対応は、推進者に相応のスキル、エンゲージメントに対する知識や理解が必要になってきますし、稼働量も多くなりますが、その分直接的に現場からのフィードバックをもらい、次に活かすことができるのがポイントです。

阿部さんたちは、参加者の反応や出てきたアクションプランなどをふまえて相談会の内容を検討したり、相談会後に次のトレーニングに必要な内容を話し合ったりと、しっかりと働き方改革推進室内での対話を重ねながら、モデル部門の活動を支援していきました。

阿部さんたちの事例からは、モデルチーム活動を期ごとに磨いていくための、振り返りの重要性も見えてきます。例えば、第一期のモデル部門の活動では「メンバーの業務を平準化するために、作業の洗い出しをしてタスク分散に取り組みます。数ヶ月後から着手します」といった、時間が必要なプランが散見されたことが改善点として挙げられました。

第二期では、第一期での経験を活かし、着目するサーベイの項目を一つ決めて、それをテーマにアクションプランを立てるという形にしていきました。すると、「どういう施策が必要か？」ではなく「どういう対話をすればいいか？」と、日常的に行えるアクションプランを考えるチームが増え、活動がより促進されたといいます。

このように、モデルチームの活動はあくまで実験であり、一つひとつの取り組みを振り返り、次に活かしていくことがとても重要となってきます。

こうした、モデルチームでの経験から、全社展開していく際に直面する課題への対応方法を予め学ぶことができます。

　また、全社展開をする時に活きる好事例を作ることにも繋がります。阿部さんたちは、モデル部門の活動を継続しながら好事例を社内のポータルサイトにアップして見に行ける状態をつくり、社内への伝播にも取り組んでいます。

　より詳しくは以下の記事からご覧いただけます。

https://get.wevox.io/media/engagementstory_tss-j1

# アンバサダー制度を企画する

## アンバサダー制度とは

図 40：モデルチーム活動とアンバサダー制度の違い

| | モデルチーム活動 | アンバサダー制度 |
|---|---|---|
| 対象 | チーム | メンバー |
| 範囲 | 限定的なチーム<br>（最低 3 〜最大 10 チーム） | 全社単位<br>（組織規模によっては部門 / 部署単位） |
| フェーズ | 活動のパイロット期間 | 組織としての正式活動 |
| 目的 | 全社や部門 / 部署単位への活動の拡大<br>活動の目的・課題・ゴールやストーリーの検討<br>好事例を生み出す | 職場が主体となる活動の促進<br>組織への活動の定着化 |

アンバサダー制度とは、モデルチームから部門展開や全社展開と展開の幅を広げた以降、あるいは最初から全社展開がされている場合に、活動を促進するアクションとして活用できる制度です。

各職場の部あるいは課単位から 1 〜 2 名程度をエンゲージメント活動の推進担当者＝アンバサダーとし、活動の旗振り役、リード役を担ってもらいます。

ER とアンバサダーの違いとして、ER は全社活動の企画や推進を担い、アンバサダーは特定の部門、部署などに所属する人が、職場の活動の推進を担うことが挙げられます。

基本的には全社展開されている場合であれば社内の全てのチームから、（部門展開の場合は部門内の全てのチームから）アンバサダーを決める形を目指していきます。しかし、例えば全社展開してすぐの場合や最初から全社展開がされ、まずは特定のチームから成功事例を生み出したい場合など

は限定したチームからアンバサダーを出すというケースもあります。

　数を限定した対象チームから意欲あるメンバーを選出するという構造は、モデルチーム活動と近しい構造となります。そのため、モデルチーム活動とチーム数を限定したアンバサダー活動では、構造としては同じような活動となります。

　違うのはそれぞれが生まれた経緯や目的です。「実践知としてモデルとなる好事例を生み出し、他部署の取り組みを加速させる」のが目的のモデルチーム活動。一方のアンバサダー活動は、「推進チームだけでは各チーム単位への個別サポートが難しい状況の中、その代わりとなって担当部署・チームでの活動推進を加速させるための役割を設置すること」が目的になります。

　また、限定された数ヶ月間での短期キャンペーン・イベント的なモデルチーム活動と、全社的な活動が恒常的に、かつ形骸化しないための仕組みとしてのアンバサダー活動という違いもあります。本パートにおいては「全社展開での活動（組織規模によっては部門／部署）で全てのチームからアンバサダーを決める」というストーリーを前提に解説を進めていきます。

## アンバサダーのチーム内での活動例

　アンバサダーは、自身が所属するチーム内での対話の場を設定、進行したり、ER とコミュニケーションを取りながらよりよい活動となるように改善を行ったりと、エンゲージメント活動をリードしていく存在です。主な活動例は以下になります。

### アンバサダーのチーム内での活動例

- チームのミッションを軸にありたい姿を考える対話の設定、進行
- ありたい姿の実現に向けたアイデア出しの機会の設定、進行
- ワークショップや振り返りなどの対話の場の設定、進行
- エンゲージメント活動でわからないこと、困ったことがあった場合に代表して ER や推進チームに相談をする

- エンゲージメントサーベイの活用（回答の促進やスコアの確認）

このように、チーム内でのエンゲージメント活動が推進されるように働きかけを行ったり、対話が促進されるようにファシリテートを行ったりします。

## アンバサダーと ER との連携

アンバサダーは ER とも連携を取りながら、よりよいエンゲージメント活動が行えるように、振り返りや情報交換などを進めていきます。例えば、以下のような連携が考えられます。

- アンバサダーが集まる振り返りや対話の場への参加（アンバサダーミーティング）
- ER が主催する相談会の活用
- ER のインタビューへの協力
- 事例コンテンツ作成の協力
- 勉強会や研修などへの参加
- 社内／社外コミュニティへの参加
- 社内シンポジウムへの登壇、外部メディアへの登場など社内外への情報発信

このように、ER にとってアンバサダーはエンゲージメント活動を推進したり、組織の状態を把握したり、社内に活動を伝播していく（SPREAD）ためにとても重要な存在となってきます。

もちろん、アンバサダーの意欲や理解度によって、各活動への参加度合いは差が出てきます。まずは、意欲が高いアンバサダーにこれらの活動に積極的に参加、協力してもらい、少しずつその熱を伝播させていけるといいでしょう。

先述の「チーム内での活動例」も合わせて見てみると、アンバサダーは対話を促進したり、自らエンゲージメントの理解に取り組んだりと、ER ととても近い役割を担うことがわかります。組織によっては、アンバサダー活動への参加がきっかけとなり、ER としてのスキル、知識を身につけたり、

自覚を持ち始める人もいます。そのようにして、社内に ER 的存在を増やしていくことで、組織のエンゲージメント活動はより定着し、質の高い活動に UPDATE していくことも狙えます。

　アンバサダーからしても、新しいキャリアの発見に繋がる可能性もあるので、本人の Will と ER としての活動の重なりが見つけられないか、積極的に対話を重ねていきましょう。

## アンバサダーの選び方

　アンバサダーの選定基準としては、「社内のキーパーソンを探す」(P.120)で解説しているような、活動においてキーパーソンとなる人が第一候補となってきます。その他に探す基準としては以下の例があります。

● チームや組織への強い関心を持つ
● マネージャーとしてリーダーシップを期待する人
● 次期マネージャー候補として期待する人
● 推進力がある人
● メンバーを活動に引き込む力がある人
● 社内の他部署の人や他社の人との交流を好む人
● 学びが好き、学びを活かす意欲が高い人

　このような人を思い浮かべたときに、パッと顔や名前が浮かぶ人が第一候補となってきます。往々にして、こうした特徴を持つ人は他の推進チームのメンバーからも「あの人いいかもね」と、共通した名前が出てくることが多いです。このように、社内でも一目置かれる存在にアンバサダーとなってもらうことで、活動推進がしやすくなります。また、マネージャーをアンバサダーにするケースも多くあります。マネージャーはこうしたチームづくりがそもそもの役割としてもあるため、アサインしやすいはずです。

　しかし、マネージャーがアンバサダーを務める際には注意が必要です。マネージャーがエンゲージメントへの理解が一定進んでいる人であればいいのですが、そうでない場合、他のメンバーが意見を言いにくかったり、

効果的な対話の場が生まれなかったりすることもあります。

　そのような事態を避けるために、先述の選定基準に当てはまる「若手〜中堅メンバー」をアンバサダーにするのも一つの手です。マネージャーには、アンバサダーをサポートしてほしいと伝え、対話の場の設定や進行を若手〜中堅メンバーに担ってもらうことで、闊達な意見交換が生まれ、エンゲージメントにもいい影響を与えやすくなります。

　また、アンバサダーを半年や1年といったスパンで交代制にするのもとても効果的な方法です。全員で組織を作る、というエンゲージメントが目指す姿を実現するためには、アンバサダーを固定せずに、全員が経験することも大切です。しかし、「交代制＝強制的にやらされる」という構図にもなりやすいため、意欲のあるアンバサダーと交代制のアンバサダーの二人一組といった形でサポートできるようにするといった工夫も必要となってきます。

## ■ アンバサダーとの活動が定着の鍵

　アンバサダー活動が定着し、全社的な制度として広がることで、多くの人がアンバサダーミーティングのような対話の場に参加することになったり（アンバサダーを交代制にしている場合）、より深いテーマでの対話が行われるようになります。

　より深いテーマとしては、組織のミッション、ビジョン、バリューが達成できているか、これからの組織がどうなっていけばいいか、そのために自分たちは何ができるか……といった対話が例として挙げられます。

　組織によっては、こうしたアンバサダーミーティングに経営層が参加するケースもあります。これは、エンゲージメント活動が組織としても欠かせないものとなっている一つの証とも言えます。

　アンバサダー活動で生まれる熱量のある対話や組織、チームの変化は、社内にエンゲージメント活動をSPREADするための大きな要素となります。意欲の高いアンバサダーとの活動を大事にしながら、火種を絶やさず、その輪を広げていけるようにしましょう。

# インタビュー

インタビューはエンゲージメント活動を推進し、
ER マトリクスの様々な目的を達成する上で活用することになる、
とても重要なアクションになります。
インタビューを行う上で必要なスキルについては、
「聴くスキル：インタビュースキル」（P.344）にて解説しています。

## インタビューと ヒアリングの違い

　まずは、ヒアリングとの違いから、インタビューというアクションについての理解を深めていきましょう。組織の中で、他者から話を聴く時に、「ヒアリング」という言葉を用いているケースは多いと思います。

　どちらも「相手から話をきく」という行為は同じですが、本書では違う行為として扱っています。

　「ヒアリング」は改革の企画・推進の過程で必要となる情報を聞き出す行為。「インタビュー」は単にインタビュアーが知りたいことをききだすだけでなく、対話を通じて話し手の内面にある「実現したい思い」や「課題認識」なども出してもらい、実現に向け一緒に考え、解決していくための関係づくりをする行為。このように、二つの行為を区別しています。

　インタビューは英語で Interview と書きます。つまり相手の「内面 ＝ Inter」にある意識・無意識のものを「見る ＝ View」行為、対話や相互作用を通じた内面の観察手法として活用します。

もう少し、詳しく見ていきましょう。

　ヒアリングは必要となる情報を聞き出す行為です。そのため、特定の目的に対して相手が知っている情報を聞き、正確に把握することが最終的なゴールになります。相手に対しては聞き手側から一方的に質問することが多く、場合によっては尋問のようなスタイルになることもあります。

　また、相手の感情、思いなどの情報は必要としないため、事実関係だけを求めるようなドライなコミュニケーションにもなりがちです。ヒアリングを受ける側も知っていることだけを淡々と話して、深くは踏み込まないスタンスにもなりがちです。

　こうして書くと悪い行為のように受け取る人もいるかもしれませんが、決してそうではありません。ヒアリングが最適となるケースももちろんあります。例えば、組織内でトラブルや事故が発生した際に、早急に原因究明を行う際には、ヒアリングが有効なケースが多々あります。また、業務の引き継ぎなどを正確に行ったり、業務マニュアルを作成したりする際にも有効です。

　一方、インタビューでは、特定の目的に対して、相手より広い視点で質問をし、新たな気づきを引き出したり、本人も気づいていない認識を明らかにしていくことになります。そのために、相手の内面にあるもの、つまり価値観や思いの根源、本音、背景に耳を傾けることになります。

　もう一つ、興味深い違いがあります。それは、終わった後の疲労度の違いです。ヒアリングは事前に用意した質問を投げかけ、メモ（録音）をすればいいので話を聞く側からすれば、比較的疲れにくい行為です。話す側も、知っていることを話せばいいですし、知らないことは知らないと答えればいいので、そこまで負担はかからないでしょう。

　一方、インタビューでは、事前に質問は用意しますが、相手からどういう話が出てくるかはそのときにならないとわかりません。出てきた意見に対して、さらに深堀りできる質問を考えながら、対話を進めていくことになります。

　インタビューを受ける側も、これまで深く考えてこなかったことに対して内省しながら話をしていきます。こうして頭を使いながら対話を行うため、ヒアリングと比べるとインタビュー後のほうが双方とも疲労感が生ま

れやすくなります。しかし、こうした疲労感と引き換えに、新たな気づきを得られたり、次に進むきっかけを生み出せたりするはずです。

　頭を使って疲れたけれど、心は前向きになっている。そんな心地いい疲労感を得られたら、それは素晴らしいインタビューだったと言えるでしょう。

### 図41：インタビューとヒアリングの違い

| インタビュー | ヒアリング |
|---|---|
| 特定の目的に対して、相手より広い視点で質問し、新たな気づきを引き出したり、認識を明らかにしたりすること。その人の内面にあるもの※を聞く。 | 特定の目的に対して、相手が知っている情報を聞き、正確に把握すること。表面的な情報収集になりやすい |
| 《例》<br>●職場に起きている組織運営上の課題を明らかにする<br>●部門長が持っている将来ビジョンを明らかにする<br>●職場の中で既に実行されている改善行動を明らかにする | 《例》<br>●製品不具合の対策のために、使用者に故障発生の状況を聞く<br>●操作マニュアル作成のために、運転担当者に必要な操作手順を聞く<br>●業務引き継ぎのために、前任者に担当業務の内容を聞く |

※内面にあるものの例
　価値観、思いの源、本音（言いたかったことが言えた）、背景、ストーリーやヒストリー

## メリットは当事者意識の醸成、仲間の発見、仮説検証

　インタビューでは、相手側に自分の思いや考えを話してもらうように質問を投げかけていきます。そのため、相手側は必然的に自分の意見を多く話すようになります。人は一般的に、自ら発した意見によって、自分自身に責任を持つようになります。つまり、意見を話してもらうことで、主体的に行動する機会を生み出すことになるのです。こうした当事者意識の醸成は、インタビューによって得られる大きなメリットです。

　「エンゲージメントについては初めて知ったけど、もっとみんなが元気に働けるような組織にしたいと思っていた」「実は、エンゲージメントの本を読んだことがあって、興味があった。何かしら、協力できることは

あるかな？」「エンゲージメント活動の重要性が理解できた。何かできることがあったら言ってね」……。インタビューを通じてこうした意見が出てきたら、その人はあなたの仲間となってくれる可能性が非常に高いでしょう。

こうした意見は、ER が強制して出てきたわけではなく、その人の内面的な思いや背景から出てきたものです。インタビューをきっかけに、一人ひとりの Will がエンゲージメント活動に繋がることで、ER は大きな推進力を得ることになります。

もし ER がヒアリングのようなコミュニケーションを行っていたら、「実は、興味があった」といった意見は出てきづらいでしょう。むしろ、「なんだ、エンゲージメントに興味があったけど、人事の言う事をきかないといけないのなら嫌だな」と受け身な姿勢を誘発してしまう可能性もあります。

例え、最初のインタビューで積極的に活動に参加してくれる気配がなかったとしても、「またインタビューさせてほしい」と継続的に対話をする関係性を作るように意識しましょう。

モデルチームやアンバサダーに手を挙げてくれるほど、エンゲージメントに対して意欲や興味関心はないけど、インタビューには答えてくれる。こういう存在が職場にいるだけでも、心強いはずです。

また、もう一つのインタビューのメリットとして、仮説検証を行えることがあります。目的・課題・ゴールやストーリーなど様々な場面で仮説を立てた際、インタビューを行うことで、職場の課題と仮説が合致しているか確認ができます。

経営層、マネージャー、職場のキーパーソンに意見を聞いて、積極的に仮説検証を行っていきましょう。インタビューを通じて、合致しているところいないところ、見逃していた課題などを把握できたり、相手から独自の観点、アイデアを教えてもらえたりすることもできます。

# インタビューを活かせる 主な場面

## 社内からの情報収集

「社内からの情報収集の方法」（P.122）でも触れたように、キーパーソンを中心に、組織の状態やエンゲージメント活動への考えなどをインタビューを通じて聞いていきます。

## キーパーソンとの関係づくり

キーパーソンへの声かけ、各種活動への参加意思の確認や打診、活動へのフィードバック……などキーパーソンへのインタビューを通じて、関係づくりを進めることが可能です。

## 活動の成果把握、事例化

モデルチーム活動やアンバサダーの活動が一定期間行われた後で、マネージャーや職場の中で活動の推進役となっている人へ行うインタビューです。活動による成果、個人、チームの変化などを聞きながら、事例化も進めていきます。

## 否定的反応を示す人に話を聞く

時には、活動に対して否定的な反応を示している人に対してのインタビューも重要になってきます。一見否定的な意見を持っている人も、その人の視点に立って話を聞くと実は組織に対して強い思いを持っていたり、活動に対して何かしらの意見を持っていたりする場合もあります。「変容のスキル：変化と変容」（P.365）で詳しくは解説していますが、インタビューが否定的反応を示す人の変容を生み出すきっかけとなることもあります。

## インタビューが相手のエンゲージメントを高める きっかけになる

インタビューは ER にとってメリットがあるだけでなく、話を聞く相手がメリットを得ることもあります。特にエンゲージメント活動においては、「自分が仕事や組織についてどう考えているか」という問いと向き合うことが多くあります。そのため、エンゲージメントをテーマにインタビューをしていくと、相手が自分の考えを整理し、仕事や組織についての考えを見直すきっかけとしてインタビューが機能することがあるのです。

特に、職場の第一線で活躍するメンバーにとっては、ER という斜めの存在とのインタビューの時間を通じて、新しいキャリアや自分の進む道に気づくいい機会になり得ます。直属のマネージャーとの関係性ではどうしても「そのチームの中での役割として」という話が中心になりがちです。一方、ER とのインタビューは、「組織の中の自分」という、より広い視点で考えを深めることがしやすくなるのです。

もちろん、こうした相手にもいい影響や気づきを与えるインタビューを行えるようになるには相応のスキル、経験値が必要となってきます。一朝一夕でできるようになるわけではありませんが、インタビューを通じて、相手が新たなチャレンジやキャリアに踏み出すきっかけを生み出せたとしたら、それは ER としてエンゲージメント活動を推進する一つの大きなやりがいにもなるでしょう。インタビューにはそれだけ大きな可能性が秘められているのです。

# 経営層・キーパーソン
# との対話

エンゲージメント活動は組織の全員が関わるものであり、
ステークホルダーも多く存在します。
いくつかのステークホルダーの中でも、
経営層と社内のキーパーソンとの対話は
特に重要な要素となってきます。
それぞれどのような対話や関係づくりを行っていけばいいのか
見ていきましょう。

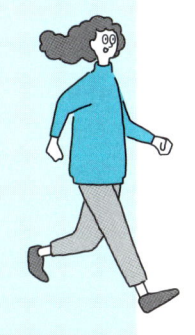

## 経営層とのコミュニケーション

### 向き合わないといけない お金の話

　エンゲージメント活動を推進、発展、継続させていく上で向き合わないといけないのが経営から決裁をもらい予算を取るプロセスです。

　講演会の実施費用、外部の専門家による研修費用、専門知識習得のための研修の参加費、ワークショップのための備品購入……など、エンゲージメント活動では、当然ながら様々な場面で予算がかかってきます。

　経営者側からすれば、エンゲージメント活動が会社にとっての利益となるかどうか検討した上で、リソース配分を決めなければいけません。

　ER にとっては、どの関連部署や役員とコミュニケーションを取り、協力関係を築けばいいかは大事な視点となってきます。部署や人によって、財布の大きさは変わってくるので、誰を協力者とするかによって、予算規模や今後の進めやすさも変わってきます。活動の生い立ち（P.129）によって、決裁の相談相手が決まるケースもあります。

　予算の決裁に関わる交渉では、清濁併せ飲む姿勢もときには必要でしょう。経営者には経営者なりの考えがあります。経営者の希望も聞きながら、

こちらがやりたいことを潜り込ませるような交渉が必要となる場合もあるでしょう。

　もともと会社が進めているテーマと組み合わせるというのも、有効な手立てです。組織が健康経営を推し進めているのであれば、「社員のメンタルヘルス向上のために、エンゲージメント活動をスタートしたい」といったストーリーは受け入れられやすい傾向にあります。

　自組織の決裁がどのような形式で行われるか、スケジュールはどうなっているかといった前提条件の確認も大切です。決裁スケジュールに合わせて、資料を用意する必要などがあります。また、自組織で決裁をよく通している人に、コツを聞くのも有効です。

　経営者向けの活動の企画提案あるいは調査報告書の作成においては、以下の目次例を参考にしてみてください。また、第一三共ビジネスアソシエ株式会社の事例（P.158）では、経営者向けに報告された資料の一部を掲載していますので、併せてご参考ください。

### 経営者向けの企画提案あるいは調査報告書の 目次例

- 活動に関連する用語の定義（一般的な定義、及び自社流の定義）
- 外部調査結果（社会動向、調査機関データ、有識者調査、他社事例 等）
- 社内の現状調査結果（資料調査、サーベイやアンケート調査、インタビュー調査 等）
- 活動の目的・ゴール（「目的・課題・ゴールの設定」P.139 を活用）
- 課題の構造化、重点課題と対策（「目的・課題・ゴールの設定」P.139 を活用）
- 活動の中長期的なプラン（1 年または 3 ～ 5 年）
- モデルチーム活動での成果、検証結果（モデルチーム活動を行う場合）
- 1 年目のストーリー設計及び体制、予算

## 経営者向けにバラ色と灰色の二つのストーリーを提示する

　経営者向けにエンゲージメント活動の実施に向けた企画提案を行うにあたり、工夫するといい点として「シナリオ・プランニング」の考え方の応

用があります。ストーリー設計（P.151）を行う際に、メインのストーリーとは別にサブストーリーも作っておくという手法です。

例えばメインストーリーには、「もし活動をすると、こういういい変化が組織に生まれます、こういう組織を目指します」といったバラ色のストーリーを。サブストーリーとしては、「もし活動をやらなかったら、離職率が上がります、キーパーソンが流出して組織力が落ちます……」といった灰色のストーリーを用意します。

仮に、バラ色のストーリーだけを提示した場合、経営者は「やる上でのリスク」に意識を向けてしまいます。そうなると、やることでのメリットをなんとか伝えて説得するような構造になり、「本当にそんなにうまくいくの？」といった経営者側の思考を生んでしまう可能性があります。

一方、灰色のストーリーも提示することで、活動を「やらないことのリスク」についても経営者が考えることになります。もちろん、その場合でもやる場合のコストや効果についても聞かれるとは思いますが、「やらないリスク」と共に検討を進めることで、エンゲージメント活動の意味や価値をより理解してもらいやすくなるはずです。

## 経営会議での対話を
## サポートする

経営会議、役員会議などで組織状態について話し合いがされるときに、ERが率先して情報提供を行い、対話をサポートする役割を担うことも大切です。

経営会議の中で予めエンゲージメントあるいはそれに近いテーマについて話す時間が設けられている場合（例：中期経営計画にエンゲージメント向上が盛り込まれており、その進捗を確認する場合など）は、ERが積極的に活動状況の共有やエンゲージメントサーベイのレポーティングなどを行うようにしましょう。

経営層の中でエンゲージメントの理解が進んでいる場合は、よりよい組織にしていくための様々な施策、アクションについて検討をするいい機会となります。

ERマトリクス−アクション編

経営層のエンゲージメントへの理解が十分でない段階では、活動が組織やチームに与えているいい影響、職場の好事例の共有などを行いながら、活動の意味や目指す方向性（目的やゴール）を理解してもらうように働きかけるといいでしょう。

組織としてまだ正式にエンゲージメント活動がスタートしていない段階（企画段階あるいは試験的にモデルチーム活動を行っている場合など）においては、エンゲージメントという考え方が重要となっている社会的な背景、先行している他社の動向、情報収集によって見えてきた組織の課題などを共有しながら、エンゲージメント活動を行う意味について理解を促していきましょう。

## 経営者の視点で考えられるように

エンゲージメント活動を進めていくにあたって、経営者の理解を得られるかどうかは大きな分かれ道となります。私たちが支援する組織のERにおいても、「うちの会社の経営者は理解してくれない」と愚痴をこぼす人も珍しくありません。

しかし、経営者は経営者なりに「組織をよくしたい」という思いを持っているはずです。少なくとも「悪くしよう」なんて考えている人はいないでしょう。ERにはERの、経営者には経営者の視点があります。「インタビュー」（P.191）で解説している、「Inter ＋ View（相手の内面を見る）」は、経営者を相手にしたとしても、重要となる考え方です。

経営者の視点を理解できるようにコミュニケーションを取り（インタビューし）、経営者が求める方向性とエンゲージメント活動を合致させるのも、ERの大切な役割です。

## ここぞというときに 専門家の力を借りる

ERの経験値がまだ低く、経営視点の理解も不足している。それでも、エンゲージメント活動をスタートする決裁を取りたい。そういう場合は、外部の専門家の力を借りるのも一つの手です。

経営者は外部の専門家のアドバイスに、真摯に耳を傾ける傾向があります。外部の専門家に頼りっぱなしはよくありませんが、ここぞというときに、専門家の力を借りるのはERの重要なスキルでもあります。

専門家に経営者向けの勉強会を開催してもらう、専門家が開催するワークショップのオブザーバーに経営者を招く、エンゲージメント活動に対する専門家からのポジティブなフィードバックを経営者にも共有する、専門家に経営者の壁打ち相手になってもらう……など外部の刺激を与えられるような機会を設定してみましょう。

ERマトリクス―アクション編

# ビジネスエンジニアリング株式会社の事例

**上席執行役員／経営統括本部 副本部長**
### 喜多井 健さん
国内外の事業責任者などを務め、2020 年以降は上席執行役員として人事と経営企画を管掌。
エンゲージメント推進活動も担当する。

※取材時（2023 年 12 月）の役職です。

**人事総務部**
### 福澤 良彦さん
2003 年に新卒で入社し、SE を 5 年務める。
人事総務部に異動後は人財開発を中心に、2018 年からエンゲージメントの推進活動にも取り組む。

## 役員と人事が連携を取りながら、エンゲージメント活動を推進

　社長がエンゲージメント活動のトップを務め、2019 年から継続的に社内のエンゲージメント向上に取り組んでいるビジネスエンジニアリング。上席執行役員の喜多井さんと人事総務部の福澤さんは、連携を取りながら、エンゲージメント推進活動に取り組んできました。

　毎週開催される役員会の中で、喜多井さんを含む役員メンバーが活動や施策の影響をエンゲージメントサーベイのスコアをもとに振り返っています。

　役員メンバーの話し合いでは、スコアの変化が顕著な部署に着目し、どのような活動が行われているかを確認。「部署のミッションが複雑なのではないか」「部署の体制を変えた方が社員にとっても働きやすくなるのではないか」などブレスト的に意見を出し合うこともしています。そうしたブレストで出てきた意見を、人事総務部に共有することで、連携しあいな

がら推進活動を進めているのです。

また、役員から人事への意見だけではなく、人事から役員への意見の共有も行っています。具体的には、人事総務部主体で現場で働くライン長や社員との個別フォロー面談を行い、拾った現場の声を役員に伝えています。フォロー面談を繰り返すことで、自然に現場からも相談が上がってくるようになり、現場の声と施策を繋げていくことが増えていったそうです。

また、現場同士のライン長の情報共有なども、ビジネスエンジニアリングでは積極的に行われています。その背景の一つは、福澤さんがフォロー面談を通じて、他チームのいい事例を共有していること。もう一つは、部署ごとの活動を社内で一覧で公開されており、自主的な情報共有が生まれていることにあります。

現場、人事、経営という縦関係、現場のリーダー同士という横関係、それぞれの繋がりを作っていくことが、継続的な活動に繋がっているとも言えるでしょう。

社内を繋ぐ動きを続け、アカデミーに通い熱心に学びや他社との交流も図る福澤さんは、役員から「Mr. エンゲージメント」と呼ばれるほど、頼られる存在ともなっています。推進者として、経営層からも、現場からも信頼され、「エンゲージメントに関して何かあればこの人に相談してみよう」という存在になるのは、一つの目指す姿とも言えます。

また、ビジネスエンジニアリングでは、半期に一度事業部門の評価を決める際に、エンゲージメント向上のアクションプランを実行しているかを指標の一つに組み込んでいます。ポイントは、この指標をスコアの結果ではなく、行動の量を KPI としている点です。

エンゲージメントスコアは様々な要因で上下しますし、スコアの高い低いにばかり着目をすると、個々人の Will や組織の方向性など本質的な部分を見落としてしまいがちです。その点、ビジネスエンジニアリングでは、行動の量という個人やチームが自らの意志で高められるものを KPI としているのは、とても参考になります。

より詳しくは以下の記事からご覧いただけます。

https://get.wevox.io/media/engagementstory_b-en-g_01

# 経営層へのレポーティング

　成果を報告する先として、最もケアが必要なのは経営層への報告です。エンゲージメント活動のように可視化しづらく、事業との結びつきが見えづらい活動は年々予算が削減されてしまう対象になりやすいです。また、そもそもエンゲージメント活動に興味すら持ててもらえていない、という状況も考えられます。経営者への報告のポイントは以下になります。

## ▌変化を可視化して 表現する

　サーベイなどの定量データ、振り返りコメントなどの定性情報、ER のチーム活動の介入や観察を通じたチームの雰囲気や状態変化のコメントなどを整理し、可視化しましょう。特に活動に参加しているメンバーからの声などの生々しい情報は、経営層が活動の価値を知る上で有益です。

## ▌経営者にいかに向き合って もらえるか?

　報告においては、活動で見えてきた組織の課題にいかに経営者に向き合ってもらえるかが、ポイントとなってきます。そのためには、まず事実をしっかりと伝え、組織の現状を把握してもらうこと。そして、経営者から出てきた疑問に答えると共に、課題の対応について意識を持ってもらうようなコミュニケーションが必要となってきます。

　そのため、ER 自身が報告を行うのか、上長などに報告をしてもらう……など「誰が報告するのか」も大事なポイントとなってきます。

　また、ただ報告をして終わってしまっては、今後の活動の発展には繋がりません。今後の取組方針、重点的に対応する課題や重点アクションなどについて、経営者と合意を取れるようにしましょう。

## 報告の適切な頻度、タイミング

経営は、3ヶ月のサイクルで見直しと次の方針決めを行うことが多いとされています。そのため、エンゲージメント活動に関しても3ヶ月に1度の頻度で、経営層に進捗状況に関する認識を持ってもらう機会づくりをオススメします。

もちろん週次、月次のペースで報告するケースや半年、1年に一度の報告とする場合もあります。経営層と報告者（ER など）との関係性にもよりますが、余りに報告頻度が高すぎると報告者の負荷が高くなり過ぎたり、報告内容の変化が乏しくなったりする可能性もあります。

逆に報告の間が空きすぎると経営層の頭の中の優先順位が下がり、推進力が低下するリスクが高くなります。

3ヶ月に一度を基本として適切なタイミングで経営層に対して活動の認識をリフレッシュしてもらう機会づくりが求められます。

## エンゲージメントサーベイを活用する

エンゲージメントサーベイをはじめとした各種調査データは、経営者への報告においても有効活用できます。ただし、サーベイのスコアやデータをそのまま出すだけでは、受け取り方に差が出てしまう可能性もあります。

ER として、データから何を読み解けるか、組織の課題や必要なアクションが何かといった見解を補足した上で、報告書に盛り込むようにしましょう。

図42 の経営層へのレポーティング例にあるように、レポーティングにおいてはサーベイのグラフや写真などのビジュアル活用も効果的です。

**経営層へのレポーティング項目例**

・活動の状況が一枚でわかるサマリー
・活動計画の進捗状況及びトピック
・活動中の写真など職場の雰囲気が伝わるもの
・活動の期待成果との現実のギャップ状況と対応策
・エンゲージメントサーベイのレポート
・今後の進め方（ギャップ対応や次フェーズのための準備内容など、短期と中長期の両面で報告する）

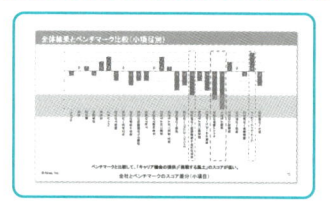

エンゲージメントサーベイは
レポーティングとしても活用できる

ワーク中の写真なども活動報告においては
大きな価値を持つ

# キーパーソンとの対話

## キーパーソンとの対話の方法

　キーパーソンとの対話はメインミッションの PLAN や CONNECT の達成をはじめ、活動のあらゆる場面で重要となってくるアクションです。

　PLAN においては、「目的・課題・ゴールの設定」、「ストーリーの設計」など方向性を検討する際に、職場のキーパーソンから意見を聞いておくことは、必須とも言えます。

　また、「否定的反応への対応と社内の合意形成づくり」においても、キーパーソンと対話を重ね、どのような形であれば、エンゲージメント活動が推進しやすいかを、一緒に考えていくような関係づくりが大切になってきます。

キーパーソンとの対話の方法には様々ありますが、大きくは以下の三つに分類されます。上から順に、キーパーソンの負担は大きくなりますが、その分深い対話も可能になるでしょう。

## 定例会を設けて対話をする

職場のキーパーソンたちとの定例会を設け、対話を重ねていく方法です。

株式会社福井村田製作所の事例（P.148）では、組織のありたい姿（活動のゴール）を考える際に、職場の人たちに声をかけて定例会を実施し、何度も対話を重ねながら、納得のいくものを作っていきました。同事例のように、明確なテーマを設けて定例化することで、声をかけやすくなりますし、参加する側も何を考え、何を意見すればいいかがわかりやすくなります。

また、同事例で推進者の藤井さんが「みなさんと共に考えないとダメなんです、助けてください」と職場の人たちへ声がけしたように、いかに共に考える関係性を作れるか、職場の人たちが能動的に考え、意見してくれる雰囲気づくりをするかといった点もERの手腕が試されるところです。

頻度は組織の状況やキーパーソンの状況によって変わります。2週に1回、月1回などの頻度で一度設定して、様子をみながら調整していきましょう。

## 単発のインタビューを行い意見をもらう
## （叩きの案などがあればその場または事前に共有する）

キーパーソンへのインタビュー（P.191）を通じて対話を行う方法です。活動の企画をする際の情報収集、職場の状況把握などと共に、検討している案（「目的・課題・ゴール」や「ストーリー設計」など）があれば共有し、意見をもらいましょう。

モデルチーム活動やアンバサダー制度を検討している際は、共有しながら参加の意志を聞いたり、参加を促すといった働きかけも考えられます。

単発にはなるので、事前にどういう意見がほしいか、何を聞けばいいか、叩きの案としてどういう形でアウトプットすればいいか（事前にどう資料にまとめればいいか）などをしっかりと考えておくようにしましょう。

インタビューの前に、資料やメモなどがあれば共有して（無理のない範囲で）目を通しておいてもらうのもオススメです。限られたインタビューの時間なのに、

情報共有だけで大半を使ってしまう、ということがないように注意しましょう。

### ER が作成した資料等の叩き案を
### メールやチャットで共有する

間接的な対話、という形にはなりますが、メールやチャットで情報を共有し、意見をもらうというのも、大切なアクションとなります。

職場のキーパーソンからすると負担が少ないため、直接的な対話よりも多くの人から意見をもらいやすい方法とも言えます。

社内でチャットツールを使っている場合は、ER からの情報共有や意見交換をきっかけに、キーパーソンたちを集めた専用のチャットルームを作成するのもいいでしょう。こうしたコミュニケーションの場がきっかけとなり、その先に「社内コミュニティ」（P.244）として成長していく可能性もあります。

いきなりコミュニティづくりを目的にしなくてもいいので、キーパーソンたちとコミュニケーションを取れる場を増やしてみよう、といった気持ちではじめてみることをオススメします。

## 大切なのは「意見」を
## 出してもらうこと

キーパーソンとの対話で最も大切にしたいのが、「意見」を出してもらうことです。

ER からの考え、思いを伝えた後は、キーパーソン一人ひとりからしっかりと意見をもらうようにしましょう。「いいと思う」「なんかしっくりこない」……どのような意見でも構いません。

出てきた意見に対しては「どういうところがいいと思いますか？」「どこがしっくりきませんか？」と、相手の考えの背景をしっかりと理解していきましょう。

こうした対話を通じて、キーパーソンも ER の本気度や目指したいことを理解し、よりよい協力者になってくれる可能性が高まります。また、キーパーソンたちが「自分の意見が活動のストーリーに反映されている」と実

感すると、一気に、活動に対する当事者意識が生まれてきます。

これらのキーパーソンとの対話の場において、ER が陥りやすい落とし穴が「自分で考えた案や考えを認めてもらいたいがためにプレゼン、説得をしてしまう」ことです。もちろん、これまでのプロセスで考えてきた企画案をキーパーソンたちに丁寧に説明し、自分たちの思いを共有する時間は大切です。しかし、それはあくまでキーパーソンとあなたの目線を揃えることが目的であり、説得するための時間ではありません。

しっかりと意見を出してもらい、そうした職場の声を活動に活かしていくことが ER の役割だということを忘れないようにしましょう。

# 社内への情報発信

エンゲージメント活動への理解促進と、
職場の一人ひとりの当事者意識を醸成していくために、
積極的な情報発信は欠かせません。
効果的な情報発信をするための
アクションとポイントを解説していきます。

# 説明会を活用する

## 説明会の三つの型

　説明会は、ER が職場の支援や活動の伝播を行う上で、最もポピュラーなアクションとも言えます。説明会の目的は、エンゲージメント活動の理解、目的・課題・ゴールの共有、エンゲージメントとの向き合い方や取り組み方の説明を通じて、職場の人たちのエンゲージメント活動に対する認知度や参画意識を高めることです。

　そのため、ER にとっての説明会は、活動スタート時にオリエンテーション的な役割を果たすものから、活動を周知するための社内広報的なものまで幅広い機能を持つアクションとなります。

　また、参加者がただ話を聞くだけのものや、ワークショップ形式のもの

まで、その中身も多種多様です。名称についても、本書では最もフラットな「説明会」を用いていますが、「エンゲージメントワークショップ」や「エンゲージメント体験会」など、中身や目的に応じて、名称を変えるのもいいでしょう。主な説明会の型は以下の三つです。

## 講義型

ERから、参加者へ向けて講義形式で説明を行います。一般的に、説明会と言えばこの形式を思い浮かべる人が多いかと思います。

参加者はただ話を聞くだけなので負担は軽い一方で、エンゲージメントの理解を講義だけで行うのは難しくもあります。講義だけでは、あくまで頭の中だけの理解が進むだけで、「エンゲージメントを体感する」ところまでは進まないことは理解しておきましょう。

エンゲージメント活動の概要、簡単な取り組み内容の説明、モデルチーム活動やアンバサダー制度の説明と募集など、目的によっては講義タイプでも十分な場合もあります。

## アウトプット型

参加者が自ら考え、何かしらのアウトプットを出すところまでを目指すタイプです。

アウトプットを通して自分ごと化が進み、エンゲージメントの理解が深まると共に、活動に対しても主体的に取り組むような変化を狙えます。明確なアウトプットを作ることを目的としており、事前準備も重要になってくる型です。

アウトプットとしてオススメなのが、参加者に自分たちのエンゲージメント活動のプランづくりをしてもらうことです。活動プランを自ら作ることで、自分ごと化が進行すると共に、活動のイメージを持ったり、具体的なアクションを決めることができます。

活動プランでは目的と取り組むアクションを参加者に考えてもらいます。例えば、参加者がマネージャーの場合は以下のような、目的やアクションを出してもらうといいでしょう。

> 目的：メンバーが意見を出しやすいチームづくり
> アクション：意見への承認を増やす、話を切り出せないメンバーに話を振る、
> 　　　　　　意見へのうなづきや拍手などのリアクションを増やす

　ポイントは、こうした How をいきなり考えてもらうのではなく、エンゲージメント活動の背景や狙いをしっかりと説明した後に、活動プランづくりを行うことです。そうしないと How だけに意識が向いてしまい、本来のエンゲージメント活動の目的が見失われてしまいます。

### ワークショップ型

　「対話 & TEAM EXPERIENCE 編」（P.295）で解説している、各種ワークなどを行いながら、エンゲージメントの理解を深める型です。参加者同士で対話を行ったり、様々なテーマに対して自分の考えを深めたりといった体験を通じて、個々人の変化・変容を促します。アウトプット型とは違い、何かしらの成果物を作るのではなく、あくまで参加者本人が気づきを得ることに特化した型です。

　これら三つの型を組み合わせて説明会を行うのも効果的です。前半は講義型、後半はアウトプット型またはワークショップ型といった形がよくある組み合わせです。

## 質疑応答の時間は必須

　いずれの型を行うにせよ、質疑応答の時間は必ず取るようにしましょう。特に、講義型の場合に、質疑応答時間を取らないと、全て推進側から参加者への一方的な時間となってしまい、疑問が生まれたとしても解消することなく説明会が終わってしまいます。

　推進側はエンゲージメントへの理解が進んでいたとしても、参加者は初めてエンゲージメントという言葉を聞く人がいて当然です。参加者が疑問をいだいたまま終わってしまっては、活動に対して積極的に参加してもら

うのは難しくなるでしょう。

　質問に ER が誠実に答える姿勢を見せることは信頼関係の構築にも繋がります。質問への受け答えを通じて、ER のエンゲージメント活動への本気度や誠実さが伝わることもあります。時間が許す限り、出てきた質問には一つひとつ、丁寧に答えましょう。

　時間が不足した場合は、「メールやチャットなどでいつでも質問を受け付けています」などと一声かけるようにしましょう。

　また、説明会の参加者アンケートは必ず実施することで、その場で質問できなかった人への対応や、参加者の活動に対する関心度の違い、活動を率先して進めてくれる協力者の発掘などにも活用できます。アンケートについては「講演会を活用する」（P.215）で解説しています。

## ■「もうわかってるだろう」は
## ■落とし穴

　何度も行うがゆえにハマりやすい説明会の落とし穴が「もう１分説明会はやったし、伝わっているだろう」と、実施をしなかったり、大雑把な説明で終わらせてしまうことです。

　例えば中途入社の社員でたまたま説明会に参加できていなかったり、マネージャーに就くタイミングによっては、マネージャー向けの説明会を受けないまま活動に参加するケースもあります。説明会に参加していない人からすれば、エンゲージメント活動に力を入れていなくても「いや、詳しく話を聞いていないから」と言い訳ができる状態にもなってしまいます。

　また、組織はその時々によって状態が変化していきます。「あの職場にはキーパーソンが複数名いるから、もう説明会はやらなくても大丈夫だろう」と考えていたとしても、実際には人事異動などによってキーパーソンがいなくなっていたり、外部環境の変化からキーパーソンも悩むような新たな組織課題が生まれている可能性もあります。

　こうした変化が起きている中で説明会を怠り、「これまで通りエンゲージメント活動をしてくれるだろう」というスタンスでいるとどうなるでしょう。職場には、「こっちの状況わかって言ってるの？」「今年度はどう

いう方針で活動すればいいの？」と迷いや違和感が生まれてきます。次第に、「もうこの活動をしていても意味がないのでは？」といった懐疑的な意見にも繋がっていきます。

　あるいは、説明会を行ったとしても、内容を変えずにずっと同じ手順、同じ内容の説明を行うこともとても危険です。組織の状態が変わっているにも関わらず、一度うまくいった説明会の内容をずっと繰り返していると「あ、この人はマニュアル通りに仕事を進めようとしているな」と瞬間的に見破られてしまいます。

　そうなってしまうと、いくら説明をしたとしても一歩引いた目で見られてしまい、当事者意識や参加意欲の醸成には繋がりません。

　説明会は丁寧に、何回もやる。説明会の内容は組織状態を把握した上で、毎回内容を精査して行う。説明会は安易でありきたりなアクションとして軽視されがちですが、直接職場と接する大事な機会です。1回1回の説明会を丁寧に、大切に行うようにしましょう。

　「理解してもらえた」ことを確認できるのは、「真に職場が変わった時」と捉えておくと、しっかりと構えて活動を推進できるでしょう。

# 講演会を活用する

## 講演会の
## 目的・意図

　専門家を招いた講演会を社内で開催し、エンゲージメントの理解促進や外部動向の理解などを図っていきます。専門家を通じて、エンゲージメントや外部動向について話がされることで、理解が深まったり、興味を持つようになる、という効果はイメージがつきやすいかと思います。

　ERにとっては、講演会で狙う効果はそれだけではありません。組織への〝揺さぶりを生む〟という重要な効果も狙っていくことになります。

　講演会を行うことで、参加者の中に「話はわかるけど、うちはこのままでいいのでは」「面倒事は避けたい」といった変化への否定的反応を持つ人が出てきます。逆に、「興味がある」「昔からこういう活動を求めていた」といったポジティブな考えを持つようになる人もいます。

　こうした変化へのバラバラな反応が生まれることが、組織に〝揺さぶりをかける〟という意味です。講演会を行わなければ生まれなかった、一人ひとりの反応はネガティブかポジティブかどうかに関わらず、活動の活性化に繋がるきっかけとして大事なものです。

　また、こうした反応をERがキャッチすることに大きな価値があります。ポジティブな反応を示す人は、キーパーソンとなる可能性が非常に大きいからです。

　講演はただ著名な人を呼べばいいというわけではありません。しっかりと目的や意図を持って企画することが大切です。

　参考までに、講演の目的や意図の例を図43に示します。目的、意図の下にある言葉は、講演を受けた参加者が抱くといい心の声です。

図43：講演の目的や意図の例

目的、期待する参加者の反応をもとに講演の企画やテーマ、
人選を考えていく

・問題意識の喚起
「確かにこれは課題だ……」

・対応の方向性のインプット
「どういう方向で解決したらよいか……」

・余地を作る / 揺らぎを起こす
「そうだ、そうだ」「へぇ〜そうなんだ」
「それは違う！」「これは、やらなきゃ」
「自分には関係ない」「うちには無理だよ」
「本当にこれでいいのか？」

・具体的手法の共有
「そういう手法があるのか……」

・トップメッセージの発信
「トップはそういう方針なのか……」
「トップが言うなら本気なんだな……」

・外部からの刺激
「他社からうちは遅れている……」

・職場の気持ちの代弁
「同じようなことを人事部が言っていたけど、
外部の人が言うと説得力あるな……」

このように、講演を活用することで、参加者に様々な感情や意見を生み出すことができます。

## 効果的な講演会をデザインする

講演会は、誰を専門家に呼ぶのか、どういうテーマで話してもらうのか……といった講演デザインによって、その質に大きな差が出てきます。

より効果的な講演会をデザインできるように、ERのスキルを磨いていきましょう。講演デザインに際しては図44のシートを参考に考えてみましょう。背景や目的や意図などの企画面だけでなく、最適な場所や必要な設備なども事前にしっかりと確認しておくことで、スムーズな運営が可能となります。

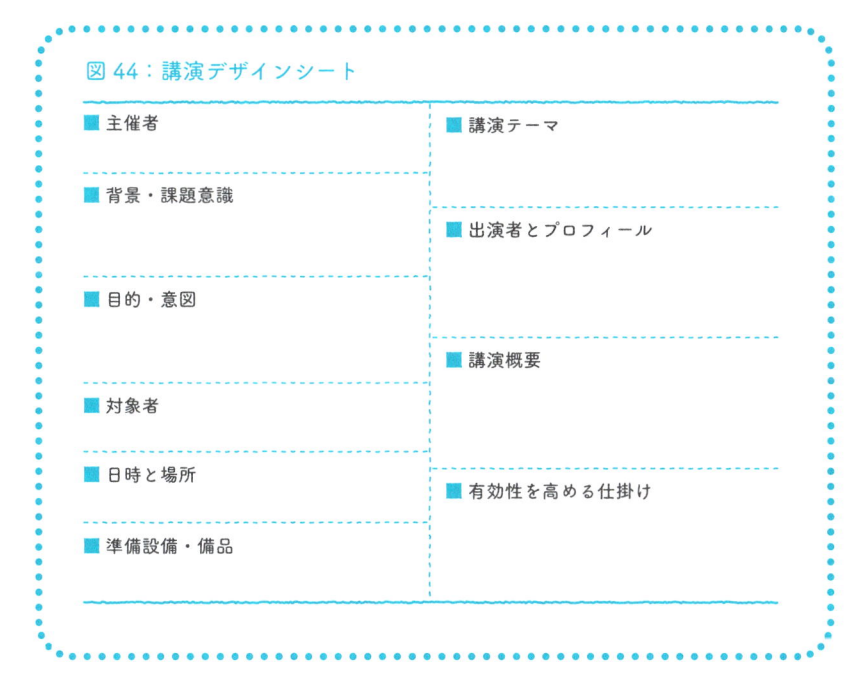

図 44：講演デザインシート

■ 主催者

■ 講演テーマ

■ 背景・課題意識

■ 出演者とプロフィール

■ 目的・意図

■ 講演概要

■ 対象者

■ 日時と場所

■ 有効性を高める仕掛け

■ 準備設備・備品

　図 44 のシートの右下にある「有効性を高める仕掛け」の例をいくつか挙げておきます。

## 参加者への事前はたらきかけ

● アンケート（課題意識や聞きたいこと……等）
● 登壇者情報の事前インプット

## 講演の設定に関する工夫

● 集まりやすい場所・時間帯の工夫
● 集中度を維持する時間帯・ボリュームの工夫

### 講演中の工夫

- ●冒頭のインプットの工夫（例：トップメッセージなど）
- ●視聴覚機材の活用

### レイアウトの工夫

- ●登壇者が話しやすい雰囲気づくり（例：運営側のうなづき）
- ●質疑応答シートの書き込み
- ●質疑応答タイムのファシリテート

### 講演終了後の工夫

- ●終わった後の感想文
- ●感想文へのレスポンスや全体への共有
- ●社内広報活動への活用

## アンケートの活用と キーパーソンの発見

　講演会で揺さぶりをかけることで生まれた様々な反応を把握するために、アンケートを活用しましょう。アンケートの活用にはいくつかのポイントがあります。

### 講演会実施後の早いタイミングで行う

　アンケートは講演会実施後のできるだけ早いタイミングで取るようにしましょう。時間が空いてしまうと、せっかく揺さぶりによって生まれた反応が薄まってしまいます。

　予め講演会の時間内にアンケートを書く時間を入れたり、終了直後にメールなどでアンケートを配信したりと、事前にいつアンケートを取るかと決めておくことをオススメします。

## 回答によって頭の中が整理される
## 設問構成、順序を心がける

アンケートに回答することで、参加者自身の頭の中が整理されるような設問構成、順序を意識してみましょう。まずは全体像についての感想を聞きつつ、少しずつ具体的なことへの質問を行うと整理がしやすくなります。また、一つの質問に対して聞きたいことは一つに絞るようにしましょう。

こうして回答を行うことで、参加者自身がエンゲージメント活動に対して「自分ごと化」が進むこともあります。

例えば「あなたがエンゲージメントを感じるときはいつだと思いますか？」について考えること自体が、エンゲージメント活動の第一歩と言えます。アンケートに答えることで、「これは自分たちで考えて動かないと意味のない活動かもしれない」であったり、「これまでやってきたことと結びつけられそうだな」など自分ごと化が進んでいきます。

## エンゲージメント活動への興味関心を聞く

アンケートにエンゲージメント活動への興味関心を聞く質問を入れましょう。

この質問によって、エンゲージメント活動のキーパーソンを見つけることに繋がります。特に活動初期の場合は、この質問にポジティブな回答をしてくれた人へインタビューをして情報収集したり、モデルチームあるいはアンバサダー制度への参加を打診してみることで、活動が大きく動くきっかけとなります。

ポジティブな反応をした人は、すでに職場でいい取り組みをしている可能性も高く、事例の発見にも繋がります。

## フリー質問欄で情報収集を行う

フリー質問欄を設け、講演会の参加者が持っている組織に対する現状認識、課題感、活動に対する考えなどを把握する機会としましょう。情報収集の一環としても活用できます。

また、質問をしてくれた人には実際に話を伺ってみるのもオススメです。新

たな人との繋がりを作るきっかけにもなりますし、より詳細な状況把握や活動へのフィードバックがもらえる可能性があります。

### コメントに対する対応力を磨く第一歩に

ERにとって、アンケートに書かれたコメントへの対応は、とても精神力のいる仕事です。コメントに対するフィードバックは、いきなり最初から上手にできるものではありません。どうフィードバックすればいいのか、フィードバックするかしないかの判断などは回数を重ねて、精度が高まっていきます。

講演でのアンケートは、そうしたコメント対応の練習としてもオススメです。実際に対応をしなくても、いいシミュレーションにはなるでしょう。

また、ネガティブなコメントへの対応には注意が必要です。一般に、ネガティブコメントを読んでしまうと、ポジティブコメントを軽視してネガティブ側への対処に注力しがちです。確かにネガティブコメントは気になりますが、まずはポジティブなコメントがあることを認識し、その回答をしてくれた人たちとの関係構築を優先する。それと並行して、ネガティブコメントに対してもどのように対応するのかを考えるようにするようにしましょう。

ネガティブ・コメントへの対応については「変容のスキル：変化と変容」（P.365）も参考にしてみてください。

# 活動の事例化と情報発信

## ▌活動・対話ログを できるだけ残しておく

エンゲージメント活動で生まれた組織、チーム、個人の変化や成果の事例化は、組織内での伝播においてとても大きな効果を生み出します。同じ会社の人たちが、どのようにエンゲージメント活動をしているのか、それによってどういう変化があったか、気をつけたほうがいいことは何かなど、社内での実践事例からは多くの気づきを得ることができます。

　事例化をするにあたって、ポイントとなるのが活動の記録や職場の人たちの対話（ER との対話、職場のメンバー同士での対話）、ワークなどで出てきた意見をこまめにログを残しておくことです。

　詳しくは「残すスキル：活動のログを取る」（P.355）で解説しています。

## 事例コンテンツを作成する

　活動・対話のログを手がかりに、職場での取り組みを事例コンテンツにしていきましょう。真面目な活動報告ではなく、受け手が興味を持つようなコンテンツにすることで、社内で活動に興味を持つ人を増やしやすくなります。コンテンツには、いくつかの形式があります。

### 記事コンテンツ

　文章と写真や画像などで構成されたコンテンツです。最もベーシックなコンテンツ形式で、作成負担が軽く、PDF やイントラサイトを利用し社内共有もしやすいです。余分な情報を省き、伝えたい要点に焦点を当てられるため、受け手側が時間をかけずにインプットできるという利点もあります。

　事例コンテンツにおいてはインタビュー形式でまとめるのが、最も作りやすいです。本書に掲載のエンゲージメントストーリーは、インタビュー形式の事例コンテンツの参考にもなります。

### 音声コンテンツ

　ラジオのようなスタイルで、事例について当事者に話してもらい録音データを共有する形式です。ER が司会進行役を務め、モデルチームの参加者やアンバサダーをはじめ、活動に積極的に取り組んでくれているメンバーをゲストに招き、活動について話してもらうという形が最もスタンダードです。

　音声を通じて、文章では伝わりづらい、話し手の思いや機微な感情、人柄なども伝えることができます。受け手側が、移動中や軽作業時に「ながら聞き」できるのも大きなメリットです。

### 動画コンテンツ

音声コンテンツと同じく、司会役と事例を話すゲスト役が事例について対話する様子をビデオ撮影し、動画コンテンツとする形式です。

表情まで見られるので、より思いや感情が伝わりやすい形式です。工夫次第では、スライドの表示などもできるので、より詳細な情報を伝達しやすくなります。オンラインミーティングツールを用いれば、ライブ配信のような形で行うこともできますし、録画も簡単に行なえます。

受け手としてはインプットに時間がかかるのがデメリットになりますが、話し手の表情が見られるというのは、高い影響力を発揮しやすいです。

上述のように、事例コンテンツにもさまざまな形式があります。それぞれの形式で強み／弱みがありますので、組織状態に応じて最適な形式を選びましょう。また、一つの形式にこだわる必要はなく、「記事コンテンツと音声コンテンツを作る」など複数の選択肢を持つのもオススメです。

## 社内での情報発信パターン

事例コンテンツを作成したら、社内で積極的に発信していきましょう。この情報発信にもいくつかのパターンがあります。

### 社内報／社内通信

社内の情報発信において最もスタンダードな方法です。すでに発行されている社内報に、エンゲージメント活動について掲載をお願いするケース、推進チームで独自に社内通信を作成して配信するケースなどがあります。私たちが支援する組織においても、独自のコンテンツを作成し、エンゲージメントに関する知見や事例を積極的に発信しているケースは多くあります。

## 社内ラジオ

リモートワークの普及に伴い、オンラインコミュニケーションツールを用いて社内ラジオを行う組織が増えています。エンゲージメント活動を行う推進者も、社内ラジオというスタイルで、情報を発信する方法も考えられます。

モデルチームの参加者をゲストに招いて話をしてもらったり、外部の有識者を招いてエンゲージメントについて解説してもらうといったコンテンツが考えられます。

## イントラサイト

比較的規模の大きい組織では、組織づくりをテーマにしたイントラネットサイトを人事機能を持つ部署が作成しているケースもあります。コンテンツを集約できるため、興味のある人が他のコンテンツに触れる機会を作りやすくなります。また、相談フォームなどを設置することで、推進チームと直接的な接点を作る場としても活用できます。

## 活動共有会

モデルチームの参加者に体験談を語ってもらう共有会を開催するのも一つの手です。ER が司会を務め、前半ではエンゲージメントについての説明、後半でモデルチームの体験談を語るといった構成にすることで、周知活動としても機能します。新しいキーパーソンを見つける場としても有効的です。

## 活動報告用の社内チャットチャンネル

多くの組織で、社内コミュニケーション用にチャットツールを導入しているかと思います。そうしたチャットツールに、エンゲージメント活動に関する情報や事例、活動について発信するチャンネルを作成する方法です。任意で興味のある人が入る形を取ることで、新たなキーパーソンを見つけるきっかけにもなります。こうしたチャットチャンネルをきっかけに、社内コミュニティにも繋がっていきます。

## 何より大事なのは
## 継続すること

　事例化、事例コンテンツの作成や発信において、最も重要なことは「継続」することです。

　事例コンテンツづくりは ER と職場のある種の共創活動と言えます。ER と事例の当事者の間でよりよい関係性を築くことができ、より活動に深くコミットしてもらうきっかけにもなります。

　さらに、事例コンテンツに触れたことがきっかけとなって、活動に興味を持つ人を増やすことにも繋がります。活動スタート直後はエンゲージメントに関心がなかったマネージャーが、同期で仲のいいマネージャーの事例コンテンツを見たことをきっかけに、「私も何かしないと」と、活動に興味を示すようになる……。こういった形で、事例コンテンツが誰かの背中を押すきっかけにもなるのです。

# 社外への情報発信

## ▌段階ごとの外部メディアへの 掲載の効果

外部メディアへの掲載、外部イベントでの登壇など社外の様々な場面で、自組織のエンゲージメント活動について情報発信をするアクションです。活動のフェーズや「誰が出るか」によって、目的や得られる効果も変わってきます。

### 活動初期またはモデルチーム活動で一定の成果が出た段階／ 活動定着、全社展開を目指していく段階

この段階では、エンゲージメント活動が社外でも評価されていることを周知することで、全社展開の足がかりとするという効果があります。

モデルチームのリーダーやメンバーが出る場合は、「モデルチームの活動が外部メディアで取り上げられている。そんなに価値のある活動なんだ」と社内の人に認知してもらうことで、全社展開における職場の理解度、納得度の底上げが期待できます。

エンゲージメント活動に理解のある経営層に出てもらい、トップメッセージとしても機能させる方法もあります。経営層自身も、外部メディアやイベントに出ることで、さらに深くエンゲージメント活動にコミットするきっかけにもなるでしょう。

### 活動定着後、複数の好事例が生まれてきた段階、 組織に変化が生まれてきた段階

好事例を社外に発信することで、組織の評価を高めたり、採用強化に繋げるという効果があります。また、取り上げられた社員、登壇した社員からすれば、さらに活動への自信や意欲が湧くきっかけにもなるでしょう。

この段階までくると、エンゲージメント活動が社内に定着しており、他の会社の参考となるように積極的に情報発信を行うというスタンスが強くなっていきます。自組織だけでなく、より社会全体に対して役に立つ情報を発信するという点ではかなりレベルが高い段階とも言えます。ER の一つのゴールとしてぜひ目指していきましょう。

## ER が露出することで新たな繋がりが生まれるきっかけに

　エンゲージメント活動の推進役ということで、ER がメディアに出ることもあります。実際に Wevox が運営するメディア「DIO」では多くの ER が取材に応じてくれており、事例やストーリーを語ってくれています。

　DIO のような外部メディアへの登場をきっかけに、「あの記事の人の話を聞きたい」と他社からお願いをされることもあります。こうしたきっかけをもとに、社外の推進者との新たな繋がりが生まれることもあります。

　必ずしもメディアに出ないといけないというわけではありませんが、積極的に情報発信していくことで、新たな繋がりが生まれたり、場合によっては新しいキャリアの可能性が開くことも考えられます。

　ER として活動をする一つの目標として、外部メディアに出ることを掲げるのもいいでしょう。

# 研修・トレーニングの企画・実施

エンゲージメントの実践には、
基礎知識はもちろん効果的な対話をするためのスキルや
スタンスの習得などが必要となってきます。
ER 自身、そして職場の人たちの研修・トレーニングを通じて、
実践力を高めるポイントを解説します。

## ER 自身のトレーニング

### 何よりも「実践」

　ER として活動していくために必要な知識を深め、スキルを磨いていくためには何よりも実践が重要です。

　私たちはよく、エンゲージメント活動で経験値を積み、成長することは「スポーツの上達」に似ているという例え話をします。これは、ER は座学だけで成長できるものではなく、自らの体と頭を使って、まずはやって

みる、動いてみることで、少しずつ上達していくことを意味しています。

　例えば、ワークショップでのファシリテーション、インタビュー、相談を受けた際の適切な返答……これらを自分で一度でも実践してみることが、成長への大きな一歩となります。ここでの実践が必ずしも上手くできる必要はありません。大事なのは、その実践から何を学び、何を得たかを振り返ることです。

　こうした考えの背景にはデービッド・コルブによって提唱された経験学習モデル（Kolb, D. A.（1983）. *Experiential Learning : Experience as The Source of Learning and Development*, FT PRESS）があります。

　経験学習モデルでは、「具体的な経験」を起点に、失敗と成功含め経験について振り返りを行う「内省」、内省をもとに学びを「概念化」、次の実践にて学びを「試行する」……という四つのサイクルを繰り返しながら、学習し自身の成長に繋げるプロセスを示しています。

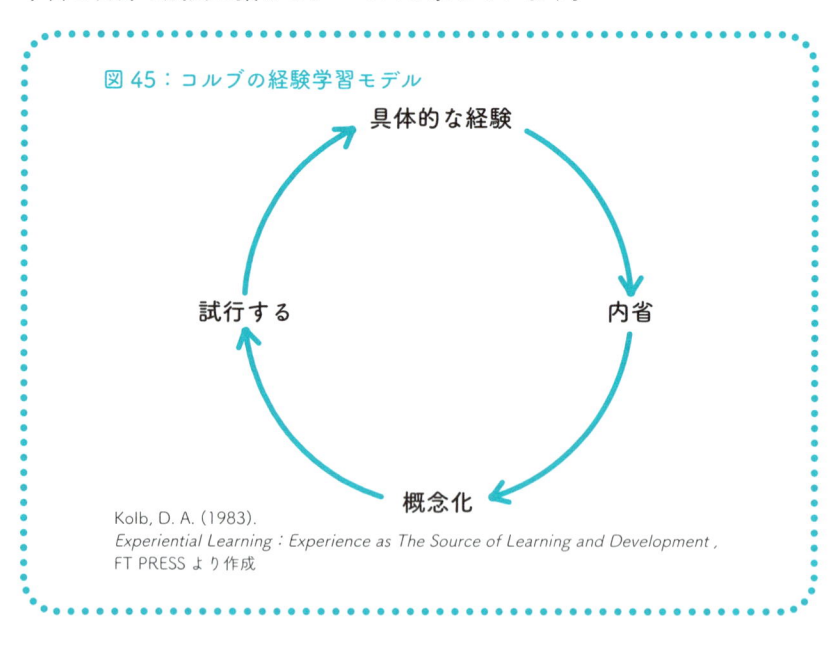

図 45：コルブの経験学習モデル

具体的な経験

試行する

内省

概念化

Kolb, D. A. (1983).
*Experiential Learning : Experience as The Source of Learning and Development* ,
FT PRESS より作成

正解がないエンゲージメント活動においては、経験こそが学びの源泉となるため、経験学習モデルとの親和性が非常に高くなってくるのです。

本書で書かれている内容も、ただ読んで理解して終わりではなく、どんどん実践して具体的な経験を得ることで初めて自身の成長に繋げたり、いろいろな気づきを得ることになっていきます。

## 各種研修・セミナー参加

エンゲージメント活動に関するセミナーや ER のスキル向上に繋がる研修やセミナーへの参加はオーソドックスながら、効果的なアクションです。最近では気軽に参加しやすいオンライン研修・セミナーも増え、アクションとしては取り組みやすいものになってきています。

活動初期の頃や ER としての経験をこれから積もうとする段階では、必要性を感じて研修・セミナーに参加する人は多いはずです。可能であれば、活動に興味、関心を抱いている職場のキーパーソンと一緒に参加し、関係性を構築するのもオススメです。外部の専門家の発見にも繋がる場合もあるので、ぜひ積極的に参加をしてみてください。

一方で、活動が定着したり、ER として一定の経験を積んでくると「もう研修やセミナーはいいか」と参加頻度が落ちてくるケースも多いです。

しかし、例え自社のエンゲージメント活動がうまくいき、ER としても一定の成果と評価を得たとしても、定期的に研修やセミナーに参加をして学びを得たり、刺激を受けることは続けていくことをオススメします。

特に ER として経験を積めば積むほど、「自分はこういうアクションが苦手だな」「このスキルがいまいち身についていないな」と感じることが増えていくはずです。

そのとき、得意なアクションやスキルが見つかっていた場合に「自分の得意なことだけで成果を出せばいい」と苦手を克服する機会を自ら放棄してしまう人も多くいます。そうなってしまっては、ER としての成長を自ら止めているようなものです。

苦手分野を克服する、ワークや対話のネタの道具を増やす社外の ER と

繋がり、お互いの活動に参加しサポートし合う……など様々な目的を自ら見出しながら、積極的かつ継続的に研修やセミナーに参加をしていきましょう。

## 専門家から
## ノウハウを得る

エンゲージメント活動の初期は、専門家に支援をお願いするケースもあるかと思います。

しかし、注意したいのが「いずれかのタイミングから自分たちが専門家の役割を担う」という前提を持って、依頼することです。そうでなければ、いつまでも専門家に頼る状況が続き、組織の中にいて、エンゲージメント活動を支援するという ER としての本質的な役割を果たせなくなってしまいます。専門家を選定する際の要件として、内製化に協力的かも含めて判断すると、後々発生する活動の内製化プロセスをスムーズに進められます。

ここでは、一つの例として、ワークショップの方法を専門家から習得するためのステップを解説します。エンゲージメント活動の一環として、ワークショップを複数回、専門家にお願いして開催するとしましょう。その際、以下のようなステップで、少しずつ ER が経験値を積めるようにしておくとよいでしょう。

1回目：まずは、ER 自身もワークショップの参加者の一人となり体験。

2回目：ワークの参加者ではなく、オブザーバーとして参加。自分だったらどう説明するか、なぜ専門家はそう説明しているか、参加者は理解できているかといったことを考えながら、専門家の身振り手振り、話し方や参加者の様子などを観察します。

3回目：専門家のサポートのもとファシリテーションを行います。いきなり全部を行うのではなく、冒頭の説明部分だけとか、途中のディスカッションの司会進行だけなど部分的に行うのもいいです。振り返りを行い、専門家からアドバイスをもらいましょう。

4回目：専門家にオブザーバーで参加してもらい、ER がワークショップ全体のファシリテーションを担当します。これまでの学びを活かす機会です。振り返りを行い、専門家からアドバイスをもらいましょう。

　このように4回程度に分けて、少しずつ経験値を積んでいくことで、5回目以降は専門家の力を借りずにワークショップを行える状態を目指します。

　ワークショップだけでなく、エンゲージメントに関する説明会や、研修なども同じようにステップを踏みながら ER 自身ができるように考えておきましょう。

　説明会を自ら行う際に、「説明しやすいところだけ」「抵抗をうけにくいところだけ説明する」といったように、易きに流れるケースがあるので、注意が必要です。

# 職場への研修・トレーニング

## 職場でも座学より実践を重視

　職場の人たちがエンゲージメント活動を進める上で必要な知識やマインドセット、ノウハウなどを得るための研修、トレーニングを行うアクションです。

　研修・トレーニング企画では、例えば1年間をかけてマネージャーにどのようにエンゲージメントを理解してもらうか、実践してもらうかを考えて計画を立てていきます。研修・トレーニングメニューとしては、ER 自身のトレーニングと同様に「座学よりも実践」が大切になってきます。

もちろん、初期段階では座学を通じて基礎知識を学んでもらうことは重要ですが、エンゲージメント活動は部下との対話や日頃のコミュニケーション、接し方、仕事の仕方などを通じて実践することが何よりも重要です。エンゲージメントについて詳しくなったけど、日頃のコミュニケーションは変わらず、対話も生まれていないでは何も意味がありません。

　マネージャー自身が当事者意識を持ってエンゲージメント向上に向き合い、取り組めるようになることを目指して、適切な研修・トレーニングメニューを選ぶようにしましょう。

## モデルチーム活動、アンバサダー制度と組み合わせる

　モデルチーム活動やアンバサダーとの活動の軸に「研修・トレーニング」を設定するのも効果的です。「よりよいチームにするための、研修・トレーニングを受けたい人」という出発点で、モデルチームやアンバサダーを募集することで、真正面に「エンゲージメント活動への参加」を要請するよりも、参加者を増やしやすい傾向にあります。

　私たちが支援する組織でも、推進者が「エンゲージメント（あるいはチームマネジメントや組織づくり）に関する研修・トレーニングへの参加」という名目で参加者を募り、そこからエンゲージメント活動を一緒に実践していく……というステップを辿るケースが多くあります。その中には、ER自身が職場のメンバーと共に研修・トレーニングを受けることも珍しくありません。

　このように、研修・トレーニングへの参加打診、あるいはERと共に研修・トレーニングを受けるという経験を通じて、キーパーソンとの関係性が深まることもあります。

　CONNECTやSUPPORTを達成する上での軸となるアクションとして、研修・トレーニングの活用を検討してみましょう。

## 経営層の参加も有効

　比較的規模が小さく、経営層との距離が近い組織においては、経営層に研修やトレーニングに参加してもらい、エンゲージメントへの理解を促進するケースもあります。

　規模が大きい組織の場合においても、部長、本部長クラスなどの研修、トレーニングへの参加は検討していくといいでしょう。

　他社も参加している研修、トレーニングの場合だと外部からの刺激を受け、「うちの会社でももっと積極的にやらないと」と経営層の意識が変わるきっかけにもなります。

# 相談会

## ERとの信頼関係を築く大事な場

　相談会は、職場の支援を目指すメインミッションのSUPPORTを実現する上でとても有効的なアクションになります。

　モデルチームのメンバーやアンバサダー、マネージャーなどを対象に相談に乗る形で、活動推進を図ったり、職場の人たちとの信頼関係を築いていきます。

　エンゲージメント活動をスタートさせ、説明会などを通じて理解や納得を得られたとしても、いざ職場で対話などの取り組みをはじめると疑問や悩みは湧いてくるものです。

　そうした際に、ERが相談に乗る機会を作っているかどうかは、活動推進において大きな差を生むことになります。エンゲージメント活動を行う意味がよくわからない、どうすればエンゲージメント向上に繋がるのか、どうメンバーとコミュニケーションを取ればいいのか……といった相談に

対して、ERが持つ知見を活用し対応方法を考えていきます。

こうした相談会を通じて、職場内でエンゲージメントと向き合うためのマインドセットやスキルが育まれていくことはもちろん、相談をしにきたマネージャー、メンバーとの信頼関係を構築できるという大きなメリットもあります。

意欲的な人であれば相談会を開かなくても自ら質問をしに来たり、自分で調べて対応策を検討してくれる可能性が高いです。しかし、様子見でエンゲージメント活動を行っているマネージャー、メンバーは、相談会のような場を作らないと、活動が軌道に乗る前に止めてしまうこともあります。

様子見の人でも、2回、3回と回数を重ねるごとに当事者意識を持って、積極的に取り組んでくれるように変化することもあるので、1回1回の相談会の時間を大切にするようにしましょう。

活動の範囲が狭い段階やERとしての経験がまだ浅い場合は、「活動の状況について一度意見交換したいので対話機会をもちましょう」といった形で、職場へ声がけをするプッシュ型が効果的です。相談会という形式にこだわることなく気軽に意見交換ができる場づくりを意識してみましょう。

ある程度、活動が進んできた場合には「○月○日から1週間、相談会を開催します」といった期間を設定して実施するやり方もあります。

ここで大切な点は、「相談会」といった仕組みづくりをすれば、自動的に相談しにくる、と思い込まないことです。企画をしたERからすれば、「いつでも相談にきてね」というオープンな気持ちでいたとしても、相談する側からすれば「何を相談してよいかわからない」や「こんなレベルの相談でいいのだろうか……」といった相談することへの不安や疑問が起こりがちです。

そのため、プッシュ型でER側から職場へ積極的に関わっていくことで、「気軽に相談していいんだ」というイメージを作ることが大切です。「あのERには相談しやすい」というイメージを持ってもらうことで、「何か疑問があれば、ERに相談してみれば、いろいろ教えてもらえるよ」といった相談の活用に対する口コミが広がる期待も持てます。

## マネージャーだけの話を聞いて
## 判断するのはリスクあり

多くの場合でエンゲージメント活動をリードする役割を担い、同時に悩みも抱えやすいマネージャーの相談に乗るのはとても大切なことです。

しかし、マネージャーの話だけを一方的に聞き、ERがそのチームの状態を理解したつもりになるのはとても危険です。エンゲージメントはマネージャーとメンバー、あるいはメンバー同士などチーム内の関係性が大きく影響を与えます。

そのため、マネージャーだけの意見を聞き、支援したとしても他のメンバーたちにいい影響を与えられる確証はありません。相談に来たマネージャーが抱く課題感が、他のメンバーたちが捉えている課題感と一致しているかどうかは、片方の意見だけを聞いていてはわからないからです。

例えば、マネージャーから「メンバーからチームのエンゲージメントを高めるための意見が出てこない。興味がなさそうだ」と相談を受けたとします。その話だけを聞けば、チームのメンバーに問題がありそうに思えます。

しかし、そのマネージャーがメンバーの意見をあまり聞かず、自分の意見を強引に通すようなマネジメントをしていた場合はどうでしょうか。日頃のそのマネージャーのふるまい、マネジメントのスタンスのせいで、メンバーから意見が出てこないのであれば、支援の内容は大きく変わってきます。

そのため、マネージャーだけでなく、各チームのメンバーからも話を聞く機会を設けることが望ましいです。メンバーから話を聞くために、メンバーのグループインタビューを設定することをお薦めします。両方の視点からの話を聞くことで、そのチームの状態や抱えている課題がより鮮明に浮かび上がってくるはずです。

どちらか一方の視点だけを過信しすぎるような状況にならないよう、相談の対応方法にも工夫を取り入れましょう。

ERマトリクス—アクション編

# 勉強会

ERとして身につけたエンゲージメントに関する知識やノウハウは勉強会を通じて、積極的に組織内にシェアするようにしましょう。

マネージャーやアンバサダーは、意欲の高い低いはさておき、基本的には仕事で忙しい日々を送っています。そうした中で、自らの意志でエンゲージメントについて学ぶ時間を取るのは、難しいのが現実です。

そうした中で、ERが知識をシェアする機会を設けるのは、とても大事なアクションとなります。エンゲージメントに関するセミナーや研修内容の共有、読んだ書籍での学びの共有、専門家から聞いた話の共有……などERのあらゆるインプットが勉強会の題材となります。

また、知識だけでなく、ERが活動を通じて得た学び、経験談も積極的にシェアしましょう。「こういうスタンスのマネージャーがいるチームは、エンゲージメントが上がりやすい」「経営者はエンゲージメントについてこう考えている」「(その組織における)エンゲージメントの高いチームの特徴、仕事での成果の出し方」など、各組織特有の学びや情報は、経験からしか得られません。

「エンゲージメントの体感と実践編」(P.271)で解説しているように、自分がエンゲージメントを体感した瞬間、出来事をシェアするのも、周囲からすれば大きな気づきに繋がります。日本の組織では、「自分のエンゲージメントについて話す」という機会がとても少ない傾向にあります。

そうした中で、ERが率先してどういう時にエンゲージメントを体感したかをシェアすることで、周囲の人は「あ、こういう話をしてもいいんだ。こういう話を通してエンゲージメントが何かがわかるのか」といった気づきを得られます。

こうした気づきは、対話の場などで、職場の人たちが自らエンゲージメントについて語りだす下地づくりにもなります。

## フォーカス事例（勉強会）から学ぶ

# ナガセヴィータ株式会社の事例

## 勉強会を通じたエンゲージメント理解促進でよりよい対話を生む

生産部門
岡山第一工場
工場管理課

**長尾 厚太朗さん**

工場の生産計画、在庫管理および庶務全般の業務管理を担当。
プロジェクトリーダー、2020～2022 年度の従業員組合執行委員長としても活動している。

管理部門
人事総務部
人事課

**多田 彩加さん**

給与・評価・タレントマネジメントなどの労務管理を担当。
プロジェクト事務局にて、推進メンバーのエンゲージメント活動のサポートも行っている。

研究技術・価値づくり部門
技術開発センター
生産技術一課

**櫻井 岳夫さん**

新製品を工場で製造する際の製法の検討と決定を担当。
プロジェクト推進メンバーとして、技術開発センター所属の約 30 名を対象としたエンゲージメント活動も担っている。

　ナガセヴィータでは、サステナビリティに関する活動において、経営層や一部の管理部門だけではなく、会社全体の様々な人が参加する状態を目指しています。その一環として、様々な部門からリーダー、メンバーが集まる全員参加プロジェクトとして、2022 年度からエンゲージメント推進活動を開始させました。

エンゲージメント推進活動として注力したのが事務局（推進チーム）主体の勉強会です。全社員を対象にしたものや、希望のあった部署への出張型勉強会など、2023年度は1回30分〜1時間程度の勉強会を合計で59回にわたって開催したといいます。

また、事務局が運営するもの以外にも、各部署にいる推進メンバーが部署ごとでの勉強会を企画したり、外部講師を招いてチームビルディングに関する講習を受けたりする動きも生まれました。技術開発センターで推進メンバーを担う櫻井さんのチームでは、部内アンケートで希望の多かった「チームに必要な心理的安全性」についての勉強会を対面で実施したといいます。

また、同社では事務局から働きかけ、エンゲージメントサーベイの結果を起点とした対話会も開催しました。

その中では、スコアについて話すだけでなく、自部門の中でミッション・ビジョンを共有する部門もあったといいます。他にも、部門の中でも特にエンゲージメントが高いチームや部長にインタビューを実施して共有したり、役職者の考えを紹介するメルマガを作成したりするなど、よりよい対話に向けたアクションを行った部門もありました。こうしたよりよい対話の背景には、勉強会を通して深まったエンゲージメントへの理解があるとも言えます。

活動を通じて、推進メンバーにも変化が生まれています。最初はエンゲージメントについて全く知らず、従業員満足度や、会社との約束・契約といった受け身の印象を持っていたという櫻井さん。勉強会や対話を通じてエンゲージメントに対する理解が深まり、組織にとってとても大事なもので、積極的に自部門にも浸透させたいと考えるようになりました。

エンゲージメント推進活動のリーダーを務める長尾さんは、会社を良くしていきたいという意欲が大きく高まり、自分がそこに貢献できることのやりがい、喜びがあると語ります。

人事としてエンゲージメント推進活動に携わる多田さんは、「エンゲージメントを上げる＝信頼を構築していくこと。一番人間臭い活動を続けなければならないと日々感じるようになった」と語り、人間同士の信頼関係をベースとした活動であるという認識が強くなりました。

　勉強会を通じた組織全体のエンゲージメント理解をベースに、よりよい対話を築いていく。ただ「対話をしましょう」というだけでなく、推進者が率先して学ぶ場を提供し、リードしていくことの大切さを本事例から学ぶことができます。

　より詳しくは以下の記事からご覧いただけます。

https://get.wevox.io/media/tws240306

ERマトリクス—アクション編

239

# 社内イベントの企画・実施

エンゲージメント活動を広く社内に周知していくために、
社内イベントの企画、実施を行っていきます。
エンゲージメント理解だけでなく、社内の交流などを生み出す
きっかけにもなり、特に CONNECT や SPREAD を達成する上で
活用できるアクションとなってきます。

## 社内シンポジウム

　複数の人がパネルディスカッション形式で対話をしたり、半日など長時間を取って開催することが特徴となる社内イベントです。講演会と同じく、社内に揺さぶりをかけたり、職場の一人ひとりに様々な感情や意見を生むきっかけとすることが大きな目的となってきます。

　社外の有識者や専門家、同じようなテーマで活動している人などをゲストで呼び、社内で積極的に活動に取り組んでいる人たちとパネルディスカッションをしてもらう方式も効果的です。

　社外の人からは刺激や知見を得る場に、社内の登壇者からは他の社員に刺激を与えると共に、登壇者の活動を称える場にもする。といったように複合的な効果を得られやすくなります。

　私たちが支援する組織でも、「エンゲージメントサミット」「エンゲージメントフェス」といったイベント名を冠し、パネルディスカッション

やワークショップなどを組み合わせた社内イベントを開催している事例があります。

イベント化することで、参加ハードルを下げ、より多くの人が活動に接する機会になったり、各職場のアンバサダーが他のメンバーを誘って輪を広げるきっかけづくりにもなります。

モデルチーム活動から全社展開のタイミング、エンゲージメント活動が定着し社内で事例が生まれてきたタイミング、年度末の1年の活動を振り返るタイミングなどで開催するといいでしょう。講演会よりも負担が大きいため、活動の初期段階よりは、ある程度活動が進んだ段階が望ましいです。

# 社内コンテスト・表彰

エンゲージメントに関わる活動で成果を出したり、特別に励んだ人を社内で表彰するアクションです。社内表彰は人事制度においては比較的メジャーなアクションなので、イメージもしやすいかと思います。

実施時期としては、全社展開ないしは展開部署の範囲がある程度広まり、成果が出始めたタイミングがいいでしょう。活動に励んでいる本人からすれば、称賛を得ることで自信やさらなる意欲の醸成に繋がります。

周囲の人へは、表彰者の取り組みや考え方をロールモデルに学びや刺激を得ることで、いい影響を与えられます。「私たちもちゃんとやらないと」と適切なプレッシャーを与える効果もあります。

実施する際は、「どういう観点を評価したコンテストにするか」がポイントとなります。エンゲージメント活動は成果が見えづらく、評価基準を設定するのが難しいテーマです。単純な定量データだけで判断しづらく、いざコンテストを企画しようとしても基準をどうするか迷うケースが多々あります。

ポイントとして、「結果を出した人、チーム」を表彰だけでなく、「チャレンジ」「行動」などそのプロセスを評価する視点も持つことをオススメします。

例えば「エンゲージメント活動のスタートに合わせて、チームでありたい姿を議論して設定した」「1on1の頻度を1年に1回から1ヶ月に1回に増やした」などこれまでにない取り組みにチャレンジしたことを称える視点です。こうした視点の表彰をすることで、周囲の人たちに「自分たちも真似してみよう」といい影響を与えることができます。

　また注意したいのが、すでにある社内の表彰制度の基準に引っ張られて、本来エンゲージメント活動で評価したいポイントからずれてしまうことです。既存の表彰制度の中の「エンゲージメント部門」として表彰するのが果たして適切なのか。変なバイアスがかかった評価基準にならないか。といった点は特に注意深く検討する必要があります。

　既存の表彰制度とそぐわない場合は、ネーミングや評価基準、テーマなどをエンゲージメント活動に合わせたもので企画、実行するといいでしょう。


# 社内交流イベント

　社員同士の交流を促し、関係性の構築や対話を生み出すためのアクションです。規模の大きい企業や、急速に人数を増やしているスタートアップなどに特に有効的です。

　同じ社内といえども、規模が大きかったり、1年間で多くの人が入社する状況だと「なかなか話す機会のない人」というのはどうしても生まれてきます。特に違う部署同士となってくると、そもそも誰が入ったのかもよくわからないという状況も珍しくはないでしょう。

　全く違う仕事内容であれば、コミュニケーションを取っていなくても、特に支障はないかもしれません。あるいは、「仕事上でのコミュニケーション」だけ問題なく行えればいいと捉える組織も多いでしょう。

　しかし、エンゲージメント活動においては、一人ひとりが当事者意識をもって、組織について考え、よくしていくというスタンスが大切になってきます。そうしたときに、部署や役職、職種など関係なく、フラットに組

織について話す場を持つことが重要になってきます。

　こうした場作りの一環として、社内交流イベントを企画するのも ER の大事な役割です。社内交流イベントには様々な企画が考えられます。以下に参考例を示します。

### シャッフルランチ

　部署を横断してメンバーをランダムに、または企画者が考えた 4 〜 6 名程度のグループにし、ランチに行くイベント。カジュアルな雰囲気、かつ少人数でのコミュニケーションが可能です。

### コーヒー会

　オフィスにフリースペースやカフェスペースがある組織の場合、ランチ〜夕方の時間にかけてコーヒー会と称して、任意で集まったメンバーでゆったりと話す時間を企画してもいいでしょう。経営者に参加してもらい、できるだけフラットな雰囲気で経営者と職場の人たちが組織について話す場を作るケースもあります。

　企画によっては「普段話さない人との接点づくり」が目的となったり、「エンゲージメントについて様々な視点で考える機会に」「役職、職種関係なくフラットに組織について話す機会に」などよりエンゲージメント活動に近い目的を設定することがあると思います。いずれにせよ、何を目的とした社内交流イベントなのかは事前に考え、参加者や告知の際に共有するようにしましょう。

# 社内コミュニティ

社内コミュニティを通じて、
活動のさらなる推進、定着を目指していきます。
活動をスタートした段階では、ハードルが高いと捉える人も
多いと思いますが、中長期的な目標の一つとして、
社内コミュニティを念頭に置いておくことをオススメします。

## 社内コミュニティづくり

　ERとキーパーソンを中心に、社内に「エンゲージメント活動」であったり「組織づくり」をテーマにしたコミュニティを形成するアクションです。

　コミュニティづくりと言うとハードルが高い印象があるかもしれません。しかし、キーパーソンとの関係性づくり、モデルチームのメンバーやアンバサダーが話し合う場、社内コミュニケーションツールを用いた交流の場などを持てている場合、それらの活動の延長線上としてコミュニティを位置づけることで、「自分たちにもできそう」という感覚を持っていただけるのではないでしょうか。

　熱量が高く、継続性の高い社内コミュニティづくりのポイントについて見ていきましょう。

## コミュニティ活動の例

エンゲージメントをテーマとしたコミュニティ活動の例としては以下が挙げられます。

### ワークショップの開催

ワークショップを通じて、エンゲージメントの理解を深めたり、コミュニティメンバー同士の相互理解を図ります。ワークショップの内容によっては、自分自身のエンゲージメントについて考えるきっかけともなります。

### 勉強会

ER が中心となって行う勉強会もあれば、コミュニティメンバーが主催者となる勉強会も考えられます。

### 外部セミナー、イベントへの参加

コミュニティメンバーで参加者を募り、エンゲージメントや組織づくりと関連性の高い外部セミナーやイベントに参加する取り組みです。同じ視点を持った人同士で参加することで、より深い視点で感想を言い合えたり、一人で参加しただけでは気づかなかった視点を得ることに繋がります。

### 悩みやノウハウ、体験談のシェア

普段のエンゲージメント活動で悩んでいること、ノウハウや体験談などをシェアすることで、新たな気づきを得たり、精神的なサポートを受けられたりします。

### 社内イベントの企画、実行

コミュニティメンバーが、エンゲージメントをテーマとした社内イベントの企画、実行をします。外部の専門家を招いた講演会、社内シンポジウムなど本書で掲載しているアクションを、ERや推進チームではなく、社内コミュニティが主体となって企画、実行するのもいいでしょう。

このように、ERがリードして行う活動をコミュニティが主体となって行っていく、あるいはコミュニティメンバーと共に行うという観点を持つと、本書で紹介している様々なアクションがコミュニティ活動においても活用できることがわかるかと思います。

## ▌社内コミュニティづくりのポイント

### 目的やコンセプトを明確にする

エンゲージメントをテーマとした社内コミュニティを作る際に、目的やコンセプトを明確にしましょう。この目的やコンセプトが、コミュニティが存在する意義にもなりますし、共感する人が集まりやすくなる効果もあります。

目的やコンセプトがないと、「ただなんとなく集まっている」だけの集団となり、自然消滅もしやすくなります。

目的やコンセプトは、コミュニティを運営する人と参加する人たちが共通して追いたくなるものにしましょう。エンゲージメント活動で掲げている「目的・課題・ゴール」と関連させるのもいいでしょう。

### 乗り越えていく課題、テーマを設定する

目的、コンセプトを明確にしたら、より具体的にコミュニティが向き合っていく課題やテーマを設定しましょう。こちらも、エンゲージメント活動における課題やテーマと関連づけるのもいい方法です。

前項の目的やコンセプトのような長期的な視点ではなく、短期的な視点で改善を見込めるような課題やテーマを設定するのがポイントです。「振り返りでのファシリテーションスキルを向上する」「エンゲージメントサーベイ結果を有効活用する方法を考える」「様々なワークショップを体験し、実践できるようにする」……など取り組みやすい課題やテーマを設定するようにしましょう。

**熱量が高い≠人数が多い。 まずはキーパーソンを集める**

コミュニティを盛り上げようとすると、多くの場合「人数を増やす」ことを目的としてしまいがちです。しかし、コミュニティは人数が多ければ盛り上がるか、熱量が高くなるかと言えばそうではありません。

エンゲージメント活動においては、ERをはじめとしたコアとなるコミュニティの推進役の熱量が第一に重要となってきます。そして、その熱量に感化された人、あるいは同じぐらいの熱量で組織のことを考えている人からまずは声をかけて、コミュニティ化を図っていきましょう。

例え、そうした熱量の高い人たちが最初は10名に満たなくても、焦る必要はありません。急いで人を増やそうとすると、せっかくの熱量が失われていく可能性があります。

「人数が多い＝熱量が高い」ではなく、一人ひとりの熱量の高さを大切にしながら、少しずつ周囲に伝播させていく、という発想を持つようにしましょう。

## 継続するための
## 「ネタ」の考え方

コミュニティ活動の例で示したように、様々な活動内容が考えられます。しかし、継続を考えていく場合、よくあるのが「次のコミュニティ活動のネタがない」という壁にぶつかることです。

ワークショップのネタがない、対話をするテーマが思いつかない、毎回同じメンバーでノウハウシェアしても……などと、継続性に課題を持つケースは少なくありません。こうした際のネタの考え方としては以下のポイントがあります。

## 手軽なインプットとアウトプットを意識する

　コミュニティメンバーとの対話のテーマを考える際のコツは、「手軽なインプットとアウトプット」を意識することです。例えば、対話をする際に「エンゲージメントに関する本を一冊読んで、感想を話し合いましょう」というのは、インプットとしては負荷が高く、参加できない人も多く出てきてしまいます。

　そこで、一冊全てではなく、「一章だけを読んで感想を言い合う」とインプットを軽くすることで、参加のハードルを下げることができます。あるいは、本でなくても、関連性の高い Web メディアの記事を一つ読んだり、動画を見たりとインプットを軽くすることを意識するといいでしょう。短い動画であれば、一緒に鑑賞をして、その後感想を話し合うこともできます。

　また、アウトプットも手軽に「感想を言い合う」程度に留め、事前準備に手間がかからないようにすることが大切です。気づいたこと、学んだことなどだけでなく、わからなかったこと、腑に落ちなかったことなども共有し合うことで、他のメンバーにとっては新しい視点を得られる機会になります。

## 他社と合同でワークショップや勉強会を開催する

　他社と合同でワークショップや勉強会を行うことで、常に新鮮な視点を取り入れることができます。社内コミュニティだからといって、社内の人だけで集まらないといけないわけではありません。

　エンゲージメント活動に取り組む他社の ER をゲストとして招いて、意見交換や体験談のシェアをする。他社のコミュニティやアンバサダー、モデルチームのメンバーと合同でワークショップを行う。といったように、他社との合同でイベントを考えることで、ネタ切れを解消しやすくなります。

　また、過去に一度やったワークショップや勉強会のテーマでも、他社と行うことで新しい視点が入り、全く違った体験となることがあります。

# 社内コミュニケーションツールの活用

ここ数年でチャットツールやオンライン会議システムなどの社内コミュニケーションツールが普及、定着してきました。それに伴い、社内のコミュニケーションも大きく変わり、これまで以上に情報共有がしやすくなっているかと思います。

ERがエンゲージメント活動を行う際にも、これらのコミュニケーションツールは大いに活用できます。

エンゲージメントに関する情報や取り組み事例を発信するチャンネルをチャットツールに開設する、エンゲージメントに関する情報をオンラインミーティングシステムを使ってラジオ的に配信するなど様々な活用方法が考えられます。

ポイントは一方向だけの発信だけでなく、質問や感想を積極的に受け付けるなど双方向的なコミュニケーションが生まれるようにすることです。

例えば、チャットツールでエンゲージメントに関するチャンネルを開設し、任意で参加可能としたとします。最初のうちは、ERを中心に一方向的な発信が続くことが多いかと思います。その中で、「気になることがあれば何でも質問してください」と定期的に投げかけることで、投稿しやすい雰囲気を作ることが大切です。

いきなり多くの人数が投稿し合う賑やかなチャットを追い求めなくても、数人レベルでもいいので、定期的に質問や感想、情報共有がされる場を目指していくといいでしょう。最初は、キーパーソンに声をかけ、チャンネルに質問や感想を投稿してもらうように働きかけるのも効果的です。

こうした社内コミュニケーションツールで生まれた繋がりが、社内コミュニティの形成に大いに役立つことがあります。ER以外に一人、二人でも投稿やスタンプなどでリアクションしてくれる人がいるのであれば、継続する価値は大いにあります。

# 活動のアップデート

活動の活性化と定着を目指す UPDATE を進める上で、
重要となるアクションとポイントについて解説します。

## 活動の見直しと改善

　定期的に推進チームでエンゲージメント活動の見直しと改善を行ってい
きましょう。活動における課題点はないか、よりよい活動にするにはどう
すればいいか……などを推進チーム内で話し合います。特に活動初期にお
いては、職場の反応やキーパーソンとの対話、活動へのフィードバックで
得た気づきなどをもとに、方向性を探ることが重要です。

　エンゲージメント活動は動きながら考えて、職場の反応を見ながら、よ
りよい打ち手を考える、という意識が大切です。しかし、見直しを行わな
いと経験を学びや改善に活かせません。

　見直しの際に、「課題管理リスト」（P.358）を活用することをオススメ
します。これは、活動において発生した課題、難しいと感じている点を
ER 含む推進チームのメンバー全員でリストに書き込んでいくものです。

　エンゲージメント活動は「組織の状態」という可視化しづらいものを扱っ
ています。そのため、「何が課題なのか」も曖昧なまま放置されることも多々
あります。

　そうした事態を防ぐために、課題を（課題感レベルでも問題ありません）
を可視化、メンバー間で共有し、常に改善していけるような体制を作って
おくことが重要です。

# 活動の成果を可視化する

## 事例化と同じく活動ログが鍵

エンゲージメント活動にとって、難しいのが「成果をどう可視化するか」です。売上や契約数など分かりやすい数値化が難しい、目に見えない成果も多いため、意識して可視化をしていく必要があります。

可視化をする上で、鍵を握るのが「活動の事例化と情報発信」で解説した対話やワークの場で出てきた発言のログです。

こうした発言ログの中で、成果と結びつけるために特に着目してほしいのが一人ひとりの組織や仕事に対する向き合い方の変化です。

エンゲージメント活動をスタートした直後は、「どういう効果があるのかまだわからない」「対話と言われても何を話せばいいかわからない」といったコメントが多くあるかと思います。こうしたコメント自体は珍しくありませんので、焦る必要はありません。

3ヶ月、半年と継続して活動を続ける中で、活動に対する意見を出してもらい、「上司の考え方を前よりも理解できた」「同僚の Will を聞いて刺激を受けた。自分も何か挑戦したい」など、組織や仕事、人間関係に関するコメントの変化があれば、それこそがエンゲージメント活動の成果と言えます。

組織や個人の成長として読み取れるコメントをしっかりとピックアップし、「組織への貢献意欲の向上」「上司とのよりよい関係性づくり」といった成果として、経営層への報告などに盛り込んでいくようにしましょう。

また、出席者や出席人数もログに残しておくといいでしょう。どの部門からの参加者が多いのか、どの部門の参加人数にポジティブな変化があったか……なども成果に結びつく情報として参考になります。特に、経営層がいずれかの対話会に参加したというのは、大きなインパクトを与えますので、必ず記録として残しておきましょう。活動のログに関しては「残すスキル：活動のログを取る」（P.355）で解説しています。

## サーベイスコアの
## 社内向け開示も有効

エンゲージメントサーベイを導入している場合、スコアを社内向けに開示することも有効的です。各組織によって、エンゲージメントサーベイの結果の閲覧範囲は様々かと思いますが、閲覧範囲を広げてスコアを開示することで、理解や自分ごと化、具体的なアクションへと繋がることもあります。

## サーベイスコアを
## 指標とする場合の注意点

人的資本に関する経営指標として「エンゲージメントに関する指標」を設定するケースがあります。この指標としてエンゲージメントサーベイのスコアを用いる場合に考慮しておくべきこととして、「エンゲージメントサーベイ（特にパルスサーベイ）の結果は状態指標であり、上下する可能性がある」という点です。

この点を考慮し、エンゲージメントの指標としてはエンゲージメントサーベイのスコアを直接用いるのではなく別指標として設定するという方法があります。エンゲージメントを用いた別の指標例として、エーザイ株式会社の E-HCI 指標などがあります（P.262）。

またエンゲージメントサーベイの結果を人事考課に用いるアプローチについては、サーベイの実施目的が、組織の状態把握からスコアの値を上げることに入れ替わってしまう危険があるため、推奨はしていません。

## エンゲージメントは常に上向きではない

　成果という観点で、組織の変化を見ようとする際に、気をつけてほしいのが「組織のエンゲージメントは常に上向きではない」という視点です。というのも、組織、チームでエンゲージメント活動に真剣に向き合っていくと、一度は必ずといって良いほど、エンゲージメントが低下したり、組織状態が混乱状態に陥ります。

　あるいは、事業環境の変化、経営層や株主の交代、人事異動などの組織環境の変化、個人の成長や仕事内容の変化……など様々な要因によっても、エンゲージメントは変化していきます。

　こうしたエンゲージメントの変化は、組織やチームにとっての成長痛のようなもので、個々人が主体性を発揮したり、相互理解を進めていくなかで、「これまでの関係性や環境を脱却し、新しい組織、チームとして生まれ変わる」プロセスでもあるのです。組織、チームはそうした混乱期を経て、関係性を再構築していくことで、より強くなっていきます。

　しかし、この混乱期を多くの経営層やマネージャーは怖がってしまいます。それぞれが真剣にエンゲージメントに向き合い、自分の Will や相手の Will について考え始めることで、これまでにない対話や時には摩擦、衝突も生まれます。

　そうした現象がおきた瞬間に、経営層やマネージャーが「これはいけない。活動を抑えよう」と自らブレーキをかけて、せっかくのチームの成長機会を逃してしまうのです。

　こうした恐れは、誰しもが多かれ、少なかれ持つものです。ER がしっかりとフォローに入り、「組織、チームの成長の過程で、誰もが経験することです。むしろ、しっかりと対話がされたり、一人ひとりの主体性が生まれはじめている兆しです」ということを理解してもらうようにしましょう。

　成果というと、必ずしもいいことだけをピックアップしなければいけないと考えてしまいます。しかし、こうした成長痛のような変化も活動の一つの成果として承認し、背中を押してあげることも大切です。

ERマトリクス─アクション編

# 全社展開に向けてストーリーを
# アップデートする

　モデルチーム活動や、一部の部署、チーム限定でスタートしたエンゲージメント活動を、全社的な活動へとアップデートしていく際のアクションです。最初から全社展開が求められる場合でも参考となります。

　モデルチーム活動を実行する際に、全社展開までを見据えてストーリーを作成していた場合は、モデルチームの活動を振り返りつつ、本項を参考に直すポイントがないかを検討しましょう。

## どのようなステップで展開する範囲を広げていくか？

　会社の規模によっては、モデルチーム活動からいきなり全社展開に進むのが難しいケースもあると思います。「モデルチーム活動（部署、複数チームでの活動）→部門展開→全社展開」などどのような規模、範囲、順番で展開していくかを考えていきましょう。

　全社展開にあたっては、中期経営計画など組織の事業方針と照らし合わせながら3年スパン、5年スパンといった中長期的なプランを立てていく必要があります。

　経営者によっては、段階を踏まず、モデルチーム活動のような範囲を限定した活動から、一気に全社展開を行いたいという要望を持つ人もいます。

　会社の規模によってはそれでもいいですが、数千、数万人規模の組織でモデルチームからいきなり一斉に全社展開になると、推進者のリソース不足や温度差のバラツキ、フォローが行き届かないなど活動を阻害する要因が多くなってきます。

　経営者ともコミュニケーションを取りながら、3年後、5年後に組織がエンゲージメントが高い状態であり続けられるように、継続性のある展開方針を考えていくことが理想となります。

## 部門の繁忙期／閑散期などを見計らい
## スタート時期を決める

　全社展開にあたって、部門ごとの事業特性、年間スケジュールなどを把握しておくことも重要です。多くの場合部門によって、繁忙期、閑散期があるかと思います。

　できるだけ繁忙期を避け、閑散期に活動をスタートすると説明会への参加率が上がったり、ER がインタビューをする時間、職場での対話の時間を取りやすくなります。

　部門によってバラツキがある場合は、スタート時期をそれぞれズラすというのも有効なアクションです。A、B 部門は上半期、C、D 部門は下半期からスタートするなど、時期をずらす方法です。

## アンバサダー制度を
## 活用する

　全社展開を行っていく上で、体制作りも必要になってきます。

　推進体制としては、「アンバサダー制度を企画する」（P.186）を全社展開のタイミングで検討するのをオススメします。各職場に推進役を立てる方法で、推進チーム主導ではなく、職場主導のエンゲージメント活動にしやすくなります。

## 部門トップへのインタビューで
## 協力関係に

　全社展開に向けた立ち上げ時の説明会で、部署単位のマネージャーへの働きかけを行うと同時に、部門長、部門本部長、管掌役員などの意思決定権をもつ各ラインのトップや経営幹部との協力関係を築くことも大変重要になってきます。

　その際に気をつけるのは、相手への「説明」にならないようにすることです。ER が説明のようなスタンスで話をしてしまうと、相手は受け身な

姿勢になってしまいます。エンゲージメントの考え方に共感してくれる相手であれば、説明だけでも協力関係を築けるかもしれませんが、そうでない人の場合は「また人事からのお願いごとか」といった消極的な姿勢を取られかねません。

そうなると、決定権を持つ人の中での優先度が下がってしまい、エンゲージメント活動が推進しづらくなってしまいます。

説明で終わらないために、インタビューをする、という意識で、相手の抱えている課題感や組織への考え方や思いを引き出してみましょう。そして、引き出された課題に対応するために、エンゲージメント活動をどう活用できるかを一緒に考えるようにしましょう。そうすることで、エンゲージメント活動を「手段」として捉えてもらえるようになり、優先度を上げてくれやすくなります。


# 活動のマンネリとどう向き合うか

## エンゲージメント活動の目的・課題・ゴールに立ち返る

エンゲージメント活動を続けていく中で、よく起きる声が「活動がマンネリ化しているのでは？」というものです。こうした声が起きるのには、「活動の目的が見失われている」という背景があります。

こうした声は、エンゲージメントサーベイの導入をきっかけに活動をスタートした組織によく起きます。エンゲージメントサーベイ導入の初期は、スコアが低かったところから、自分たちで決めた基準値までを目指すというわかりやすい目標設定をしやすいです。この間は、活動の意味を感じやすく、マンネリという声は出てきません。

しかし、基準値をクリアし、一見して組織の雰囲気がよくなったとします。こうした状態がしばらく続くと、「いつまでこの活動を続けるの？マンネリしてない？」という声が出始めます。こうした声の裏には、「もう

目標の数値を達成したんだし、いいんじゃない？」という考えが潜んでいます。「スコアを高める」ことが目的化してしまい、本来の目的・課題・ゴールを見失いかけている（あるいは理解が十分でなかった）とも言えます。

マンネリしている、という声が出始めたら、改めてエンゲージメント活動を行う目的やゴールなど原点に立ち返るようにしましょう。スコアはあくまで参考指標であって、目的・ゴールを達成し（目的・ゴール自体も大きなスパンの中では再設定される）、いい組織であり続けるために活動は常に行う必要がある。こうした前提を、職場の人たちとすり合わせるようにしましょう。

## 「何も変わってないのでは？」も
## 黄色信号

前項のように、一定の成果を出したあとのマンネリもあれば、「活動によって何も変わってないのでは？」とそもそも成果を感じられない中でのマンネリ感を抱えることもあります。

こうしたマンネリ感に関しては、活動による変化を可視化し、組織内に伝えていくことが大切です。事例化や成果の可視化をしないと、ERや推進チーム自身も「自分たちは何もできていない」という感覚に陥ってしまうこともあります。

エンゲージメント活動においては、変化や成果を「見出す、意味付けする」という意識を持つことがとても重要になってきます。

「何も変わってないのでは？」といった声が出てきた場合には、「このチームではこんな新しい挑戦をしているよ」「このチームでは毎月チームについて振り返る時間を取っていて、メンバー同士の連携が高まってるよ」といった具体的な変化や成長の事例を伝えるようにしましょう。伝えられた側は、「あ、そういう効果があるのか」「うちのチームもやってみようかな」といい刺激を受けるはずです。

ERマトリクス─アクション編

# 推進チームの体制強化

## 活動の広がりに比例して
## 推進体制の強化が必要に

　活動の範囲が広がってきたタイミングで、推進チームの体制を強化し、より幅広い活動やより深い職場のサポートの実現を図っていきましょう。

　例えば、三つのモデルチーム活動でスタートしたエンゲージメント活動が、3部門に広がり、3事業部に広がり、最終的に全社展開されていく。こうした広がりを見せていったとき、必然的にER（推進チーム）の業務量はどんどん増えていきます。

　例えば講演の開催一つとっても、企画、講師との折衝、会場準備、周知活動……などがあり、規模が大きくなるにつれて、業務負担も大きくなっていきます。

　せっかくエンゲージメント活動が広がっていったのにも関わらず、対応ができずに活動の効果が薄れてしまう。といったことにならないよう、ERの数を増やす、後継者を育てる、推進チームメンバーのそれぞれの強みを活かして役割分担をし、対応力を上げていく……など様々な方法で体制を強化することが必要となってきます。

　仮にアンバサダー活動などがうまくいき、職場で主体的に活動を進めてくれるようになったとしても、組織規模によっては推進チームの体制強化が必須となることもあります。10のチームが主体的に活動するのと、100のチームが主体的に活動するのでは、必要となるサポート量も当然変わってくるからです。

## 推進チームの体制強化は
## マンネリ防止にも繋がる

　推進チームの体制強化には、人員増加やスキルアップとは別に「マンネリ防止」の視点も入ってきます。本書でも度々述べているように、エンゲージメント活動はそれぞれの組織、チーム、人によって必要なアクションや対応が変わってきます。

　しかし、2年、3年と活動を継続していくなかで、推進チームが行うことが「ルーティン化」されてしまうという現象が起きやすくなります。

　勉強会の内容が1年間変わらない、相談したのにマニュアルのような回答が返ってきた、説明会の話し方に熱がこもってない……などルーティン化により職場の熱が冷めてしまうリスクがあります。

　ER自身が常に刺激を受け、変化をしていく意識を持つと同時に、推進チーム自体も刺激を受け、変化する状態を維持できるようにしましょう。ERだけでなく、チームメンバー全員で、セミナー参加や他社訪問をして外部刺激を得るなど、本書でも解説されているアクションもぜひ活用してみてください。

ERマトリクス―アクション編

# Column

## エンゲージメントと
## 人的資本経営との関わり

### エンゲージメント活動と人的資本経営の親和性

　近年、注目を集める人的資本経営は、エンゲージメント活動とも深い関わりがあります。「そもそもエンゲージメントとは何か？」（P.2）でも触れているように、仕事のパフォーマンスと関係性のあるエンゲージメントは、人材を資本と捉えその価値を高めることで、企業価値の向上を図る人的資本経営と高い親和性を持っているのです。

　人的資本経営が注目されるきっかけとなった「人材版伊藤レポート[※1]」と、その内容を深堀りした「人材版伊藤レポート 2.0[※2]」の両方においても、企業価値の向上において、従業員エンゲージメントを重要なポイントとして挙げています。

　Wevox が一橋大学大学院 野間幹晴教授と連携した研究では、エンゲージメントと株価に相関関係があることがわかっています。図 46 では、エンゲージメントと株価には相関関係があり、エンゲージメントが高い方が後の株価上昇に繋がる傾向が示されています。

　また、Wevox のエンゲージメントと企業価値の関係について因果関係を分析した野間教授の研究では、エンゲージメントが企業価値に正の影響を与えることを明らかにしています。このことは、エンゲージメントを高めることで、企業価値が向上することを示唆しています。

　このことから、エンゲージメントは企業価値の観点で重要な指標だと言うことができます。

---

※1）経済産業省「持続的な企業価値の向上と人的資本に関する研究会報告書」
　　（人材版伊藤レポート、2020 年 9 月）

※2）経済産業省「人的資本経営の実現に向けた検討会報告書」
　　（人材版伊藤レポート、2022 年 5 月）

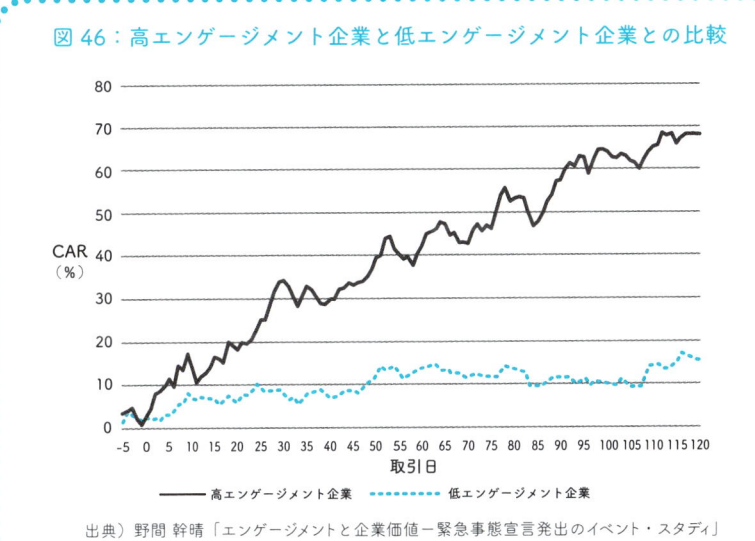

図 46：高エンゲージメント企業と低エンゲージメント企業との比較

出典）野間 幹晴「エンゲージメントと企業価値－緊急事態宣言発出のイベント・スタディ」『金融・資本市場リサーチ』2022 年 11 月・図表 2 をもとに作成

## エンゲージメントスコアや活動の開示が広がる

　Wevox を導入している様々な組織で、人的資本情報開示の文脈でエンゲージメントへの取り組みが自社の目的やスコアと共に開示されています。統合報告書や有価証券報告書などにて、活動をステークホルダーに説明する動きが広がっているのです。

　具体的には、組織が掲げる重点テーマの達成指標としてエンゲージメントスコアを開示したり、ワークショップの開催などエンゲージメント活動の取り組みの様子を各種報告書に盛り込んだりといった事例が生まれています。以下に、実際の開示事例をご紹介します。

ERマトリクス―アクション編

## エーザイ株式会社

　同社グループ経営の最大の眼目である「社会的なインパクト創出」に向け、「効率的な社会的インパクト創出に寄与する人的資本経営」の達成度を見る指標として、「E-HCI（Eisai Human Capital Index）」を開発。その一つの要素として、社員自身の業務の改善・効率化に結び付く「エンゲージメント」を掲げ、その取り組み内容やスコアを開示。

## 株式会社アイル

　決算概要にて、人的資本の現状開示のために、エンゲージメントスコアをご活用。現状の強みや改善項目、改善方法についても合わせて開示。

### 図 48：株式会社アイルの開示事例

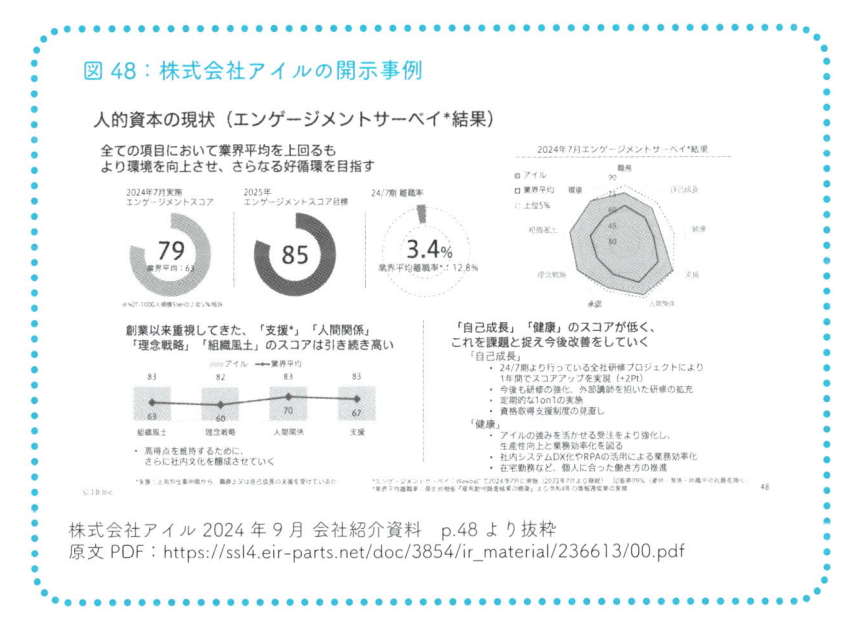

株式会社アイル 2024 年 9 月 会社紹介資料　p.48 より抜粋
原文 PDF：https://ssl4.eir-parts.net/doc/3854/ir_material/236613/00.pdf

　その他の開示事例含め、Wevox の Web サイト内の人的資本開示事例ページ（https://get.wevox.io/for_humancapital_disclose）にてご確認いただけます。

# Engagement Story
## エンゲージメントストーリー⑧

## 株式会社コメ兵

### 会社の中で、『仕事が楽しい！面白い！と言って働く人を増やしたい』

**人事企画部 部長**
**永田 真也さん**

2004年に新卒で株式会社コメ兵に入社し、
ブランドリユース品の販売員、鑑定士として買取を担当。
2013年からは神戸三宮店の店長、2016年からは西日本エリアマネージャーなど主に
マネジメント業務を経験。
2018年より現職の人事企画部に配属。新卒・キャリア採用、教育・育成、人事制度などの人材開発および組織開発の分野を幅広く担当。
2020年に社内でエンゲージメントプロジェクトの立ち上げを行い、現在も活動中。

　2020年にエンゲージメント活動をスタートした株式会社コメ兵では、「浸透の4STEP」と呼ばれるフレームワークに当てはめながら、エンゲージメント活動を4年間という長い期間に渡って継続させています。

　また、アンバサダー制度の活用や効果的な体制づくりを行い、職場での草の根運動と連動した活動のアップデートにも注力。社長をはじめ経営層や部長層とのコミュニケーションにも工夫を取り入れ、まさに「自分たちで組織をよくする」ための取り組みを続けています。

　4年間で進化し続けている同社のエンゲージメント活動について、人事企画部 部長の永田さんにお話しいただきました。

> **よくある課題と事例からの学び**
>
> **課題**：エンゲージメント活動をどのようなプロセスで社内に普及
> 　　　　させていけばいいか

学び：本事例で紹介されている「浸透の4STEP」、各ステークホ
　　　ルダーに合わせたアプローチ

（参考項目：「ストーリーを設計する」P.151）

課題：経営層へのエンゲージメント活動の理解を促進したい

学び：「浸透の4STEP」を経営層に当てはめてコミュニケーショ
　　　ン方法を検討、実施。エンゲージメントサーベイを活用し
　　　たレポーティング

（参考項目：「経営層とのコミュニケーション」P.197、
「経営層へのレポーティング」P.204）

課題：各職場で主体的に活動してくれる人を増やしたい、職場の
　　　意欲・関心が高い人と効果的な活動をしたい

学び：アンバサダー制度を活用した体制の構築、アンバサダーへ
　　　の働きかけやサポート

（参考項目：「体制・スケジュールを考える」P.163、
「アンバサダー制度を企画する」P.186）

ERマトリクスーアクション編

## 四つのステップを通して
## エンゲージメントを浸透

—どのような体制でエンゲージメント推進を行っているのでしょうか？

　各部署にアンバサダーを1～2名、任命した上で、各アンバリダーを
フォローするデザインチーム（推進チーム）を配置する体制をとりました。
プロジェクト発足当時、アンバサダーは全体で10名ほどでしたが、現在
は20名以上になっています。

　デザインチームには私を含めた人事2名と、外部の専門家に2名入って
いただいています。

　最近では、各自の判断で部署内のアンバサダーを増やしたり、アンバサ
ダーの方が部署内のタスクやチームを自主的に作ったり、草の根的に活動

を広げている状態です。

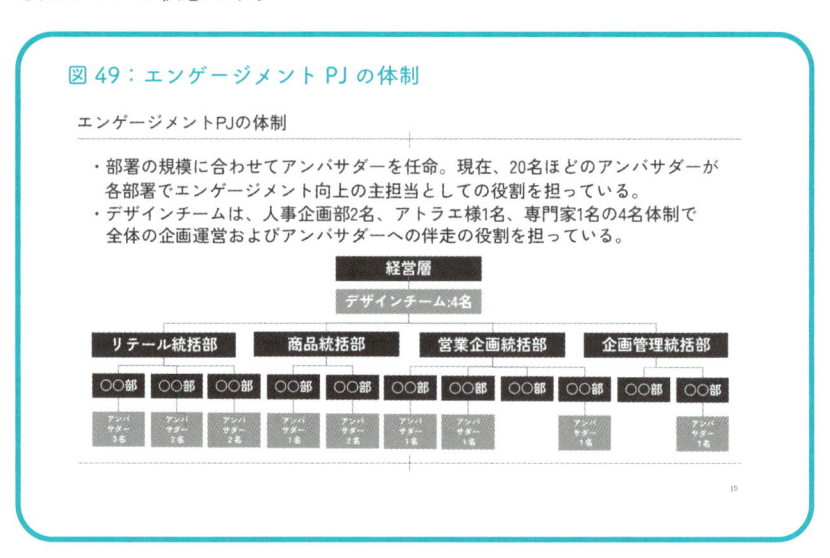

図 49：エンゲージメント PJ の体制

エンゲージメントPJの体制

・部署の規模に合わせてアンバサダーを任命。現在、20名ほどのアンバサダーが各部署でエンゲージメント向上の主担当としての役割を担っている。
・デザインチームは、人事企画部2名、アトラエ様1名、専門家1名の4名体制で全体の企画運営およびアンバサダーへの伴走の役割を担っている。

— 4年間という長期間、エンゲージメント活動を継続しています。工夫している点はあるのでしょうか？

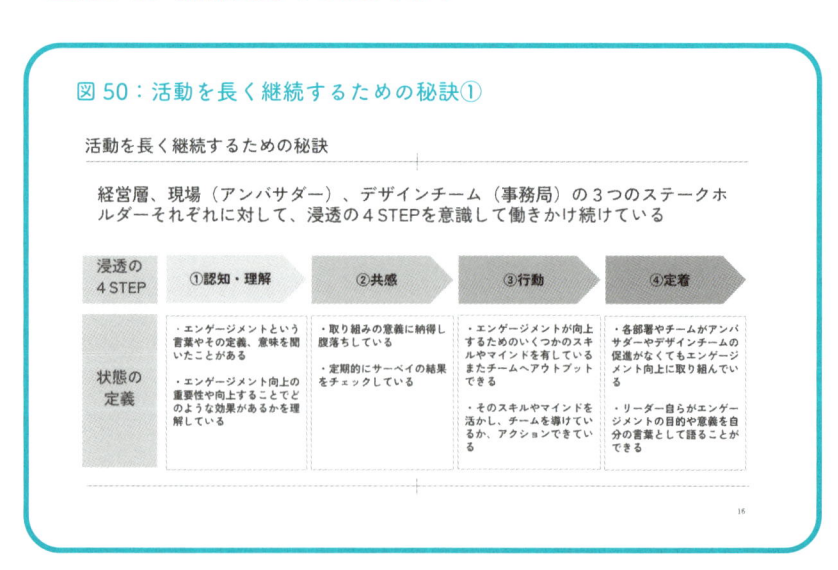

図 50：活動を長く継続するための秘訣①

活動を長く継続するための秘訣

経営層、現場（アンバサダー）、デザインチーム（事務局）の3つのステークホルダーそれぞれに対して、浸透の4STEPを意識して働きかけ続けている

当社で活動を長く継続するために実行したのが、「浸透の4STEP」と呼ばれるフレームワークです。最初は、知ってもらうための認知・理解からはじまり、納得や腹落ちをしてもらうための共感、そして行動と定着へと移ります。

いきなり「エンゲージメントの向上が重要なので取り組んでほしい」と言ったところで、人はなかなか動いてくれないというのは私もこの4年間で実感しています。

当社が4年間の活動を通じて辿り着いた結論は、経営層、現場（アンバサダー）、デザインチームのそれぞれに、どれだけ上手く働きかけを続けるかが全てだということです。そのため、この四つのステップで、それぞれのステークホルダーにどういう状態になってもらうかを定義付けすることにしました。

ー具体的に教えてください。

例えば、経営層に対する認知・理解のステップでは二つのポイントを押さえることを意識しました。一つ目は、影響力のある経営メンバーのサポートを積極的に受けることです。同じ内容を伝える上でも、誰が伝えるかは重要です。そのため、エンゲージメントの導入を提案する場でも経営メンバーからのフォローしてもらえるようにしました。

二つ目は、エンゲージメントサーベイの結果と具体的な課題を提示し続けることです。これは、現状に対する危機感の醸成が目的です。具体的なアクションとしては、半年に1回、当社の経営会議のような重要な場でエンゲージメントサーベイの分析結果をレポートとして共有しています。

そして共感のステップでは、経営が常に掲げている戦略や方針とエンゲージメントを繋げて説明することを意識しました。具体的には、当社で毎月行っている人材戦略の会議で、エンゲージメントの向上が事業の成長や事業戦略の実現に繋がっていることを繰り返し説明していきました。

行動と定着のステップでは、エンゲージメントの向上における本質的な課題をサーベイを活用し、経営にフィードバックすることを意識しました。「『達成感』のスコアが低かったので達成感が課題です」と一次情報だけ

を伝えたとしても、抽象度が高いのでなかなか経営は動いてくれません。そのため、もう少し深掘りをして、経営が動きやすくなるように、仮説レベルでもいいので本質的な課題を出していくことにしました。

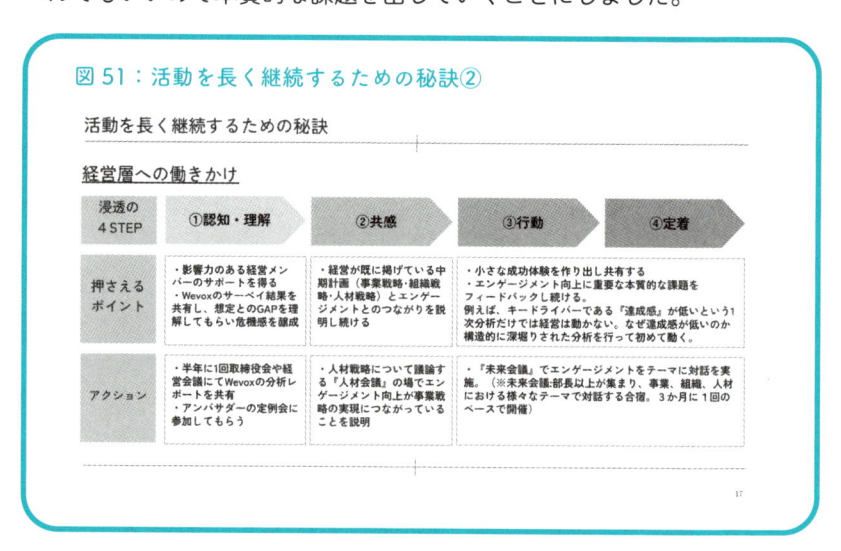

四つのステップに加えて、様々なイベントで
アンバサダーの一体感を醸成

—アンバサダーへの働きかけで意識していることはありますか？

　アンバサダーへの働きかけについては、人事主導で進めると人事からのやらされ感が出てしまうかもしれないという懸念があったので、現場主導で進めることを重視しています。アンバサダーのアサインを選抜制にしたというのも大きなポイントのひとつです。

　活動初期の頃はエンゲージメントの取り組み自体が全く新しいものでしたし、いろんなハードルがある中で主体的に取り組んでもらうことが必要でした。そのため、一定以上の人材要件をまとめ、アサインする選抜制をとっています。

—どのような要件をもとに、アンバサダーを選抜したのでしょうか？

当時求めていた要件は、その部署における影響力や信頼があるか、主体的に自分で動くことができるかどうか、一定以上の役職者であるか、の3点です。事務局で候補者をピックアップした後、私から一人ひとり声をかけていきました。実際に直接話をすると、ほとんどのメンバーが活動に共感してくれました。

アンバサダーに関する良い傾向としては、数年間担当したアンバサダーから新しいアンバサダーに交代する際、前のアンバサダーにそのフォローに入ってもらうという体制が上手く回っていることです。部署によってはエンゲージメント活動の浸透度がぐんぐんと上がっています。

### ―アンバサダーのみなさんへのフォローは
###  どのように行っていますか？

アンバサダー同士の横の繋がりやコミュニティ、それぞれの関係の質の向上や一体感を上手く作り上げることは意識しています。浸透の4STEPにおける、共感の部分にあたりますね。各メンバーが各々の部署で活動に取り組む中で、孤独感を感じたり、何度アクションをしても現場が変わらないといったことは日常的にあります。そんな中、同じ悩みと考えを持ったアンバサダー同士が刺激し合って助け合うコミュニティを作ることは、長くプロジェクトで進める上で重要なポイントだと考えました。

当社の場合はアンバサダーが全国にいるので、普段はオンラインで繋がり、半年に1回は実際に集まってコミュニケーションを取るようにしています。その際は、エンゲージメントをテーマとした話し合いはもちろんのこと、お互いの関係が深まるようなゲームや懇親会をやったり、時には社長を招いて対談の機会を作ったりと、一体感を作るための場として活用しています。

各部署でどのようにエンゲージメントを高めていくかについては、各アンバサダーに任せるスタンスをとっています。ですが、なかなか進捗していない部署へは、一定の行動に対するKPIを置きながらのマネジメントを行ったりもしています。基本的な活動としては、月に1回アンバサダーのミーティングを実施したり、組織開発におけるインプット、成功事例の共有などを定期的に行っています。

# エンゲージメントの体感と実践編

エンゲージメントは頭で理解しただけでは十分ではなく、「自分のエンゲージメントが高い状態」を体感することが重要です。

しかし、エンゲージメントの体感といきなり言われても、多くの人が戸惑いを感じるかと思います。

そこで、本編ではどうすればエンゲージメントを体感できるようになるのか、エンゲージメントの実践とは何を意味するのかを解説していきます。

ERであるあなた自身のエンゲージメントの体感を出発点に、他者や組織にその輪を広げていくためのポイントを見ていきましょう。

# エンゲージメントの実践とは何か？

エンゲージメントの実践の意味と、
三つの実践レベルの全体像を解説します。

　本書では、「実践」という言葉がよく出てきますが、この実践には「エンゲージメント活動の実践」と「エンゲージメントの実践」という二つの意味があります。

　前者はエンゲージメント活動が推進されるように、ERマトリクスをベースに、様々な取り組みを行うこと。後者は、個人のエンゲージメントの体感からはじまり、チーム、組織とその範囲を広げながら、最終的には複数人でエンゲージメントを体感できるようになっていくことを意味します。

　本章で扱うのは、後者の「エンゲージメントの実践」になります。

　エンゲージメントの実践は大きく三つのレベルに分かれています（図52）。このレベルはこれまで私たちが支援してきた組織の推進者の声を分析し、ポイントを整理したものです。

## 図52：エンゲージメントの実践 三つのレベル

**レベル1**
自分のエンゲージメント
について説明できる

**レベル2**
一人との関係を深めるための
行動や取り組みを理解し、
実践できる

**レベル3**
チームや組織での複数人が関係
を深めるための行動や取り組み
を理解し、実践できる

組織的活動としての推進を担うERは、実際にはレベル3での壁にぶつかることで、
レベル2、レベル1の重要性に気づいていくことが多い

**ERの気づき3**
- 人に言う前に、自分自身のエンゲージメントを大切にしてきたか？
- 自分はどういうときにエンゲージメントを体感するのか、自分の価値観を知ることが大切
- 自己理解をすることで、自分のエンゲージメントと適切に向き合うことができる

**ERの気づき2**
- 「他者との違い」を考えて推進ができていたか？「人を変える」「人に変わってほしい」ことを期待していなかったか？
- 相手の共感を得るには、自己理解にもとづいた自己開示が必要
- 自己理解を深めることで、他者と自分の違いを本質的に理解できる

**ERの気づき1**
- 自身の発信に興味や理解を得られないことに疑問を持つ
- 人それぞれの価値観や考え方があることに気づく（レベル2の理解と実践）
- 自分の言葉でエンゲージメントを語れないと、周囲の理解や共感も得られない（レベル1の理解と実践）

レベル１では、「自分自身のエンゲージメント」についての理解（自己理解）と言語化を進めていきます。レベル２では１対１での関係性を深め、相互理解をするための行動について理解、実践を行っていきます。そして、レベル３では、チーム／組織という単位で複数人が関係性を深められるような行動を理解、実践していきます。

各レベルの詳細については後述しますが、ここで注目してほしいのが、レベル３の内容です。レベル３はチームあるいは組織という範囲で複数人がエンゲージメントを体感できるように、関係を深め、行動していきます。

これは、ERの視点で言えば、本書のERマトリクスをベースに解説している組織視点での「エンゲージメント活動」に該当します。（マネージャー視点だとチームのエンゲージメントという観点で、「対話＆ TEAM EXPERIENCE編」（P.295）に該当します）。

つまり、「エンゲージメントの体感と実践」という視点に立つと、本書で主に解説している「組織としてのエンゲージメント活動の実践＝ERマトリクスの実行」は最も高いレベルの実践であると言えます。

同時に、エンゲージメント活動を推進していくためには、ERであるみなさん自身が、自分のエンゲージメントを体感、理解し、周囲に話せるようになるレベル１を実践できるようになることが、どれだけ大事なことなのかも理解していただけるのではないでしょうか。

現実的には、なんとかレベル３である組織のエンゲージメント活動をしながら、レベル１への到達を目指す、という人がほとんどかと思いますし、それで何も問題ありません。

私たちが支援している組織の推進者の多くも、レベル３、つまり組織全体の活動を行いながら、だんだんと「自分のエンゲージメント」の重要性に気づく、という過程を経験しています。

冒頭の「あなたは自分の組織や仕事についてどう感じていますか？」という問いかけと向き合うことが、実は組織のエンゲージメント活動の推進に大きく影響してくる……ということを、図52から読み取っていただけると幸いです。

# エンゲージメントの実践力を
# 身につける三つのレベル

自分から他者、そして組織へ。
自己理解と相互理解を通じた、
三つのレベルのエンゲージメント実践を解説します。

## レベル1.
## 自分のエンゲージメントについて
## 説明できる

レベル1では、自分にとってのエンゲージメントとは何か？について自己理解を深め、言語化することによって他者に説明できるような状態を目指しましょう。

このレベルに到達するためには、四つの実践ポイントがあります。

### 自身のエンゲージメント体感の条件を知る

「自分がこれまでエンゲージメントを体感した瞬間はいつか？」を振り返りながら、エンゲージメントを体感する条件を考えていきます。考えるにあたっては図53にあるフレームワークを使ってみましょう。（活力・熱意・没頭については「そもそもエンゲージメントとは何か？」P.2で解説）。このフレームワークを使うことで、自分がどういうときにエンゲージメントを体感したか？を見つめ直すことができます。

このワークに取り組んでみると、掴みどころのないように思えるエンゲージメントが、実は自分の内側にすでに存在しているものだということに気づくはずです。

図 53：活力・熱意・没頭を感じている瞬間を思い出す

| 項目 | 活力 | 熱意 | 没頭 |
|---|---|---|---|
| 説明 | | | |
| どういう瞬間に感じましたか？ | | | |
| どういう要素が必要ですか？ | | | |
| 目的 | | | |

## ジョブ・クラフティングの実践による仕事の意味付けの変化

　自分自身のエンゲージメントを高めるには、「自身が抱えている目の前の仕事をどう意味づけるか」という観点も重要になってきます。仕事を捉え直すにあたって、「ジョブ・クラフティング」という手法があります。ジョブ・クラフティングとは、働く人たち一人ひとりが、自らの仕事経験を自分にとってより良いものにするために、主体的に仕事そのものや仕事に関係する人との関わり方に変化を加えていくプロセスです。

　仕事の中に「自分」をひと匙入れるように、これまでと同じ仕事の中で、自分の特徴が活きるよう「仕事の意義」を捉え直して取り組む。そうすることで、自己効力感が育まれ、エンゲージメントに変化が生まれます。

　以下のオススメ図書を参考に、仕事を捉え直してみましょう。

### オススメ図書

『「ジョブ・クラフティング」で始めよう 働きがい改革・自分発！』（2021）
高尾 義明／日本生産性本部 生産性労働情報センター

エンゲージメントの体感と実践編

## エンゲージメントサーベイから
## 自分のエンゲージメントを感じ取る

　エンゲージメントサーベイを導入している場合、個人の結果から、自分がどういうときにエンゲージメントを体感しているかを把握することができます。過去3ヶ月、半年などの変化を見ながら、その時々の自身の状況を思い出してみましょう。

　スコアが上がっている、下がっているいずれの場合においても何が要因となっているかを考えてみると、「あ、自分はこういうときにエンゲージメントが上がる／下がるのか」と実体験をもとに理解できます。

## 自分のありたい姿を
## 考える

　自身のエンゲージメントを突き詰めて考えていくと、人生という大きな視野で自分について考えることに辿り着きます。「なぜ、この組織にいるのか」「なぜ、この仕事をしているのか」は、人生の中で自身が選択した結果です。

　組織や仕事に対してエンゲージメントを感じられているのか、感じられていないのかはあなたが人生において求めていること、理想としていることと密接に関わってくるのです。

　そのため、自己理解をさらに深めていくためにポール・J・メイヤーが1960年代に開発したツール「人生の輪」を用いたワーク「Well-being in Life」で、自分の人生におけるありたい状態を考えてみましょう。結果的に、上記のジョブ・クラフティングの実践にも繋がり、ご自身の今の仕事に対する「見方や取り組み方」が変わっていくことも考えられます。

　Well-being in Life では、人生の構成要素を八つに分類し、自分の理想の姿、ありたい姿を考えていきます。図54の「Well-being in Life」を活用し、ぜひ自分のありたい姿を考えてみてください。

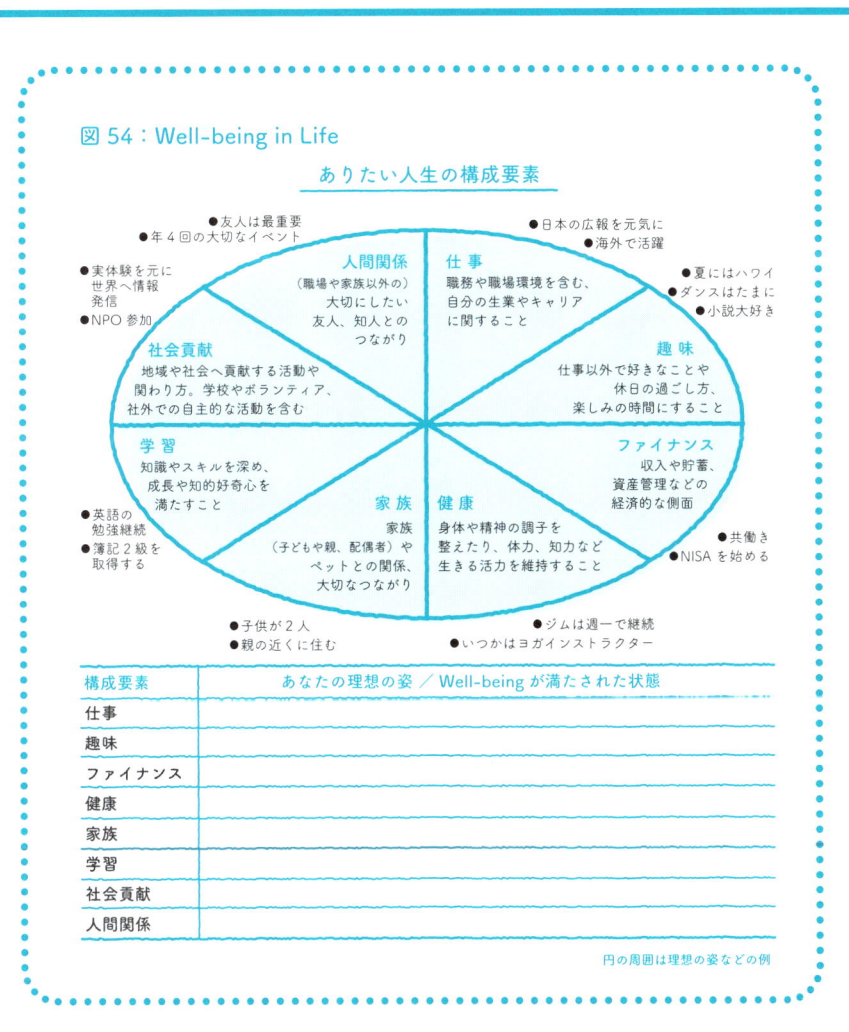

図 54：Well-being in Life

ありたい人生の構成要素

● 友人は最重要
● 年 4 回の大切なイベント
● 日本の広報を元気に
● 海外で活躍
● 実体験を元に世界へ情報発信
● NPO 参加
● 夏にはハワイ
● ダンスはたまに
● 小説大好き

**人間関係**（職場や家族以外の）大切にしたい友人、知人とのつながり

**仕事**
職務や職場環境を含む、自分の生業やキャリアに関すること

**趣味**
仕事以外で好きなことや休日の過ごし方、楽しみの時間にすること

**社会貢献**
地域や社会へ貢献する活動や関わり方。学校やボランティア、社外での自主的な活動を含む

**学習**
知識やスキルを深め、成長や知的好奇心を満たすこと

**ファイナンス**
収入や貯蓄、資産管理などの経済的な側面

**家族**
家族（子どもや親、配偶者）やペットとの関係、大切なつながり

**健康**
身体や精神の調子を整えたり、体力、知力など生きる活力を維持すること

● 英語の勉強継続
● 簿記 2 級を取得する
● 子供が 2 人
● 親の近くに住む
● ジムは週一で継続
● いつかはヨガインストラクター
● 共働き
● NISA を始める

| 構成要素 | あなたの理想の姿／Well-being が満たされた状態 |
| --- | --- |
| 仕事 | |
| 趣味 | |
| ファイナンス | |
| 健康 | |
| 家族 | |
| 学習 | |
| 社会貢献 | |
| 人間関係 | |

円の周囲は理想の姿などの例

# アウトプットを大事に

　以上がレベル 1 に到達するための四つの実践ポイントです。いずれの実践ポイントに取り組むにせよ、大事にしてほしいのが「アウトプットをすること」です。まずは自分一人で考えることが大切ですが、その考えを他者に共有することで、自己理解と言語化がより進んでいきます。

オススメなのが、四つの実践ポイントを同じ部署の人たち数人で実施してみて、対話会を行うことです。エンゲージメント活動を複数人の推進チームで実施している場合は、ぜひ推進チーム内で行ってみてください。他者に共有しようとすることで自分自身のメタ認知が進みますし、他者からの反応によって一人では気づけない自分の一面を知ることにもなります。

キーパーソンと対話をする際のテーマとしてもオススメです。

# レベル2.
# 一人との関係を深めるための
# 行動や取り組みを理解し、実践できる

## ▌実践のポイント

レベル2では、自分以外の一人を相手に関係を深め、相互理解を得たり、エンゲージメントへの共感を得るための行動、取り組みを実践します。

レベル2に到達するためには、以下の要素、スキルが重要となってきます。対話の理解とインタビュースキルについては本書で詳しく解説していますので、参考にしながら、実践してみましょう。

ERの視点に立てば、職場の一人ひとりと接する際に、レベル1での経験を活かしながら、どのように相互理解を深めていくか、そしてエンゲージメントへの共感を生み出すか、が目指すところとなります。ERマトリクスにおいては、「キーパーソンとの関係づくり」（P.84）をはじめCONNECT に特に密接に関わる実践レベルとなります。

## 必要な要素

- ●対話と会話の違いを理解している（「対話とは何か？」P.298）
- ●相手の意見に適切なフィードバックができる（「その他のオススメスキルと活かし方、学び方」P.376）
- ●傾聴できる（「その他のオススメスキルと活かし方、学び方」 P.376）
- ●１対１での対話（1on1）で相互理解を育める（「聴くスキル：インタビュースキル」P.344）

## ベースとなるのは「他者とは違う」ことの理解

　レベル２に必要なスキルを習得していく上で、ベースとして持っていてほしいのが「他者とは違う」ことへの理解です。レベル１で自分への理解を深めた上で、相手と関係を築く際に「自分の考えを理解してほしい」という思いは誰しもが持つものです。しかし、自分の考えを理解してくれることは、「自分と同じ考えを持つ」こととイコールにはなりません。

　お互い全く違う考え、価値観を持っている。けれど、相互に理解しあい、深い関係を築いていける。そして、お互いにエンゲージメントと向き合えるようになる。これこそがレベル２で目指していくことです。

　間違っても、「相手を自分の考えに近づけるように（染めるように）変えさせる、説得させる」といったことを目指さないようにしてください。そうした考えで、先述のスキルを活用していくことは、エンゲージメントの実践の真反対でもある「相手がエンゲージメントと向き合う機会を奪う」ことになるからです。

## レベル 3.
# チームや組織での複数人が関係を深めるための行動や取り組みを理解し、実践できる

## 実践のポイント

　一人ひとりが「違う」という前提のもと、チーム、組織で認識を合わせられるように働きかけ、最適な行動や意思決定、それぞれが持つ力を最大限発揮できるようになるのが、レベル3で到達したいことです。

　ここでいう認識を合わせるとは、チーム、組織のミッション・ビジョンや活動の目的・課題・ゴールや現状（強み、弱み）、ストーリーなどを指します。

　1対1という関係性から、チーム、組織という範囲に広がることで難易度は増しますが、根底にあるのは「自分自身のエンゲージメントの体感」（レベル1）と「他者との違いを前提とした相互理解」（レベル2）です。

　ERにとっては、レベル1、レベル2を踏まえながらERマトリクスを実践していくことが、そのままレベル3の実践と言えます。ER、マネージャーそれぞれの視点で必要な要素とスキルは以下になります。

## ER に必要な要素

- ●ER マトリクスの実践（レベル1、レベル2を踏まえた上で）
- ●職場の対話と TEAM EXPERIENCE の支援

## マネージャーにとっての必要な要素

- ●チーム、組織の強みと弱みの理解
- ●チームとしての「ありたい姿」の把握、言語化
- ●状況の分析と必要な行動の判断
- ●メンバーに共感を持ってもらえる伝え方
- ●対話による TEAM EXPERIENCE の実践

　ここでお伝えしたいのが、レベル1、2を達成した人でないと、ERマトリクスを実践してはいけない、組織のエンゲージメント活動の推進を担ってはいけない……というわけではないということです。

　現実的には、エンゲージメント活動として、何かしら喫緊にアクションを起こさないといけない人がほとんどです。（レベル1、2を達成してからエンゲージメント活動をスタートできる、という恵まれた環境にあるERはほぼいないと考えています）。焦る必要はありませんので、ERマトリクスを参考にエンゲージメント活動を進めながら、レベル1、レベル2に取り組み、少しずつエンゲージメントの実践力を付けていきましょう。

エンゲージメントの体感と実践編

281

# エンゲージメントが高い
# チーム・職場を見学する

エンゲージメントを体感し、
実践力を身につけるための工夫の一つである、
職場見学について紹介します。

## エンゲージメントが高い
## チームを観察する

　エンゲージメントを体感するための工夫の一つとして、雰囲気のいいチーム、活気があるチームに直接赴き、観察をすることで、「エンゲージメントの高さ」を肌で感じるという方法があります。観察で得た「あ、これがエンゲージメントが高いチームか」という感覚も、自身のエンゲージメント体感を得る上で大きな参考材料となってきます。

　思い当たるチームが、エンゲージメントという言葉を使っていなくても（知らなくても）問題ありません。普段行っているチームでの会議にオブザーバーで参加してもらうのが最も手間がかからず、かつ日常的なチームの雰囲気を知ることができるのでオススメです。

　メンバー同士が活発に意見を言い合っている、メンバーみんなが共通の目標に向かって仕事をしている、相互支援が自然に行われている……など直接チームの様子を観察することで得られる気づきはたくさんあります。

　活動がある程度社内で広まってきた後でも、例えばエンゲージメントへの理解がまだ十分でない経営者やマネージャーと一緒に、雰囲気のいいチームの打ち合わせにオブザーバーとして参加するといった手段も効果的です。自分だけでなく、他者の理解を促すためにも積極的にこのアクションを活用していきましょう。

　こうしていいチームを観察していると、エンゲージメントが高いとはどういう状態かを少しずつ言語化できるようになっていきます。ER が率先

して職場を観察し、「○○部○○課の雰囲気みたいな組織をもっと増やしたい」と、推進チームをはじめ経営層や職場の人たちと、共通イメージを持てるようにしていきましょう。

## 他社の職場見学も効果的

　社内だけでなく、エンゲージメント活動に注力する他社を訪問し、職場を見学したり、どのようにエンゲージメント活動を行っているかを観察するアクションもとても効果的です。同時に、どのようにエンゲージメント活動を推進しているか、聞ける範囲で推進担当者に話を聞いてみましょう。

　こうした、訪問をきっかけに、継続的に情報交換を行うなどの関係性構築に繋がることもあります。エンゲージメント活動を行う他社の推進者と繋がりを持ち、壁にぶつかったときに相談をしたり、不安事を聞いてもらったりといった「社外の仲間」を作ることはとても大切です。

　事業分野が全く違う会社だったとしても、問題ないです。業種が近い組織のほうが、活動のヒントは得やすいかもしれませんが、エンゲージメントを体感するという観点では、業種は関係ありません。

# Engagement Story

## エンゲージメントストーリー⑨

# 日本ペイント・オートモーティブ
# コーティングス株式会社

## 「Engagement for Employee」

『念うは招く』
気づくかどうか、気づいて行動するかどうか・・・
これはあなた次第。
しかし、半径5メートルに念いを伝播していけば、
思いがけず信頼とご縁が未来からやってくる。

経営管理本部
戦略企画部
**細山田 隼人**さん

2014年4月に新卒で日本ペイント株式会社自動車塗料事業本部（現：日本ペイント・オートモーティブコーティングス株式会社）に、技術人材として入社。
現在は事業戦略業務、経営の意思決定支援、新ビジネス、生成AI推進を担当しながら、社内のエンゲージメント有志団体を結成し、活動を牽引。

人事部
**上田 貴香**さん

人事部にて、各種人事制度の運用や、海外からの研修生の受け入れ、日本から海外に赴任する社員に対する研修の企画・導入などを担当。2022年夏よりEFEの事務局メンバーとなり、勤務する東京事業所内で参加メンバーを増やしていく役割を担うと共に、生産部門の組織開発にも携わっている。

人事部
**舘 美奈子**さん

リスク管理を担う部門を経て、2023年より人事部。各種人事制度の運用や、海外からの研修生の受け入れ、日本から海外に赴任する社員に対する研修の企画・導入などを担当している。2022年よりEFEに参加し、2023年1月より事務局のメンバーに。生産部門の組織開発に携わっている。

品質センター
# 井上 朋紀さん

2019 年に中途入社。2022 年より EFE に参加し、2023 年 1 月より事務局の活動をフォローする「バディ」となり、6 月より事務局のメンバーに。生産部門の組織開発に取り組んでいる。

※取材時（2024 年 2 月）の部署です。

---

　日本ペイント・オートモーティブコーティングス株式会社では、「Engagement for Employee（以下、EFE）」という社内コミュニティを中心にエンゲージメント活動が展開されています。

　当初 7 名だった EFE は、地道に活動を継続していき、今では毎月行われるワークショップに最大で約 150 名が参加するなど、社内でも大きな影響力を持つコミュニティとして成長しています。

　強い念（おも）い※を持ち、EFE を立ち上げた細山田さんと、EFE の参加メンバーに社内コミュニティの価値と活動内容について伺いました。

---

※「信念」や「念願」という言葉は強い気持ちを指すことから、EFE では「おもい」のことを「念い」と書き表しています。そのため、本パートにおいてはこちらの表記を採用しています。

エンゲージメントの体感と実践編

## よくある課題と事例からの学び

**課題**：エンゲージメント活動に興味・関心のある人を職場で探したい

**学び**：ポジティブに受け止めてくれそうな同世代から声をかける

（参考項目：「社内のキーパーソンを探す」P.120）

**課題**：活動に積極的に参加する人を増やしたい

**学び**：社内コミュニティを有効活用し、ワークショップなどの社内イベントを継続的に開催していく

（参考項目：「社内コミュニティ」P.244）

## 相互理解を進めることで、社内のモヤモヤを解消したいと思った

—エンゲージメント活動を推進するコミュニティ「EFE」は、細山田さんが強い意志を持ってスタートさせたと聞いています。そのきっかけは？

**細山田**：私は経営企画部に在籍していますが、本社や工場を含む様々な拠点での勤務も経験しています。

そんな中で、いろいろな方とコミュニケーションをとるうちに、従業員の皆さんの会社に対する愛着や思い入れ、絆といったものが本当に強いのか疑問を持つようになりました。また、「会社がやりたいこと」と「従業員がやりたいこと」がマッチングしているのかな…？などとも思い始めたのがきっかけです。

まずは、仲間を集めることから始めました。あとは「ありたい姿」を考えて経営に提案することと、現状把握のために30歳以下の全従業員や当時の幹部職50名以上に直接ヒアリングを行い、現場の生の声を集めました。

そして、従業員のためのエンゲージメントという意味を込めて、この有志の仲間の集まりを「Engagement for Employee（EFE）」と呼称し、2022年6月頃に活動をスタートさせました。

## プロジェクトは「有志の団体」であり、強制力は一切なし

### ―最初の仲間集めのときは、どういうメンバーに声をかけたのですか？

**細山田**：一言で言うと、私の中での「人格者」と思う同世代です。何かを相談した時に、ポジティブに「じゃあどうしようか、一緒にやってみようか」という会話に繋げてくれそうな人を選びました。実際にひとりずつ口説いたことで、「ビジョンや念（おも）い」についてお互い語りあい、そして共感することができたと思っています。

　その結果、最初のコアメンバーとして7名が集まることになりました。この7名の仲間の存在を通じて、「私は一人ではない、同じ志を持ち共感してくれる仲間がこんなにも沢山いるんだ！」と感じたこと、何物にも代え難い意欲になったと感じています。

### ―誰かから命令されてやるのとは全然違うわけですね。

**細山田**：全く違うと思います。そのために、プロジェクトの立ち位置を「有志の団体」としています。エンゲージメント活動を業務にはせず、会社の施策からも外すことで、「いつまでにこれをやります」みたいなコミットメントを無くすことや手段が目的となってしまうことを防ぐためです。

　そのため、フォーマルな報告義務はありませんが、我々の「覚悟や念い」はしっかりと表に出したいため、適宜私たちから経営への報告を行ったり、従業員へのフィードバックを行ったりしています。

### ―強制力を働かせなかったのですね。

**細山田**：そうですね。ただ、活動を進める上で予算の問題はどうしても発生します。そこについては、当時の副社長にスポンサーになっていただくよう相談し、適宜アドバイスをもらいながら予算を引き

出せるような仕組みを整えました。

　コアメンバーが集まったところで、「このたぎっている今の念いをアウトプットしたい！」という気持ちが高まり、社長と副社長に活動の骨子や「あるべき姿」をまとめ、プレゼンを行いました。

—社長や副社長の反応はどうだったのですか？

細山田：「やっと来たか」という感じで嬉しそうだったことは今でも鮮明に覚えています。プレゼンの場で社長にリクエストされたのが、「相互理解のためには上位者の理解も必要だし、現場だけが盛り上がってしまえばエンゲージメントとは程遠いものになるから、会社の幹部職全員を口説いてほしい」ということでした。それが先ほどお話しした幹部職へのヒアリングに繋がることになります。

　この時に、どうやって口説けばいいか、エンゲージメントを知らない人にも分かりやすく伝えるにはどうしたらいいのかをじっくり考え、勉強したことが、後々の活動を支えていったように感じています。

## トップダウンではなくボトムアップで
## ワクワクしながら働く組織を作る

—メンバーの皆さんは、どのような背景や念（おも）いから
　EFE に参加されたのでしょうか？

上田：私は、EFE の活動が始まって数ヶ月後に事務局のメンバーから声をかけてもらいました。最初、「ワクワクしながら働く」という EFE のビジョンを聞いたときは、自分はワクワク働けていないと感じたんです。それで、どうすれば活き活きワクワク働いている状態になるのか知りたい・理解したいと思って参加しました。

舘　：私の場合、リスク管理の部門にいたころから風土改革に 3 年以上携わっていました。改革と言っても、「楽しく風土を変えよう」ではなく、トップダウンによりコンプライアンスの徹底遵守を促すよ

うな指針があり、なかなか風土が変わらないことを実感していたことから興味を持って参加しました。

井上：私は、前職、現職と生産部門で働いてきました。生産部門は、仕事の特性として、製品を決められた手順で決められた納期通りにきちっと作るのが当たり前という世界です。そのため、ともすればルーチン作業に陥りやすく、新しい取り組みや改善に挑戦しようという意欲が起こりにくい環境になってしまいがちです。

　そこで、何か、達成感ややりがいを感じながら働くことはできないかと思って参加したのが EFE のワークショップでした。

## 誰もが意見を言い合える組織づくり

### ―生産部ではどのようなエンゲージメント活動に取り組まれているのでしょうか？

井上：まずは、チーム単位で、課長とチームメンバーそれぞれの念いを共有し合うワークショップを行いました。きっかけとして、我々の念いだけでなく、生産部門のトップからも「組織内のコミュニケーションを活性化させてほしい」という意見があったんです。

　トップの後押しもあり、各工場の課長たちに声をかけて、「やりたい」と手を挙げてくれた 8 チームとワークを実施しました。

### ―各チームのメンバーの皆さんの反応はいかがでしたか？

上田：ポジティブなコメントとしては「本当なら自らが動かないといけないけれど、どうすればいいかわからなかったので、この機会はありがたいし、ぜひ伴走支援してほしい」「今まで業務内容の話ばかりでこういった話をする機会がなかったので、すごくいい機会だね」といったコメントがありました。

井上：ワークショップでは堰を切ったように話す人もいて、課長やチームメンバーに対して溜めていた念いを話せる場になったのかなと思います。ポジティブな意見もネガティブな意見も出ましたが、そ

うやって意見を言うこと自体が良かったなと思いますし、私個人としては、皆さんの念いがわかったのもすごく良かったです。

## 生産部でのワークショップの様子

### —社内コミュニティに参加したことで感じているご自身の変化や、メリットをどう感じていますか？

舘　：自分自身についての理解が深まり、自分の感情や考えを整理できるようになったことが、一番大きな変化です。例えば、「なんか嫌だな」などと思ったときに、自分の中のエンゲージメントの何が下がっているんだろう？と分析して、「今は承認が足りていないからだ」「環境が整っていないからだ」などとわかるようになったんです。

　　　そうやって自分の中の得体の知れないモヤモヤを理解できると、対処できるようになりますし、他の誰かが悩んでいる場合も、なぜ悩んでいるのかを考えて手助けできるかもしれませんからね。

上田：自分自身について知ることが、自分がより良く生き、過ごしていくための第一歩だという気づきを、EFE でもらえたことは大きかったです。参加すると、エネルギーが満たされる場だと皆さんには伝えたいですね。

　　　そして、私自身は、自分の人生や仕事に対する念いを言語化できたことで、アイ・メッセージ（I message）が増えたかなと思い

ます。今までだと、主語が「あの人」「部」「上司」となっていたのが、今は、「自分が選んだ結果なんだ」という捉え方に変わりました。

井上：私は、EFE のワークショップに参加しているメンバーから、「ワークショップの時はすごく笑顔で楽しそうだね！」と声をかけられます。EFE のワークショップは、私にとって「すごく楽しい、安心する、自然と笑顔になれる」場であり、癒しの場です（笑）。

## 発起人だけに頼らないコミュニティを強く意識

—細山田さんは、EFE の活動を通じた組織の変化をどう捉えていますか？

細山田：組織の変化として、私は大きく三つの段階に分けて考えています。三つの段階は、図 55 に示しているように、従業員 1.0 〜 3.0 という形でまとめています。2022 年 6 月からスタートした EFE の活動が 2 年以上経過する中で、従業員のみんなの認識は変化してきていることを実感しています。

　ワークショップへの参加者も増え、EFE がどういう活動をしているコミュニティなのかといった認知も進んでいます。これはつまり、「自分の気持ちを考える」ことを通じて、仕事や組織について見直し、「ワクワクしながら働く」に向けて進み出すことの意味を、多くの人が認知していることと同じだと捉えています。

　こうしたことから、従業員 1.0 の段階まではこの 2 年を通じて進めたのかな、と感じています。そして、少しずつ、従業 2.0 である実践に移す人が出始めているのが今です。自分の気持ちと向き合うことで得られた気づきを、次は行動に移して、共感しあえる仲間を増やしていく段階です。

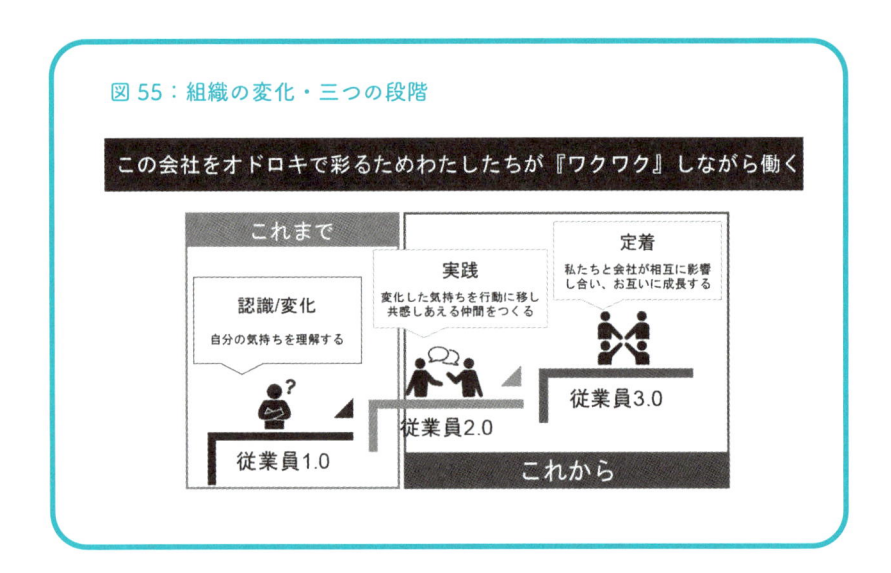

図 55：組織の変化・三つの段階

この会社をオドロキで彩るためわたしたちが『ワクワク』しながら働く

**これまで**

認識/変化

自分の気持ちを理解する

従業員1.0

**実践**

変化した気持ちを行動に移し
共感しあえる仲間をつくる

従業員2.0

**定着**

私たちと会社が相互に影響
し合い、お互いに成長する

従業員3.0

**これから**

―EFE が組織に変化を起こすような活動として成長、継続できた
　ポイントはどこにあると思いますか？

**細山田**：立ち上げ時から意識していたのは、コミュニティ活動をリードし、
伝播していく存在を増やしていくことです。立ち上げ初期は、発
起人である私が最も熱量を持って、コミュニティ活動をリードし
ていくのは、ある意味当たり前の話だと思います。しかし、私
一人だけが頑張っている状態では、いつか限界は来ます。それは、
単純なリソース不足という観点だけでなく、「細山田のコミュニ
ティ」になってしまうという懸念も含まれています。

　私は EFE を立ち上げた頃から、私だけでなく、いろいろな価
値観、キャラクターの人がコミュニティを盛り上げてほしいと考
えていました。コミュニティが大きくなっていく段階の中で、私
が中心となってリードしていく時期もありましたが、今はそこか
ら脱して、私以外のメンバーがコミュニティをリードしてくれる
動きも生まれています。

　ただ、こうした動きは勝手に生まれるものでもありません。
私以外に、コミュニティをリードしてくれる人を増やすために、

定期的に事務局メンバーで集まって、EFE をどうしていきたいかについて話し合う場を設けています。

## コミュニティをきっかけに生まれる共創やイノベーション

―EFE のような社内コミュニティの価値をどう捉えていますか？

細山田：社内コミュニティというのは、特定の部署にも所属していませんし、特定の上司の直轄というわけではありません。そのため、コミュニティでの活動で得られた気づきを「上司から／会社から言われた」といった視点ではなく、素直に「自分がチームにとって必要なこと」という視点で自チームに共有できる点が大きなメリットだと思います。

　　また、社内コミュニティにはいろいろなプレイヤーが集まってきますので、単純に社内交流としての要素もありますし、いろいろな価値観、考え方に触れて刺激を受けることもできます。

　　ある種、余白のような場、集まりでもあり、コミュニティに参加することで、「部署とか、チームの枠だけでなくて、外に足を踏み出してもいいのか」という感覚を得ることにも繋がります。

　　そうやって、外に足を踏み出してみると、「自分の人生の取捨選択」まで行き着いて考えることになっていきます。部署としてとか、自分が今与えられている仕事において、という視点だと、なかなかここまで踏み込んで考えるのは難しいと思います。それが、コミュニティだったらできちゃうというのも、コミュニティの一つの価値かなとも思います。

　　そして、個々人が人生の取捨選択レベルまで考えた上で、自分はこの組織で何をしたいのか、どうすればワクワク働けるのかに立ち返り、次の一歩を踏み出していく。そういう人が増えていくことで、組織にとっての新たな成長にも繋がっていくと思っています。

# 対話＆<br>TEAM<br>EXPERIENCE 編

本パートでは、対話を軸としたチーム単位でのエンゲージメント活動の実践方法について、対話の重要性とチームの成長モデル「TEAM EXPERIENCE」をもとに解説します。

本パートの主体者は職場の各チームのメンバーであり、主にマネージャーやアンバサダーがリード役を務めることになります。ER は本編で書かれていることが、各チームで実践されるように、サポートすることになります。

ER は各チームのマネージャーやアンバサダーが対話を実践するために、どのような支援が必要か？という観点で読んでみましょう。

Engagement

# 対話はなぜ重要なのか？

対話とエンゲージメントにどのような
関係性があるのか理解を深め、
職場への対話の周知に活用しましょう。

## お互いが見ている景色を
## 理解し合う

　対話はチームや組織単位でのエンゲージメントの実践において必要不可欠です。「エンゲージメントの体感と実践」のレベル2（P.278）でも触れているように、お互いが違うことを認識しながら、相互理解を深めていく過程は、重要な取り組みとなってきます。

　そのため、1対1や組織での対話とエンゲージメントの実践はほぼイコールと言ってもいいほど、切っても切れないものだと言えます。

　何に対してエンゲージメントを感じるかは人それぞれです。「自分はこれでエンゲージメントが高まるから、Aさんにも同じことをしてあげよう」……という発想が通用しないことが多いと考えるようにしましょう。

　自分と相手が見ている景色が違うという前提のもと、「Aさんはどういうときにエンゲージメントを感じるか、どういうサポートがあるといいか」を確認し合う。そのために、対話が重要になってくるのです。

　また、同じ人でも時期によってエンゲージメントの体感に変化が起きます。1年前のAさんと、今のAさんでは、何に対してエンゲージメントを感じるかが変わっているのです。そのため、定期的に対話を行うことも大切になってきます。

　「あのメンバーは今『成長できていない』ことに悩んでいる。成長機会を与えるにはどうすればいいだろう？」「最近新しいチャレンジができていなくて物足りない。今度の対話の機会に上司に話してみよう」「この前、チームメンバーが助けてくれた。次の対話会のときにお礼を言おう」……。こういった対話の機会を通じ、相互理解と相互支援を重ねていくことで、

組織としてのエンゲージメントの実践が促進されていくのです。

# 対話がエンゲージメントに
# 与える影響

　ベストセラー『さあ、才能に目覚めよう』（日本経済新聞出版社）の著者であるマーカス・バッキンガムは、ハーバード・ビジネス・レビューへの寄稿文で、対話がエンゲージメントに与える影響について以下のように言及しています。

　〝ADPRI がスタンフォード・ヘルスケアで実施した初期の調査では、対話の場を毎週設けているチームのエンゲージメント・レベルが毎月 1 回しか実施していないチームを平均 21 ポイント上回っていた。〟（ハーバード・ビジネス・レビュー 2019 年 11 月号「The power of hidden team」／ダイヤモンド社）。

　また、Wevox のクライアント企業を対象とした調査でも、定期的に対話の機会を設けることで、メンバー間の信頼関係が深まり、エンゲージメントにいい影響を与える傾向が確認されています。

　コミュニケーションが頻繁になるほど、課題の早期発見と解決が進み、メンバーの声が組織の学習や革新を後押しする基盤となります。こうした積み重ねが互いの信頼や相互理解を育み、仕事への意欲や満足度を高める原動力に繋がるのです。

対話 & TEAM EXPERIENCE 編

# 対話とは何か？

世間話や議論と対話の違いを解説します。
「普段から話している」「わざわざ対話する必要あるの？」
といった職場の声に対し、
対話の重要性を説明する際の参考としましょう。

## 四つの会話のモード

「U理論」を生み出したC.オットー・シャーマーは会話や対話と呼ばれる行為には四つのモードがあると提唱しています（Scharmer, O.C (2000). *Presencing：Learning From the Future As It Emerges：On the Tacit Dimension of Leading Revolutionary Change.*）。この四つの会話のモードをもとに、「対話」とは何かを考えていきましょう。

なお、この四つのモードはどれがいい、悪いではなく、使い分けが重要だという前提を念頭に、以降の解説を読んでいただきたいと思います。

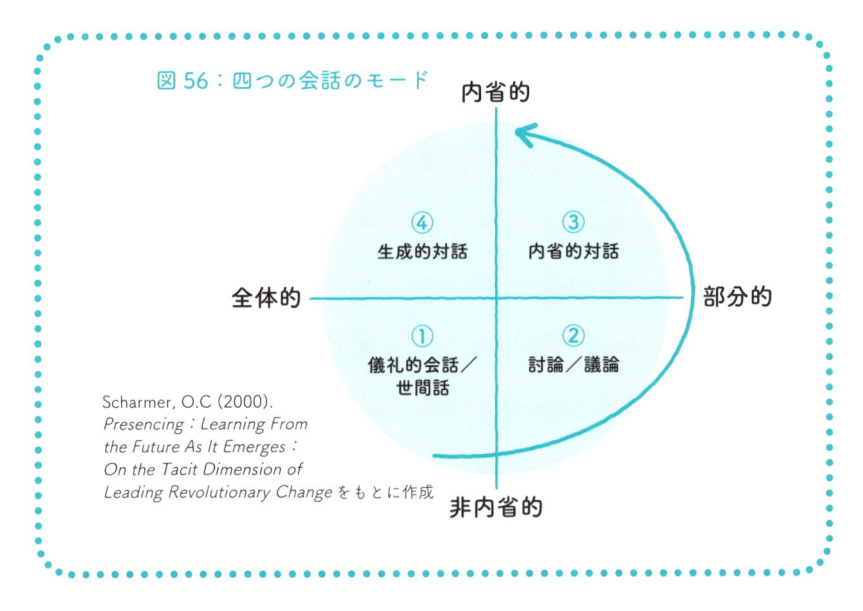

図56：四つの会話のモード

Scharmer, O.C (2000). *Presencing：Learning From the Future As It Emerges：On the Tacit Dimension of Leading Revolutionary Change* をもとに作成

## 1. 儀礼的会話／世間話

明確な目的を設けず、聞き手と話し手が自由に話をする種類です。儀礼的というとイメージしづらいかもしれませんが、「建前的な会話」と言い換えてもいいでしょう。特徴としては、丁寧、慎重、見せかけ、本音が語られないといったものが挙げられます。

以下の例のように、Aさんは表面的には了承をしていますが、心の中では疑問を抱いています。しかし、それを表に出すことなく、儀礼的、建前的に会話をしていることがわかります。

例）
**マネージャー「このプロジェクトの納期は10月にしよう」**
**Aさん「承知しました」**
（あれ、クライアントは11月でいいと言っていたけど……。それに今のリソースだと10月は厳しいな……）
**マネージャー「何か不明点はありますか？」**
**Aさん「い、いえ、大丈夫です」**（無理すればなんとかなるか……）

この例は本音が言えない会話として、「1. 儀礼的会話／世間話」のネガティブな側面を描いています。しかし、この会話の種類が悪いというわけではなく、初対面同士やまだそこまで信頼関係、相互理解が深まっていない相手に対しては、世間話からスタートすることは何も悪いことではありません。

「あのニュース知ってる？」「最近ハマってること何？」といったような、チーム内での雑談も、この種類に該当します。

## 2. 討論／議論

「プロジェクトの計画を立てる」「クライアントとのトラブルへの対応策を考える」など、目的を明確にし、自分の考えを主張したり、メンバーの意見を聞いて物事を判断するための会話です。

以下の例のように、それぞれが自分の見方から主張をしあったり、率直に言う、語るという特徴があります。「〇〇についてどう思うか」「〇〇で進めるのがい

いのではないか？」といったやり取りがよく生まれます。相手の意見に耳を傾けるより、自分の正しさを証明することに重きが置かれがちという特徴があります。

ビジネスシーンにおいても、よくある会話の種類であり、イメージがつきやすいのではないかと思います。

例）

マネージャー「このプロジェクトの納期は 10 月にしよう」

Ａさん「クライアントは 11 月でいいと言っています。
　　　　10 月だとかなり厳しいので、11 月が現実的かと思います」
（なんでそんな無茶振りするんだろう。
　どうせこっちの事情は聞いてくれないだろうな……）

マネージャー「それでも、早めに納品したい」

Ａさん「現状のリソースだとかなり厳しいです」（断固反対するしかない）

### 3. 内省的な対話

自分の主張をいったん横に置き、相手の意見に耳を傾けて互いに探求する姿勢で話をする会話の種類です。相手の意見の背景にある思いや考えを探るために、例え自分と考え方が違ったとしても、まずはしっかりと話を聞こうとする姿勢を持ちます。

例の A さんのように、いきなり反対をするのではなく、相手の考えにある背景を聞こうとしたり、相手の話を共感的に聴くという特徴があります。「なぜそう思ったの？」「〇〇をしたい背景には何があるの？」といったコミュニケーションがよく発生します。

例）

マネージャー「このプロジェクトの納期は 10 月にしよう」

Ａさん「10 月とおっしゃる意図をもう少し教えていただけますか？
　　　　クライアントは 11 月でいいと言っていますが」
（10 月は厳しいけど、いったん理由を聞いてみよう）

マネージャー「このクライアントは、以前納期遅延をしてしまってしばらく取引が停止していたんだ。久しぶりの取引再開だから、スピード感を持って納品して信頼回復をしたい」

Aさん「そういうことですか。それであれば善処しますが、リソースの確保は必須です」

マネージャー「わかった、すぐ調整に動くよ」

## 4. 生成的な対話（次項の「協創型」と同義）

　互いの意見を元に、未来への探求をするために、意見を出し合う会話の種類です。これまでの解決方法でなんとかしようとするのではなく、「こういう方法もあるのでは？」と、新しい洞察やアイデアの協創が生まれるような生成的な対話となります。以下の例のように、この対話をする前までは考えられなかった、新たな洞察、アイデアについて対話が生まれています。「話をしていて気づいたけど、〇〇はどうだろう？」「第三の案として……」といったコミュニケーションがよく発生します。

　なお、本項の解説ではシャーマーの図の翻訳から「生成的な対話」という学術的な用語を用いていますが、よりチームでの対話イメージに近づけるため、次項では「協創型」のコミュニケーションスタイルとして扱っていきます。

例）

マネージャー「このプロジェクトの納期は 10 月にしよう」

Aさん「どうして 10 月なんですか？クライアントは 11 月でいいと言っていますが」

マネージャー「このクライアントは、以前納期遅延をしてしまってしばらく取引が停止していたんだ。久しぶりの取引再開だから、スピード感を持って納品して信頼回復をしたい」

Aさん「なるほど。スピード感で信頼回復もいいと思いますが、質も大切だと思います。11 月には間に合わせるとして、質も担保できるよう計画を立てて、信頼回復に努めるのもいいかと思います」

対話 & TEAM EXPERIENCE 編

マネージャー「確かに、そうだね。あ、今言われて思いついたけど、
　　　　　　　例の企画も盛り込んだらどうかな？」

Aさん「いいですね。Bくんが詳しいので、
　　　　ぜひこのプロジェクトに入ってもらいましょう」

　以上が会話の四つの種類になります。対話を理解、促進する上で、この四つの会話はどれが悪い、どれがいいというものではありません。必要に応じて、この四つの会話を使い分けることがポイントとなってきます。

　自分たちのチームに関する対話やワークなど、答えがないテーマを扱う際は、儀礼的会話や討論議論に終始しないように、ERあるいは各チームの推進役がうまくファシリテートすることが大切なポイントとなってきます。

# 「上司と部下」の コミュニケーションスタイル を使い分ける

多くの場面で、職場での対話をリードすることになる
マネージャーにとって、部下とのコミュニケーションの
取り方は、対話の良し悪しに大きな影響を与えます。
取り扱う課題に応じて、上司と部下のコミュニケーションスタイルを使い
分けるポイントを解説します。

## 三つのコミュニケーションスタイル

　組織における上司と部下のコミュニケーションは、図57で示すように
「指示型」「問いかけ型」「協創型」の二つのスタイルで考えることができます。

### 図57：上司・部下の三つのコミュニケーションスタイル

指示型

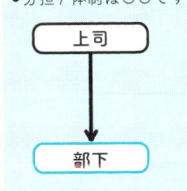

- ●方針／目標は〇〇です
- ●重点施策は〇〇です
- ●分担／体制は〇〇です

上司 → 部下

- ●承知しました
- ●進捗状況は〇〇です
- ●今月の成果は〇〇です

問いかけ型

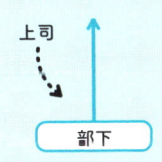

- ●どんな現場意見（課題・解決案等）があるか？
- ●どうしたらよいと思う？

上司 → 部下

- ●こんな課題があります
- ●こんなアイデアはいかがでしょう？
- ●〇〇を試したいのですが

協創型

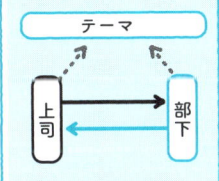

- ●こんな課題（テーマ）があるがどう思う？
- ●一緒に考えよう

テーマ／上司 ⇄ 部下

- ●こう考えました
- ●別視点から見るとこういう考えもあります
- ●〇〇を試してみませんか？

ビジネスシーンにおいては、指示型でのコミュニケーションが最も用いられます。上司から部下へ指示を出すコミュニケーションは、職場では当たり前の光景と言ってもいいでしょう。

しかし、今日の組織が直面する「正解のない課題」に対して、こうした指示型のコミュニケーションでは対応できないことも多々でてきました。

というのも、指示型のコミュニケーションは、上司が正解を持っていることが前提となってきます。上司が持っている正解に沿って、部下に的確に指示を出す事柄においては、機能するコミュニケーションスタイルと言えます。

しかし、変化の時代と言われる今日において、組織が直面する課題は、誰も正解がわからないケースが増えてきています。

こうした課題に対して解を見つけていくために、問いかけ型、協創型のコミュニケーションスタイルを活用していく必要があります。


## 従来のマネージャーには
## 指示型が求められていた

しかし、いざ問いかけ型や協創型のコミュニケーションをしようとしても、多くのマネージャーは難しさを感じます。それは、これまでのビジネスシーンにおいては指示型のコミュニケーションが主流であり、慣れ親しんでいるためです。

そのため、頭では協創型や問いかけ型のコミュニケーションが大切だと、マネージャーに理解してもらったとしても、すぐには言動として現れるわけではない、簡単に切り替えができないことを ER は理解しておくことが大切です。

切り替えが難しい背景には、慣れ親しんでいないこと以外に、従来の上司としてのあるべき姿にとらわれてしまっていることも考えられます。例えば、「上司は正解を持っていて、的確に部下に指示しないといけない。そうしないと、今度から部下が言うことを聞いてくれないのではないか」

といった恐怖心を抱いているケースは多く見られます。

　しかしながら、先述のように今の組織が抱える課題の多くは、正解がないものです。そうした中で、マネージャーはこれまで慣れ親しんだ指示型だけではなく、協創型や問いかけ型のコミュニケーションも習得していくことが求められていきます。

　部下の側も、確実に指示できる上司を求める人だけでなく、上司と一緒に試行錯誤しながら打ち手を見い出すことを好む人もいます。

# まずは問いかけ型から
# 取り組んでみる

　コミュニケーションスタイルの切り替えを目指すために、まずは問いかけ型に取り組んでみることをオススメします。

　問いかけ型のコミュニケーションでは、上司からの問いかけをきっかけに、メンバー間の対話や、チームでの試行錯誤を生み、正解のない課題やテーマに対して、（その時点での）最適解を出していきます。

　チームで考え、解を導いていくため、チームとしての成功体験を生むことにもなります。

　マネージャーが正解を持っていない課題に対しては、「部下もわからないだろう」というアンコンシャスバイアス（無意識の思い込み）が働きがちです。そうした思い込みを取り去り、「ピンチはチャンス」としてメンバーに問いかけなし、対話の機会づくりをしてみることをオススメします。

　問いかけ型の先には、上司もメンバーの一人として対話に加わる協創型のコミュニケーションにもチャレンジしていきましょう。上司も加わった形での「生成的な対話」を行うことで、上司、部下の立場を超え、一つのチームとして課題と向き合えるようになっていくはずです。

　ER は職場のマネージャーに対して、意識的にコミュニケーションスタイルを切り替えることを理解してもらうようにしましょう。その際に、マネージャーから「言いたいことはわかったけど、具体的にどうすればいい

のか」といった声が挙がることが予測されます。

　そうしたときは、ER が上司とメンバーが揃っているミーティングなどで、図57 を用いて、上司と部下の間のコミュニケーションスタイルには3タイプあること、次いで場面に応じて3つのコミュニケーションスタイルの使い分けが大切だと共有することをオススメします。

　加えて、マネージャーからの戸惑いの声に対して、問いかけ型、協創型でチームでの対話を行うためのポイントをまとめたのが、次項からのTEAM EXPERIENCE の解説になります。

　マネージャーにとって、TEAM EXPERIENCE を実践していくことは、コミュニケーションスタイルの引き出しを増やし、状況に応じて切り替えができるスキルの習得に繋がります。

　ER のみなさんは、本項と次項の解説とセットで、マネージャーの対話支援を行っていきましょう。

# TEAM EXPERIENCE
# チームが行き交う
# 五つのフェーズ

チームの成長を五つのフェーズで示した
「TEAM EXPERIENCE」について解説します。
五つのフェーズそれぞれの特徴やワークをまとめているので、
職場での対話をサポートする際に役立てましょう。

## TEAM EXPERIENCE とは？

　私たちはこれまで Wevox を通じて50万以上のチームのモニタリングと組織、チームが活力ある状態になるまでの成長ストーリーを、多くの皆さまと共有してきました。一方でチームが成長する過程を示す理論としてはタックマンモデル（Tuckman, B. W(1965). Developmental Sequence in small groups, *Psychological Bulletin, 63*(6).）が有名です。私たちはこのタックマンモデルを参考にしつつ、私たちの支援経験と Wevox のデータをもとに、チームの成長を促す五つのフェーズを「TEAM EXPERIENCE」としてまとめました。

　TEAM EXPERIENCE では、活き活きと働けるチームに成長していくために、五つのフェーズの特徴と次のステップに進むために必要なポイントをまとめています。

チームに関心がない
### ハードボイルド期
互いのフォローがない。
情報共有もむしろ無関心。
沈黙がむしろ心地良い、
人が集まっただけの集団。
チームの力に気づく者はまだいない。

メンバーに関心を持ち始める
### 目覚めの予感期
何がしたいの？
何が大事なの？
気になるメンバーが増えていく。
まだ互いにフォローはしないが、すでに
チームが目覚める予感がし始めている。

ハブになるメンバーがつながりをつくる
### 野生のカリスマ期
献身的なメンバーは
チームの力を呼び起こす
とても大事な最初のきっかけ。
ただし、ハブになるメンバーがいないと
ものごとはなかなか前に進まない。

メンバーが複数人で連結し始める
### 革命前夜期
次第に、それぞれのメンバーが
自発的にチームに関わりだす。
輪に入らないメンバーとの
関係も増えるが、対話を常に忘れずに。
それは、チーム覚醒最後の扉。

目標を掲げて一致団結
### ウィ ア ザ チーム期
「わたしたちは、チームだ！」
全員が同じ目標を追いかけ
一致団結している。
このチームで成し遂げるコトが、
わたしたちにはあるんだ。

ちなみに五つのフェーズは、一方通行で進むのではなく、行ったり来たりの状態が起きることがあります。きれいに一直線で進むのではなく、行ったり来たりすることを受け入れながら、その度に対話をしていく。こうした取り組みこそが職場におけるエンゲージメントの実践と言えます。

　次項から、5つのフェーズの詳細を解説していきます。

# ハードボイルド期

**互いのフォローがない、
情報共有しても無関心。
沈黙がむしろ心地良い、
人が集まっただけの集団。
チームの力に気づく者はまだいない。**

## 特　徴

　メンバー間には相互の関心やコミュニケーションがほとんどなく、情報共有が行われても、それに対する反応や関心が乏しい状態です。このような環境では、沈黙が常態化し、メンバーはむしろ静けさに安心を見出します。

　チームというよりも、個が集まったグループに近い状態です。

　一方で、この状態はまだチームとしての潜在能力や結束力を発揮する「きっかけ」が見つかっていないだけとも考えられます。チームの力を引き出し、活性化するためには、まずメンバー同士がお互いに関心を持てるよう、コミュニケーションの促進が必要です。

　互いにフォローし合うこと、情報や感情を共有することで、チーム内の

信頼関係を築き、共通の目標に向かって協力し合う基盤が形成されます。

## なぜ、
## この状態なのか

- 明確にチームとしての目標を持っていない
- チーム内で業務以外のコミュニケーションを取る機会がなく、仕事上の関係にとどまっている
- 過去にチームを通じた目標達成経験がなく「チームとはなにか」「チームの価値」を知らない／気づいていない、チームのつくり方がわからない
- 結果として、なにをどうすればよいかがわからない
- チームスポーツのような、過去のチーム経験とビジネスの現場での条件が異なるため、経験から応用できない

## 目覚めの予感期へ進化するための
## ポイントとワーク

　ハードボイルド期から次のフェーズである、目覚めの予感期へ進化するためには、「チームについて」考える機会、チームの目標、メンバー間の関心共有、そしてチームの可能性に対して期待を持ってもらうことが重要です。マネージャーからすると、問いかけ型のコミュニケーションスタイル（P.303）にチャレンジするいい機会にもなります。具体的にみていきましょう。

### 人としてつながる

　まずはマネージャーが各メンバーと〝人としてつながる〟アクションづくりを推奨します。
　理由はマネージャー自らが各メンバーとつながることで、マネージャーをハブに、他メンバーとの関係づくりを醸成できるためです。
　その際のコツとしては、これまでのキャリアといった職務上の経験だけでな

対話 & TEAM EXPERIENCE 編

く、メンバー各自の「違いを知る機会」をもつことが大切になります。ここでは、「マネージャーがメンバー各自の人間的側面を知る機会づくり」の具体例として「人的魅力把握シート」を紹介します。

図 58：メンバーの人的魅力把握シート

| メンバーの氏名 | 仕事を通じて実現したいこと（ビジョン） | 仕事をする上で大切にしたいこと（価値観） | 仕事を進める上での困り事・悩み・問題 | 今後やってみたいこと、学びたいこと |
|---|---|---|---|---|
| | 仮説） | 仮説） | 仮説） | 仮説） |
| | 検証） | 検証） | 検証） | 検証） |
| | 仮説） | 仮説） | 仮説） | 仮説） |
| | 検証） | 検証） | 検証） | 検証） |
| | 仮説） | 仮説） | 仮説） | 仮説） |
| | 検証） | 検証） | 検証） | 検証） |
| | 仮説） | 仮説） | 仮説） | 仮説） |
| | 検証） | 検証） | 検証） | 検証） |

## 人的魅力把握シートの使い方

### ステップ１：マネージャーが書き出す

- 最左欄にチームメンバーの名前を書き出します。

- メンバー一人ひとりについて、右側にある四つの項目について、
  あなたが現在知っている事柄を書き出します。

- 書き出す際に「本人から聴いて事実として知っている」場合は
  記入欄の（仮説）という記載を消し、「事実」と訂正して、
  知っている事柄を書き出します。

- 事実として把握できていない事柄の場合は、仮説として、
  自分がいま想像できる範囲で「たぶんこう思っているだろう」
  「こういうことを大切にしているだろう」という仮説を書き出します。

- もし仮説も思いつかない場合はブランクのままで結構です。
  こうして名前を記載したメンバー全員について、
  全ての事柄について事実または仮説を書き出してみます。

### ステップ２：メンバーからコメントをもらう（事実・仮説を確かめる）

- メンバーにワークシートの四つの項目を質問として投げかけて、
  コメントをもらってみましょう。

- 会議前の時間や昼食などの休憩タイム、同行時の移動時間などの
  ちょっとした時間を活用して、雑談する代わりに聴いてみましょう。

- 四つの質問に対するコメントを得たら、
  ワークシートの下段に書き出してみましょう。
  自身が書き出した仮説・事実とコメントで得た内容の
  どこが同じでどこが違ったのかを確かめます。

　このインタビュー・シートを用いてマネージャーとメンバーが対話をすることで、マネージャーが個々のメンバーについて仕事での関係では得られなかった新たな発見ができます。各メンバーについて新しい発見ができると、これまでとは異なる関わりができるようになりメンバーとマネージャーの間での関係性が変化する余地が生まれます。

　また、仕事の話だけではなく、メンバー個々の強みや特徴、思いなどについて話せる職場に進化するための環境づくりにつながります。

# 目覚めの予感期

**何がしたいの？**
**何が大事なの？**
**気になるメンバーが増えていく。**
**まだ互いにフォローはしないが、すでに**
**チームが目覚める予感はし始めている。**

## 目覚めの予感期の特徴

　チームの目標とメンバー間の関心が、徐々に明確になりつつある過渡期にあります。メンバー間で相互に関心を持つ人が増えていく一方で、まだ互いに深く関わり合う段階には至っていない状況です。

　この段階での特徴は、チームが目的の追求や目標の達成のために、一歩を踏み出し始めていることにあります。メンバー個々人の関心が徐々に重なり合い、チームの方向性が見え始めています。

　しかし、まだ互いに支援・協力や積極的な対話という具体的な行動には移っていないため、チームのポテンシャルの大部分は発揮されていません。

## なぜ、この状態なのか

- マネージャーと各メンバーの関係性は、単なる業務上のやりとりだけではなくなってきつつあるが、メンバー同士ではまだお互いのことについて積極的に知り合い、活かすことは体験できていない状態にある
- メンバー同士がお互いを知るための対話機会を持てていない
- 「私たち（We、チーム）」を考えるための基礎を醸成できていない

# 野生のカリスマ期に進化するための ポイントとワーク

## コミュニケーションの促進

次のフェーズへ進むためには、チームの力を呼び起こす献身的なメンバー、すなわち「ハブ」になるメンバーの存在が鍵となります。このハブになるメンバーは、チーム内のコミュニケーションと協力を促進し、チームの目標達成に向けた動きを加速させる重要な役割を担います。

野生のカリスマ期においては、ハブとなるメンバーを中心にチーム内のコミュニケーションを活性化させ、メンバー間の信頼と相互理解を深めることが大切です。

チームで実践できる具体的な対話のワーク例として、価値観ワークが挙げられます。

## 価値観ワークの方法

価値観ワークとは、メンバーの一人ひとりが、「どんなことを大切に思っているか？」をツールを使って理解し合うワークです。

以下のステップを参考に取り組んでみましょう。

### ステップ1. 個人ワーク

メンバー各自で、「価値観ワークシート（1）」（図59）を用いて「自分の大切にしていること」を明らかにします（所要時間：5分程度）。

ワークシートには36個の言葉が並んでいます（右最上段36番の空白は自由記述欄）

（1）自分が大切にしていることを表す言葉を五つ選び○印をつけます。

（2）もし該当する言葉がなければ36番の欄に自分の大切にしていること（言葉やポンチ絵など、複数可）を記述します。

（３）大切にしていることを五つ選択したら、次にその五つの中で最も
　　　重要なものから順位づけ（１から５まで番号づけ）します。

（４）最後に、自分が大切でないと思うものに×印をつけます（いくつでも可）。

### ステップ2. ペア・ワーク

　次にペアの対話ワークを行います。

　二人組みになり、「価値観ワークシート（2）」（図60）を用いて、大切にして
いる五つについて、その理由や背景をお互いに聞き取りします（所要時間：10
分程度）。

（１）二人でペアになり、一人が「話し手」役、もう一人が「聞き手」役になります。

（２）話し手は自分の大切にしている価値観について、一番大切なものから
　　　順に「大切にしている背景や理由」について話をします。

（３）聞き手は話し手の大切にしていること、及びその背景・理由を、価値観ワー
　　　クシート（2）を用いて記録します。

（４）大切にしていることについての聞き取りを終えたら、役割を交代して、同
　　　様に上記の（１）〜（３）を行います。

### ステップ3. メンバー全員で対話ワーク

　チームメンバー全員で、価値観ワークシート（1）と（2）を用いて、お互い
の大切にしていることを共有します。一人3分程度を目処に実施します。

### ステップ4. ワークの振り返りを行う

　チームメンバー全員で、価値観ワークを振り返り（所要時間：5分程度）、メ
ンバー各自の大切にしていることを共有した感想を出し合います。

（１）個人ワークで、「ワークに参加して気づいたこと」、
　　　「今後の仕事に活かしたいこと」をポストイットに書き出します。

（２）メンバー全員でポストイットに書き出した内容を発表し合い共有します。

TEAM EXPERIENCE チームが行き交う五つのフェーズ

## 図59：価値観ワークシート（1）

【記入手順】
1）仕事で大切にしているものを選び○印をつける（上位五つまで）。36は自由記述。
2）特に大切でないものにX印をつける（いくつでも可）。

| | | | | | |
|---|---|---|---|---|---|
| 1 結果重視 | 7 誠実 | 13 透明性 | 19 オープン | 25 ビジョン達成 | 31 成長観 |
| 2 効率 | 8 率直 | 14 挑戦 | 20 活力 | 26 実力主義 | 32 自立 |
| 3 コスト | 9 正直 | 15 勇気 | 21 公正さ | 27 人間性尊重 | 33 連携 |
| 4 スピード | 10 行動 | 16 多様性 | 22 信頼 | 28 個人の尊重 | 34 安全 |
| 5 品質 | 11 卓越性 | 17 一体感 | 23 感謝 | 29 ワーク・ライフ・バランス | 35 楽しさ |
| 6 顧客満足 | 12 厳しさ | 18 熱意 | 24 違いを作る | 30 創造性 | 36 |

## 図60：価値観ワークシート（2）

【記入手順】
1）仕事で大切にしているものの五つを大切な順に並べ、理由や背景を書く
2）上記の「一番大切にしているもの」から順に、理由や背景を聴くことで、話し手が重要視していることの理解を深める

| | 仕事をする上で大切にしていること | 理由や背景（なぜ、それを大切にしているのか？） |
|---|---|---|
| 1 | | |
| 2 | | |
| 3 | | |
| 4 | | |
| 5 | | |

### バリューズカード／バリューズカードオンライン

　Wevox が提供するバリューズカードでも、価値観ワークと同様のワークを実施できます。

　バリューズカードオンラインは無料でどなたでも利用できます。ゲーム感覚で実施できるので、ぜひお試しください。

https://get.wevox.io/valuescard

# 野生のカリスマ期

**献身的なメンバーは
チームの力を呼び起こす
とても大事な最初のきっかけ。
ただし、ハブになるメンバーがいないと
ものごとはなかなか前に進まない。**

## 野生のカリスマ期の特徴

チームの潜在能力を引き出し、活性化させるための重要な段階です。

引き続きハブとなるメンバーを中心に、「連携」が形成され始めていることが特徴です。

チームメンバー間でお互いの違いを知り、その違いを活かすことでチームは単なる役割分担を超えた力を発揮できる可能性が生まれてきます。このようなチームの有用性に気づいたメンバーは、積極的にチームの力を引き出すためのハブ的な役割を担おうとします。

一方で、チームの有用性に気づいていないメンバーは、各自の役割を全うすることで結果を出すというマインドセットが保持されている状態です。

このようなメンバーのマインドセットに差があるために、ものごとがなかなか進まない状態でもあります。

## 革命前夜期への進化するためのポイントとワーク

次のフェーズへ進むためには、チームの進化と成長に向けた積極的な関わりが必要です。

### 「チーム」に関する解像度を上げる対話

メンバーが「チーム」についてどんなイメージや期待をもっているのか、お互いに知り合う機会をつくってみましょう。

そのためにオススメなのが、「好きなアニメや漫画、ドラマ、スポーツチームをヒントに、エンゲージメントの高いチームをイメージしてみよう」というテーマでの対話です。

「そのチームがもつ、どんな要素が良いのか？」「どういうところにチームらしさを感じるか」をざっくばらんに出し合ってみましょう。チームミーティングのアイスブレイクとして、一人ずつ持ち回りで共有するなど、気軽に取り組んでみましょう。

対話 & TEAM EXPERIENCE 編

それぞれがチームについてどう思っているかを話し合うことで、「チームの有用性」について考える機会となります。

## チーム目標について考えるワークで
## 自発性を促進する

　チームとして何を成し遂げたいのか、目標を明確にすることで、よりチームとしての進化を図りましょう。個々のメンバーが何を重要視しているかを理解することで、共通の目標に向かって進む動機づけになります。

　また、チームメンバーが自ら進んで、チームの目標達成に必要な活動に参加し、責任を持つようになる環境を作り出すことに繋がります。これには、メンバーそれぞれの強みや興味を理解し、活かす機会を提供する意味合いも含まれます。

　マネージャーにとっては権限移譲も大切になります。チームでのいろいろな活動場面において、メンバーに任せるという動きが、結果的に次フェーズの「革命前夜期」に進化させることができます。

　具体的な対話のワーク例として、チーム目標について考えるワークが挙げられます。

　図61のワークシートを用いて、現状の組織状態（As-Is）と実現したい状態（To-Be）をプロットし、その実現策について検討を加えます。実現したい状態は半年後や年度末程度の時間軸で考えてみましょう。

　このワークを職場メンバー全員参加型のワークとして実施することで、職場メンバー各自が自職場をどのように観ているのかをお互いに知り合う機会になります。

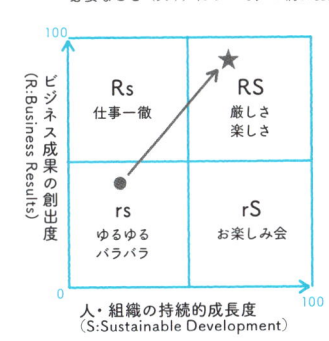

**図61：チーム目標について考えるワーク**

手順① 縦軸「ビジネス成果の創出度」と横軸「人・組織の持続的成長」のそれぞれにおいて、
充分に達成できている状態を100とした場合、現状の達成度を●印でプロットします。

手順② 次いで、「目指したい状態」のところに★印をプロットします。

手順③ ●と★を矢印でつなぎます。

手順④ ●印、★印をその場所にプロットした理由、★印の状態を実現するために
必要なこと（矢印）についてメモ欄に記述します。

メモ

1）現状の達成度として●印として
プロットした理由は？

2）目指したい状態を★印として
プロットした理由は？

3）現状（●印）から目指したい状態（★印）を
実現するための打ち手は？

## 対話の最後の「振り返り」でメンバーの気づきと行動に繋げよう

対話やワークの最後に「振り返り」を用いて、メンバー各自の気づきとアクションづくりのきっかけをつくってみましょう。まずは、先述の「チーム目標について考えるワーク」とセットで取り組んでみましょう。振り返り自体はどのワークともセットで実施することで、より高い効果を生み出せます。

振り返りの内容例として

● 「本日の対話を通じて気づいたこと　感じたこと」

● 「職場で実践してみたいこと」

● 「仲間にサポートしてほしいこと」

などがあります。

これらの話題について、まずは個人で書き出した後、チーム全員で共有タイムをとります。対話を通じて仲間の気づきやアクションアイデアを聞くことで、

自分の気づきを増やしたり、新しい発見を得ることができます。また仲間の「○○をやります」といったアクション宣言をきくことで、自分もやろう！という意思づくりの機会にもなる場合があります。

　各ワークを実施する際には、最後に「振り返りタイム」を設けるようにしましょう。

図 62：振り返りワークシート

本日の対話を通じて、気づいたこと、感じたこと、学んだこと

上記の気づきや学びを、今後のチームでどのように活かしますか？

## 革命前夜期

次第に、それぞれのメンバーが
自発的にチームに関わりだす。
輪に入らないメンバーとの
衝突も増えるが、対話を常に忘れずに。
それは、チーム覚醒最後の扉。

## 革命前夜期の特徴

　チームにとっては、重要な成長の段階にあります。メンバーが自発的にチームの活動に関わり始め、個々の貢献と責任感が高まっています。これは、チームの潜在能力が解放されつつある兆候です。

　しかし、このフェーズでは、全てのメンバーが同じペースで前進するわけではなく、一部のメンバーとの衝突が増えることも予想されます。これらの衝突は、チーム内での対話と相互理解を深めることで乗り越えられる課題です。

　この段階は、チームとして覚醒し、「最後の扉」を開くための試練のフェーズでもあります。

## ウィー・アー・ザ・チーム期へ進化するためのポイント

　「わたしたちはチームだ！」という一致団結する次のフェーズに移行するためには、以下の要素が重要となります。

### 衝突への建設的な対応

　お互いの意見の衝突を恐れずに、対話を通じて衝突を解消しましょう。衝突を通してお互いが本音をぶつけあった上で、違いを認め相互理解を深められれば、さらにチームの結束を強化することにつながります。

　そのような建設的な対応ができるよう、「チーム内で対立が起きた際にどのように対応するか」についての話し合いや、メンバー全員で対立の対処法を学ぶ機会を作りましょう。

　「意見の対立」に関する具体的な対応例として「創造的対立モデル」があります。

対話 & TEAM EXPERIENCE 編

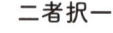

図63：対立への対処方法

| 回避 | 二者択一 | 創造的対立 |
|---|---|---|
| ・対立意見があるが言わない | ・どちらが正しいかを決める | ・互いに相手の視点を認識する |
| ・投げかけ止まり<br>（すぐ取り下げる） | ・説得・論破するやりとり | ・双方の視点を考慮し再発想する |
| ・対立してもスルーする | ・相手に合わせる／同調する<br>（互いに自分の視点だけで<br>見ている） | ・クリエイティブジャンプし<br>第三の案（新視点の発想）を<br>創造する |
| ・相手の居ない場で言う | | |

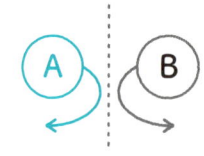
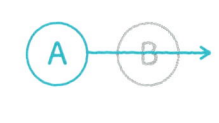
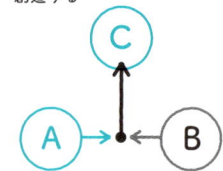

　一般的にメンバー間での意見が対立した場合の対処方法については図63のように「回避」「二者択一」「創造的対立」が挙げられます。創造的な対立の進め方を以下に示します。マネージャーからすると、この創造的な対立に取り組むことで、協創型のコミュニケーションスタイル（P.303）を習得することにも繋がります。

### 創造的対立の進め方

1. 対立した意見を書き出す（見える化することで議論内容のすり替えを最小限にとどめる効果があります）
2. 発言者それぞれに、背景や理由を尋ねる（加えて見える化）
3. 背景・理由を明らかにした後、そもそもの話題（何について話していたのか？）に立ち返る
4. 対立した意見や各々の背景や発言理由を前提条件として、そもそもの話題に対する第三のアイデアをメンバー全員で出し合う（クリエイティブジャンプ）

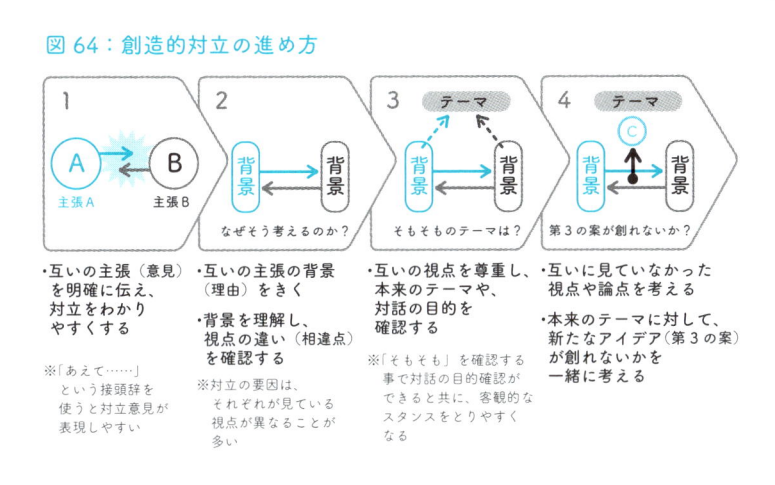

図64：創造的対立の進め方

1 主張A／B — ・互いの主張（意見）を明確に伝え、対立をわかりやすくする ※「あえて……」という接頭辞を使うと対立意見が表現しやすい

2 なぜそう考えるのか？ — ・互いの主張の背景（理由）をきく ・背景を理解し、視点の違い（相違点）を確認する ※対立の要因は、それぞれが見ている視点が異なることが多い

3 そもそものテーマは？ — ・互いの視点を尊重し、本来のテーマや、対話の目的を確認する ※「そもそも」を確認する事で対話の目的確認ができると共に、客観的なスタンスをとりやすくなる

4 第3の案が創れないか？ — ・互いに見ていなかった視点や論点を考える ・本来のテーマに対して、新たなアイデア（第3の案）が創れないかを一緒に考える

## ポジティブなフィードバックと承認

メンバーの貢献と成果を認め、ポジティブなフィードバックを提供することで、各メンバーの自己効力感（やればできる）を高めたり、自身のチームでの貢献感を感じることができたり、自分の弱みを補完してくれるメンバーのありがたさに気づいたりと、チームとしての結束力を強化します。

具体的なワークとしてメンバーがお互いに「感謝や魅力のフィードバック」があります。

例として隔週でチームの振り返りの時間を確保し、アジェンダの一つとしてメンバー個人への感謝の気持ちを伝えるワークを実施するケースがあります。他者のことをきちんと見るきっかけになったり、観察眼も磨くことができるのでオススメです。

メンバーへの感謝だけでなく「メンバー各自への『できているところ』と『レベルアップ』のフィードバック」をするワークも入れることで、メンバーがお互いに更なるレベルアップをサポートし合う関係づくりにもつなげることができます。

創造的対立やポジティブなフィードバックを通じて、チームは「このチー

ムでなし得ることがある」という共通の信念と自信を持ち、一致団結して目標に向かって努力することができるようになります。革命前夜期というフェーズは、チームが真の意味で一体となり、共に成長し、成果を上げるための重要な転換点とも言えるのです。

# ウィー・アー・ザ・チーム期

「わたしたちは、チームだ！」
全員が同じ目標を追いかけ
一致団結している。
このチームで成し遂げるコトが、
私達にはあるんだ。

## ウィー・アー・ザ・チーム期の特徴

　ウィー・アー・ザ・チーム期のチームは、強い一体感と共通の目標に向かう確固たる意志を持っています。全メンバーが「私たちはチームだ！」という感覚を共有し、一致団結している状態です。

　チーム全体が同じ目標を追い求め、それぞれのメンバーがその達成に向けて自分の役割を果たすことに意義を見出しています。また、チームとして団結することで、個々では到達できない価値の創造に繋げられるという自信を持っています。

　さらに、高いエンゲージメントと共有されたビジョンを背景に、目標達成に向け切磋琢磨し合える関係でもあります。チームメンバーは自分たちなら目標を成し遂げることができると確信しており、それ自体が仕事に積

極的に取り組む動機づけとなっています。こうした、「自分たちならできる」という外部環境の変化に依存せずチームが進んでいく力となります。

　同時に、ウィー・アー・ザ・チーム期は、決して固定的な状態ではなく、チームの置かれている環境、特にメンバーの離脱や新しいメンバーが異動してくるなどの変化により、他のフェーズへ移行してしまうことを肝に銘じておくことが求められます。

## 【全フェーズ共通】
# このような状態に注意しましょう！

### ▎「我々はいいチームである」という
### ▎自覚ができた瞬間に注意

　我々は素晴らしいチームである、という成功体験（次のフェーズに進んだタイミングなど）をすると、慢心してしまい、チームの小さな変化（ほころび）に気づかなくなることがあります。さらに、小さな変化が起きた際に気づいたメンバーがいたとしても、「気にしすぎかも」「私だけかも」といったバイアスが働いてしまい、声を挙げなくなることがあります。

　そのような状態に陥らないためには、チームについて考える話題を用いた対話と振り返りをする機会を継続的に作ることが求められます。

　例として、チームの状態について振り返る「チームスキル・チェックリスト」（図65）を紹介します。

　このチェックリストはチームの状態についてメンバーが意見を述べやすいように設計されています。このワークシートを用いて職場メンバーで対話の場をもつことで、メンバー各自が、「チームをどのように見ているか？」について具体的に把握することができます。

　各メンバーのチームに対する認識を把握した上で、チーム運営のレベルアップ策を考えることができます。さらには、各メンバーが個人レベルでチームのレベルアップに繋がるアクションを起こしたり、共通の問題意識

をもっていることに気づいた職場メンバー同士が協力してアクションを起こすきっかけにもなります。

## チームスキル・チェックリストを使った対話ワークの手順

### ステップ1：対話ワークの目的をメンバーに共有する

なぜこの対話ワークを実施するのか、についてメンバーと共有します。例を参考に自職場に合った目的を設定します。

**目的例：「対話を通じてメンバーが現状のチーム状態をどう観ているかを共有し、よりよいチームになるためのアイデアを発見し、チャレンジする」**

### ステップ2：検討する質問を決める（1分程度）

チームスキル・チェックリストの11項目の中から、意見交換をする質問を選びます。

質問はA、B、Cの順に、また表番号の順に、チームとして成熟した能力が求められる内容となっていますので、初めは若い番号（No.1、2、3辺り）から始めることをオススメします。

### ステップ3：個人ワーク（3分／設問）

メンバー各自で、「チームスキル・チェックリスト」を用いて「チェック項目」について、左から順に三つの視点で自分の考えを書き出します。

**視点1：その質問で訊ねられていることが十分にできている状態を10点満点だとすると、現状は何点か？**

**視点2：視点1で回答した点数について、できていると思っていることはどんなことか？**

**視点3：視点1で回答した点数を10点満点にするには、何が実現できればよいか？（今後の課題）**

このタイミングでは、チェックリストの言葉の定義についてマネージャーやファシリテーター役が明確にすることは避けましょう。各々のメンバーが思う

観点と基準で自由に評価・意見だししてもらうことが重要です。もし言葉の定義が必要な場合は、ステップ 4 の対話ワークでのメンバー発言から得られる、様々な観点を用いて話し合ってみることをオススメします。

　また、視点 2、視点 3 ではキーワードでもよいので思いつくことを書き出してみましょう。余裕があれば、詳細についても書き出して構いません。ステップ 4 の対話ワークの際に他のメンバーへ説明をしながら、キーワードの中にある具体的な内容を明らかにしていきます。

### ステップ4：メンバー全員で対話ワーク

　「チームスキル・メンバーチェックリスト」に記述した各メンバーのコメントについて、一人ひとり発表してもらいます。一人につき、2 〜 3 分／設問程度を目処に発言します。

### ステップ5：対話ワークの振り返りを行う

　チームメンバー全員で、この対話ワークを実施して気づいたこと、感じたことを振り返り、今後の進め方について意見交換をします。

　この振り返りの際に、レベルアップ課題で出てきたメンバーからの意見をマネージャーが「持ち帰って検討」にするのではなく、可能なものはメンバー同士でアクションを具体化してもらい、次回の対話ワークまでに何らかの行動をトライしてもらうことを推奨します。

　そして次の対話ワーク実施時には、各自がトライした事柄を振り返り、「できたこと」、「うまくいかなかったこと」、「実践してみて学んだこと」、「今後やってみたいこと」などを話し合います。

　このような対話と実践を繰り返しながら自分たちで、自分たちのチームをよりよくできる実感（やればできる感）を育てていきましょう。

対話 & TEAM EXPERIENCE 編

図65：チームスキル・チェックリスト

| 区分 | No. | チェック項目 | 点数<br>(10点満点) | できている事 | 今後の課題 |
|---|---|---|---|---|---|
| A | 1 | 私はメンバー各自の強み・補完ポイントを把握できている | | | |
| | 2 | 私はメンバーのコミュニケーション特性に合わせて対応できている | | | |
| | 3 | 私は思ったこと、感じたことを躊躇すること無く発言できている | | | |
| B | 4 | メンバーはチームに必要な情報を充分に提供できている | | | |
| | 5 | メンバーは「チーム」という見方を充分に理解し活用することができている | | | |
| | 6 | メンバーはお互いの良い点や感謝をタイミングよくフィードバックできている | | | |
| | 7 | メンバーは否定的・消極的だと思われる発言もチームに提供できている | | | |
| C | 8 | このチームでは対立する意見表明を臆せず、建設的、創造的に活用できている | | | |
| | 9 | このチームはメンバーのもつ創造力と実行力を最大限に引き出し活用できている | | | |
| | 10 | このチームは困難な状況を避けず、チームの成長機会と捉えて活用できている | | | |
| D | 11 | その他（　　　　　　　） | | | |

# 【全フェーズ共通】
# 「チーム・プランニング手法」を活用する

　これまで説明してきたようにチームの成長のためには、様々な話題を用いた対話の機会づくりが大切です。このような対話によるチームの成長を促すことに加えて、チームのパフォーマンスを最大限に引き出すためには、適切な計画とメンバーの積極的な関与が不可欠です。

　そのための施策の一つが「チーム・プランニング」です。この手法はプロジェクト・マネジメントの概念をベースにしつつ、対象のプロジェクト

や業務が直面する課題を総合的に解決することを目指しています。

チーム・プランニングでは、プロジェクトや業務を担当しているメンバーがプランニングプロセスに参画する過程を通じて、各自がプロジェクトや業務内での役割を理解し、参加意識や納期達成への意欲を高めることができます。このプロセスによって、プロジェクトや業務へのエンゲージメントが強化され、チーム全体のパフォーマンス向上が期待できます。

具体的には、メンバー全員で課題の抽出、タスクの洗い出し、進め方、期間短縮の方法を考えることを通じて、「私たち（We）の計画」づくりを行います。

このプログラムの後半にある期間短縮策の検討を通じて、タスク分担の見直しや、業務負荷の共有とメンバー育成の同時実現などのチーム施策を取り入れることで、チームであるメリットをメンバーが体験できるようにしていきます。

ER が職場の支援をする際に、「対話もいいけど、目の前の業務を優先しないと」といった声をマネージャーからもらうこともあるかと思います。

その際に、業務に直結するエンゲージメントの実践として、このチームプランニングを紹介してみるのもいいでしょう。

対話 & TEAM EXPERIENCE 編

## チーム・プランニングの五つのステップ

チーム・プランニングは以下の五つのステップで進められます。

### 1. 課題の総洗い出し

プロジェクトが直面している課題や問題点をチーム全体で全て洗い出します。各メンバーの視点を取り入れることで、より広範な視野で課題を捉えることができます。

### 2. 課題への対策づくり

洗い出された課題に対して、具体的な解決策をチームで考案します。この段階で、必要に応じて代替案も用意します。プロジェクトの初期段階で複数の選択肢を検討することで、後々の対応の柔軟性が向上します。

### 3. 作業の洗い出し

WBS: Work Breakdown Structure

チームで解決策をもとに、必要な作業項目を詳細に洗い出します。これにより、プロジェクトの全体像を具体的に把握することができ、各メンバーが自分の役割を明確に認識する助けとなります。

### 4. 全体スケジュールづくり

PERT：Program Evaluation and Review Technique

作業の洗い出しが完了したら、それを元にプロジェクト全体のスケジュールをチームで作成します。この過程をチームで共有することで、納期意識を高め、スケジュールに対する責任感を醸成します。

### 5. 期間短縮策の検討

最後に、プロジェクトの効率化や作業期間の短縮に向けた施策を検討します。メンバー間でスケジュールや業務負荷を考慮しながら、どこで効率化が図れるかを議論します。

## チーム・プランニングの ポイント

チーム・プランニングの成功の鍵は、チームメンバーが主体的にプランニングプロセスに関与することです。これにより、以下の効果が得られます。

### 全体像の把握

メンバーがプロジェクト全体を俯瞰することで、進行状況や課題を的確に把握できます。

### 課題の可視化

どの段階に問題が潜んでいるか、あるいは課題が明確になっていない部分を把握し、適切な対策を講じることが可能です。

### 知見の共有

各メンバーが持つ知識や経験が課題解決に生かされ、チーム全体のスキル向上につながります。

### 自分の立ち位置の明確化

各メンバーが自分の役割と責任範囲を明確に認識し、プロジェクトの一員としての自覚を深めます。

### 業務負荷の共有

メンバー同士で業務の難易度や負荷の状態を共有することで、適切なリソース配分や支援が行われ、チーム全体のパフォーマンスが向上します。

このように、チーム・プランニングは単なるスケジュール作成にとどまらず、メンバーのプロジェクトや業務へのエンゲージメントを高め、パフォーマンスの向上を実現する重要な手法です。

# Column

## 激変する社会で進化し続ける「組織力」の視点

　現代のビジネス環境は、デジタル技術の急速な進化やグローバル競争の変化と複雑性の高度化、労働力の多様化や環境配慮などの要因により、急速に変化しています。このような激変の中で、組織が挑戦し、進化し続けるために必要な「組織力」とは何なのか。本コラムでは、これからの組織に必要な組織力という視点に立ち、エンゲージメント活動の意味を見つめ直します。

### 組織力は、組織能力と組織活力で成り立つ

　私たちは、組織が成長し、進化しつづけるために必要な組織力を「組織能力」と「組織活力」の二つで捉えています。
　組織能力とは、個々の能力の高さや人数、組織体制を指します。
　一方の組織活力とは、個々人が高いパフォーマンスを発揮するための要素で、本書で扱っているエンゲージメントは組織活力に深く関わっていると考えています。

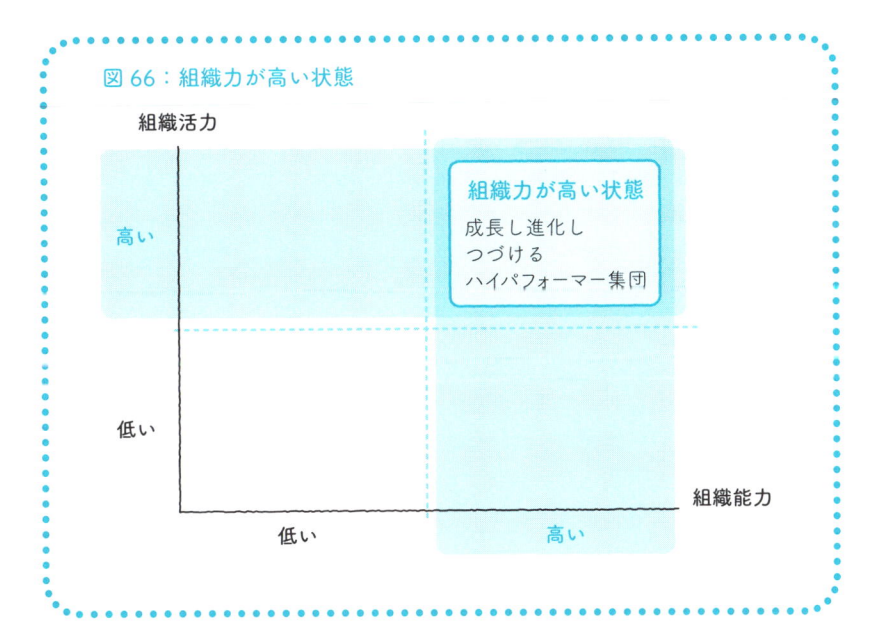

図 66：組織力が高い状態

組織活力

組織力が高い状態
成長し進化し
つづける
ハイパフォーマー集団

高い

低い

低い　　　　　高い　　　組織能力

対話 & TEAM EXPERIENCE 編

特に、エンゲージメントと個々のパフォーマンスに関係性があると解説した内容（P.7）とは深い関連性があると言えます。

多くの企業が組織能力の獲得に関しては、高い意識を持って取り組んでいます。人数を増やすために採用を強化したり、スキルアップを目的とした研修や学習機会の提供などに力を注ぐ組織があることは、想像に難くないでしょう。

一方で、一人ひとりの組織活力の向上に関しては、発展段階とも言えます。一人ひとりが活き活きと働けているか、最大限のパフォーマンスを発揮できているか、といった点については、ようやく注目度が高まってきたというのが現状かと思います。

人口減少により採用コストが増加する一方で、人的資本経営が注目を集め、エンゲージメントという考え方が普及してきているのが、その一つの現われとも言えるでしょう。

社員数だけでなく、一人ひとりの能力の発揮度も大切となってきた今こそ、組織活力に目を向け、本当の意味での組織力の向上に取り組むタイミングとも言えます。

組織能力の獲得だけでなく、組織活力の向上にも注目し、本質的な組織力を引き出すことが、これからの組織の進化には必要になってくるはずです。

## 組織力に繋がる「やればできる」マインドと共同体感覚

組織力が高い組織は、個々人に「やればできる」というマインドセットが浸透している、という見方もできます。このマインドセットを基盤にして、個人レベルのやればできる感としての「自己効力」、仲間や協力者たちとのパートナー関係の中で協力して結果を出せる「関係効力」、チームメンバーや組織内で共同して結果を出す「組織効力」、といった効力感[※1]が存在します。

発展途上である組織活力の向上において、これらの効力感が大きな影響を与えるのではないかと、私たちは考えています。

2019 年に日本で創設されたプロ・バスケットボールチーム「アルティーリ千葉」も、こうした効力感を育んでいる事例の一つです。

アルティーリ千葉はアフリカの哲学である「UBUNTU（ウブントゥ）」をクラブの中心的な価値観として掲げています。UBUNTU は、「私はあなたがいるから私が存在する」という意味を持ち、個人の成功や幸福が他者との関係性によって成り立つという、いわば〝共同体感覚〟を大切にする考え方を示しています。

アルティーリ千葉では、この哲学に基づき、選手たちは互いに支え合い、個々の力を最大限に引き出すことで、チーム全体の成功を目指しています。

こうした、個人、チーム、組織それぞれの効力感と、共同体感覚がこれからの組織の成長においては重要な鍵を握っていると言えます。そして、こうした効力感や共同体感覚を育む取り組みと、エンゲージメント活動には非常に大きな関連性があることは、本書の内容からも汲み取れるはずです。

## 激変する環境へ対応する組織形態の進化

組織力を高めていく上で、もう一つの視点として「組織形態」にも着目してみましょう。

多くの組織が採用する組織形態として、「ピラミッド型組織」があります。

激変するビジネス環境において、ピラミッド型の階層組織は安定性には優れていますが、アジリティや柔軟性、スピード感を必要とする変革には不向きです。

そこで重要なのが、従来のピラミッド型組織とネットワーク型組織を組み合わせたコッターの「デュアルシステム」です[2]。

ネットワーク型組織とは、特定のリーダーを設けず、フラットな関係で相互支援をしながら、プロジェクトなどに当たる組織形態を言います。デュアルシステムでは、ピラミッド型とネットワーク型を組み合わせ、それぞれの強みを活かしていきます。

このシステムでは、組織内の個人が変化に敏感に反応し、自ら判断し、仲間と協力しながらリスクを最小限に抑え、チャンスを活かすことができる柔軟な体制が整います。

エンゲージメント活動における、キーパーソンとの集まり、モデルチームやアンバサダー活動、社内コミュニティなどは、このネットワーク型組織の萌芽に繋がるといってもいいでしょう。

エンゲージメント活動が活性化されることで、組織の柔軟性が増し、激変する環境に適応しやすくなるという捉え方もできるのです。

かなり駆け足になりましたが、組織力の視点を通じて、エンゲージメントの新たな捉え方を持つきっかけになると幸いです。

※1）「キャリアカウンセリングとコーチング～管理者のやる気を引き出す～」（2008）
田中信／日本産業カウンセリング学会大会
※2）『CHANGE 組織はなぜ変われないのか』（2022）
ジョン・P・コッター、バネッサ・アクタル、ガウラブ・グプタ／ダイヤモンド社

# Engagement Story

## エンゲージメントストーリー⑩

## 株式会社野村総合研究所

### 社員一人ひとりが、自分らしく・自分たちらしく価値を共創する組織

クラウドサービス事業本部
ネットワークサービスマネジメント部
ネットワークサービス第一グループ
**横山 誠人さん**

2008年新卒入社。プログラム開発、システム運用、社内支援、金融業界のシステム基盤開発・運用などを担当したのち、現部署にてクラウドサービスの企画・運営を担当。設計構築リーダーとして約10名のチームを運営している。
2022年4月よりネットワークサービスマネジメント部全体のエンゲージメント活動を推進する委員会のメンバーとなり、計3名のコアメンバーで推進活動を行っている。

※取材時（2023年8月）の部署です。

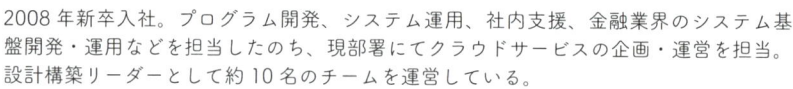

　1965年に創業、社員数はグループ全体で16,000人を超える、日本を代表するコンサルティング、ITソリューション企業の株式会社野村総合研究所（NRI）。同社では、2020年度より全社的なエンゲージメント向上活動がスタートし、「働きがい共創」をキーワードに、社内コミュニティ活動、各事業部での推進委員の設置など、精力的に活動を行っています。

　エンゲージメント推進委員の一人として活動する横山さんは、チームリーダーを務める傍らで、エンゲージメント向上活動に取り組んでいます。

　最初は関心が薄かったエンゲージメントという考え方に強く惹かれていったという横山さんに、「活動の価値の伝え方」について語っていただきました。

> **よくある課題と事例からの学び**
>
> **課題**：規模が大きい組織での体制をどうすればいいか

**学び**：トップダウンとボトムアップを組み合わせる体制づくり

（参考項目：「体制・スケジュールを考える」P.163）

**課題**：職場での活動を何からスタートすればいいかわからない

**学び**：エンゲージメント活動へのスタンスの共有と、チームのありたい姿を考える

（参考項目：「対話 & TEAM EXPERIENCE 編」P.295）

**課題**：推進者として長く活動に関わるためのスタンスや心構えは？

**学び**：自分自身のエンゲージメントと向き合う、エンゲージメント活動で自分が活き活きするときを考える

（参考項目：「エンゲージメントの体感と実践編」P.271）

## 自分たちは何をするチームなのか？

### ―横山さんがエンゲージメント向上活動の推進委員になったきっかけは？

　私がエンゲージメント推進活動を始めたきっかけは、部署にエンゲージメント向上委員会が設置されたときに、部長から委員会メンバーに任命されたことです。そのため、エンゲージメント向上活動に対して特別強い意思があったわけではなく、エンゲージメントを学ぶアカデミーにも、流れで参画したというのが正直なところです。

　ただ、そのアカデミーで出会った仲間や講師のみなさんに恵まれて、今では積極的にブログで自身の経験を発信するようになりました。

### ―NRI は規模が大きい企業です。 エンゲージメント向上活動は どのような構造になっているのでしょうか？

　図 67 は NRI の体制図です。社長の配下にある一つひとつの細長い四角

対話 & TEAM EXPERIENCE 編

は事業部門で、お客様の業界や、クラウドサービスのような機能ごとの単位で組織しています。人材開発部が主導する本社機構が現場の横断的な取り組みや管理サポートの役割を担っています。

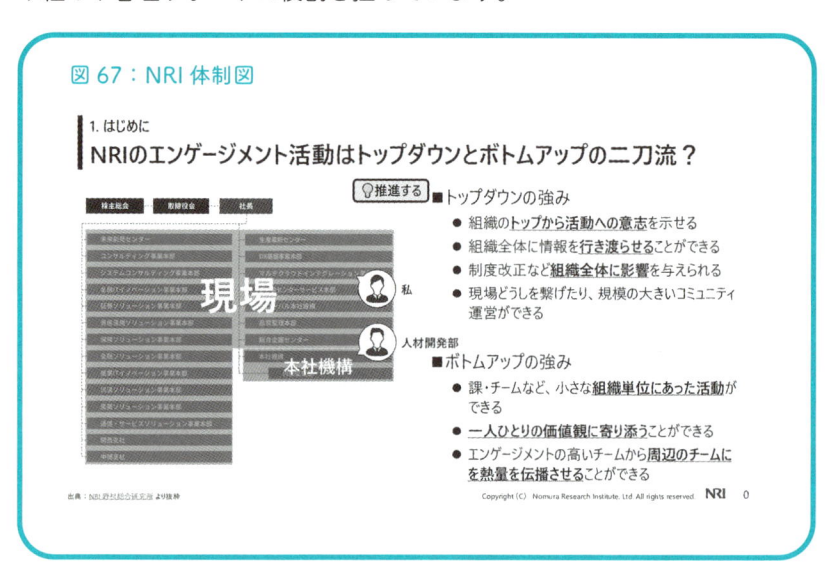

図 67：NRI 体制図

本社機構によるトップダウンは、会社・組織全体としての方向性を示すことができるのが強みですが、それぞれの現場で温度感や規模感にばらつきがあるので、現場レベルのエンゲージメント向上活動も行われています。

現場のボトムアップでは、小さな組織単位に合った活動や、一人ひとりの価値観に寄り添うことができるので、エンゲージメント向上活動を自分ごととして扱える人を増やしていくためには必要な活動だと思います。本社機構での全体施策があることで、現場メンバーの活動がサポートされています。

―2020 年からエンゲージメント向上活動がスタートしています。
　自らも現場で働く推進委員という立場から見た、
　活動継続のポイントを教えてください。

まず、私たちにとって、エンゲージメント向上活動は一体どんな活動なのかについて考えるとき、デレク・シヴァーズさんの「社会運動はどう

やって起こすか」という TED の講演動画※）がとても参考になります。最初に一人が踊り出すと、初めは冷笑されますが、そのうち一緒に踊ってくれる人が現れます。ポイントなのは、初めから踊っている人と、一緒に踊り出したフォロワーを対等に取り扱うことです。

　エンゲージメント向上活動も同じで、皆さんが最初に活動を始めたときというのは組織の中で踊っている状態なんですね。エンゲージメントと向き合う中で大切なのは、皆さんが踊っている中で勇気を出してくれた初めのフォロワーを大切にして、対等に取り扱うということです。

　こうしたエンゲージメント向上活動に対する基本スタンスを明確にした上で、継続する次のポイントは、「自分たちの部署が何をするチームなのかを最初に明らかにする」ことです。私たちはグループではなくチームです。

　会社などの組織ごとに目的があるはずですので、その認識を揃えていかなくてはいけません。その上で、自分の部署がどういう役割で何に貢献しているのか、それぞれの業務は自分の意欲や感情をどう満たしてくれるのかを見つめ直すと、なんとなく今の仕事の意味が見えてくるものです。言語化が難しい場合は、絵や写真で表現してみてもいいと思います。

※）デレク・シヴァーズ「社会運動はどうやって起こすか」
　　https://www.youtube.com/watch?v=V74AxCqOTvg

—それぞれのチームにおける「ありたい姿」を
　考えていくということですね。理想像を描いたあとは？

　理想像が描けたら、次は「なぜエンゲージメントを向上させようとしているのか」を考えてみます。私の場合だと、会社の企業理念や経営ビジョンを私たちの業務にあった言葉に落とし込んでいきます。

　弊社のコーポレート・ステートメントは「Dream up the future. 未来創発」です。このステートメントから、例えば、私が所属する部署のミッションに落とし込んだとき、その中身からキーワードを抜き出すと、「新しい価値を提供したい」「複雑な問題を解決したい」が実現したいことでした。

対話 & TEAM EXPERIENCE 編

そのためには、学習し続ける組織になり、客観視を磨いて信頼関係を築くことができる、つまり健全な意見のぶつけ合いができる環境にしていく必要があります。そうすると必然的に、私たちがエンゲージメントを向上させて獲得したいものは何なのかが見えてくるわけです。

## なぜ、自分はこの会社にいるのか？

**―「Why」をかなり大事にしているのが伝わります。**

　チームになぜエンゲージメントが必要なのかわかった後は、自分なりのエンゲージメントが必要な理由を考えてみましょう。これは言い換えると、「なぜあなたはこのエンゲージメントの学びの場にいるのか」を考えるということです。

　「業務だから」「マネージャーとして必要なスキルだから」「売り上げが上がると聞いたから」など、人によって理由は様々だと思います。

　ですが学びを進めていくと、「職場の雰囲気が良くなるのであれば確かにいいな」「信頼関係が築け、生産性が向上するかも」みたいな雰囲気を感じはじめ、エンゲージメントが流行っている社会的な背景が少しずつ見えてきます。そうすると、自分の願っていることや価値観も見え始めるはずです。

　活き活きと働けば社会が活き活きとすると思うから、そんな社会で過ごしたいという人もいれば、世の中に必要なものだと理解したから自分のスキルとしてセットしておきたいという人もいる。

　エンゲージメントによって、部下や上司から潜在的な感情が引き出せることを嬉しいと感じる人もいますし、まだまだエンゲージメントは疑わしいけど、最先端を知りたい・組織開発の奥深さを探求したいと考える人もいます。エンゲージメント向上活動が自分の何を満たしてくれるのか、ここは自分の欲求と素直に向き合いましょう。

　私も初めは部長に指名されて始めたので、きっかけは何でも構わないですし、周りに流されながら成長する方もいます。焦らずに自分を探求して、自分なりのエンゲージメントが必要な理由を探していきましょう。少しで

もその感情に気づくことができれば、この持続的な活動のための大きな力となっていきます。まずはあなた自身が継続できるために、この場にいて組織のことを考えるだけでも、すでにエンゲージメント向上活動は始まっているんです。

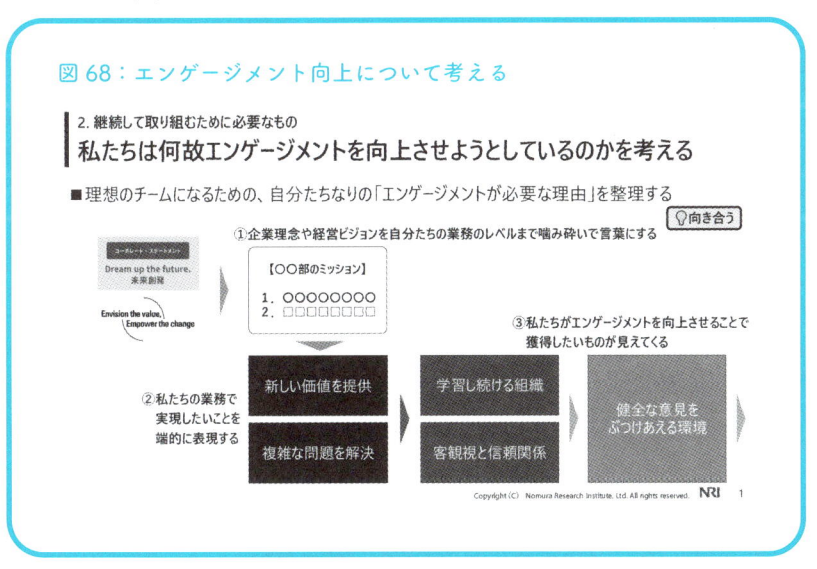

図 68：エンゲージメント向上について考える

―横山さんはとても活き活きと取り組んでいるように見えますね。

そうですね。私は推進者が活き活きと業務することが大切だと思っていますが、私が特別だからできているわけではなくて、誰もが主人公になって活き活きと活動することができます。活き活きとした現場が出てきたら、その活き活きを人いに盛り上げて、組織全体のエンゲージメント向上の波を作っていってもらえればと思います。

業務が忙しかったり綺麗事をなかなか堂々と言えなかったりしがちですが、その時はエンゲージメントに真摯に向き合う仲間が、私も含めて、たくさんいるということを思い出してくださいね。

対話 & TEAM EXPERIENCE 編

# スキル＆
# スタンス編

否定的な反応をされた、活動の成果が見えづらい、職場との適切な関係性をどう築けばいいか……。
ER として活動していく中で、往々にしてこのような壁が立ちはだかることになります。
何よりも大切なのは、エンゲージメントの本質的な理解と「いい組織にしたい」という想いではありますが、現実的にはそれだけで組織をいい方向に変えていけるわけではありません。
そこで、本編では、ER が壁を乗り越えるために習得しておくといいスキルやスタンスについて解説します。
本編で解説するスキル＆スタンスは、いずれのミッションの達成やアクションの実行においても役に立つものです。すぐに身につくものばかりではありませんが、ER としての成長を実現するために、習得に励んでいきましょう。

# 聴くスキル：
# インタビュースキル

「インタビュー」（P.191）で触れているように、
様々なアクションで活用していくスキルです。
よりよいインタビューを行うための三つの技術を通じて、
スキル習得を目指していきましょう。

## 技術1
# 何を準備するか

　インタビュースキルは大きく「何を準備するか」「何を聴くか」「どのように聴くか」の三つに分かれます。まずは、一つ目の「何を準備するか」について解説していきます。

図69：インタビュー技術①：何を準備するか

| 何を準備するか（インタビュー設計） | 何を聴くか（質問項目） | どのように聴くか（進め方・関わり方） |
| --- | --- | --- |

入念な準備をしながらも、実際の場面では相手に集中する

〈準備事項の例〉
- ☐ 目的の設定
- ☐ 対象者の選択
- ☐ インタビュー項目づくり
- ☐ スケジュール調整
- ☐ 場所・備品の手配
- ☐ 関係情報の収集
- ☐ 仮説づくり
- ☐ 説明用の資料準備

## インタビューの背景を明確にする

　インタビューの準備の際に、まず大事にしたいのは、背景を整理し話せるようにすることです。

　例えば、活動の目的やゴールについて意見をもらうためのインタビューを考えているとします。その際に、なぜ目的やゴールを考える必要があるのか、なぜエンゲージメント活動が必要なのか、なぜインタビューが必要なのかをしっかりと説明できるように準備することが大切です。経営者、マネージャー、メンバー、直接の上司、自分の部下や同僚……などインタビュー相手に合わせて多角的な視点で、インタビューに至った経緯が的確に伝わるような説明を心がけましょう。

　この時点で、忙しいので時間を取りたくない、活動自体に抵抗があるなど、インタビュー企画に対して否定的な人がいる可能性も想定しましょう。その上で、インタビューを受けることの意味やメリットがどこにあるかを事前に共有できるよう、インタビューの目的を明確にしておくことが重要です。

　「インタビュー」（P.191）で述べたように、インタビューには相手の内面を整理する効果もあります。チームや組織に課題を抱いている人であれば、課題解決に向けた一歩となる、といったメリットも伝えられます。

　「いい組織にしたい」「○○さんの経験を活かしてほしい」「○○さんの意見をぜひ活動のゴールにも反映させたい」など、相手に合わせて説明を行いましょう。

## 誰に、どの順番でインタビューするか

　インタビューの目的に応じて、誰にインタビューするかを選んでいきましょう。

　例えば活動初期の巻き込み段階の場合、エンゲージメントに興味・関心がある人、エンゲージメントという言葉は使っていないが同じような考え

スキル＆スタンス編

方を持っている人、活動に対して肯定的な意見を持つ人から始めていくことをオススメします。いきなり否定的な人と話をすると、精神的に負荷がかかってしまうためです。

　肯定的な人とのインタビューを終えたら、活動に対して否定的な意見を持つ人にもインタビューをしてみましょう。否定的な意見を持っている人の話にも耳を傾けることで、活動を進めていく中で考慮すべき多様な視点を手にいれることができます。

　否定的な人に対してのインタビューでは、ER が大切にしている活動への思いを一方的に伝えて「説得モード」に陥らないようにしましょう。あくまで、相手の考え方に耳を傾けることが目的です。インタビューと説得は違うということも、頭に入れておきましょう。

　エンゲージメント活動の中期段階では、メンバーのエンゲージメントの体感や実践に関する事例収集のためにインタビューを実施することがあります。このようなエンゲージメントの体感、実践事例を収集する場面では、インタビューを実施する順番が大切になります。

　オススメは、「新人、若手社員や経験者採用のメンバー→ 中堅→上層部」といった組織に対して新鮮な視点を持つ人から順番にインタビューする方法です。

　というのも、自組織の経験が短い人は、固定観念に捉われずにコメントを発してくれる傾向が強いため、聞き手はこれまでにない斬新な視点や発想の話を聞ける可能性が高いです。結果として聞き手となる ER 側が、「話を聞いて元気になれる」という感想を持つことも多くなります。

　一方で自組織の経験が長い人は、組織の実情を前提として話をしてくれるため、突飛な観点が少ない傾向があります。また自組織の進化や変化に対して「どうせ変わらないだろう」という制限を課してしまう人も多いため、聞き手が疲れてしまう可能性があります。

　よって自組織での経験が浅い人からインタビューを開始して、元気をもらい、そのエネルギーを元にインタビューを進めていくことをオススメしています。

## インタビュー対象者への事前案内を作成、送信する

事前に必要な案内事項としては、インタビュー企画の背景や目的、インタビュー内容・項目、実施時期、時間、場所、方法（電話、対面、オンラインなど）、守秘義務の有無、録音・録画の有無などがあります。これらのどの項目を共有するかを、事前に検討しておきましょう。

インタビューの所要時間については 30 ～ 60 分程度が主流です。60 分の場合はある程度余裕を持ってインタビューができますが、30 分の場合は短時間で関係性を構築し、意見を引き出すスキルが求められてきます。

## 技術2
# 何を聴くか

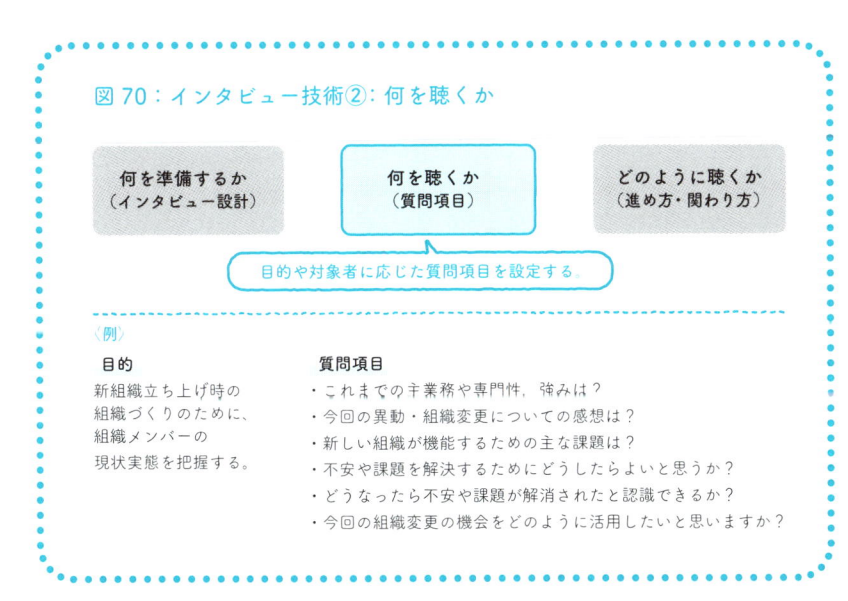

図70：インタビュー技術②：何を聴くか

何を準備するか（インタビュー設計）　何を聴くか（質問項目）　どのように聴くか（進め方・関わり方）

目的や対象者に応じた質問項目を設定する

〈例〉

**目的**
新組織立ち上げ時の組織づくりのために、組織メンバーの現状実態を把握する。

**質問項目**
・これまでの主業務や専門性、強みは？
・今回の異動・組織変更についての感想は？
・新しい組織が機能するための主な課題は？
・不安や課題を解決するためにどうしたらよいと思うか？
・どうなったら不安や課題が解消されたと認識できるか？
・今回の組織変更の機会をどのように活用したいと思いますか？

スキル＆スタンス編

## 質問項目を考える

　誰に聞くかを決めたら、次は質問項目を考えましょう。この質問項目は、インタビューの肝となる部分です。

　インタビューを実施する際、起こりうるリスクとして「目的」を果たそうという意識に縛られ過ぎることで「インタビュー（Inter + View）」の効果が損なわれてしまうことがあります。「相手から何かを聞かなければ」という意識が強くなりすぎると、ヒアリングに近いスタイルのコミュニケーションになってしまうのです。ヒアリングとインタビューの違いについては、「インタビュー」（P.191）で解説しています。

　また、質問自体の難易度が高すぎると相手を緊張させてしまったり、不用意に考え込ませてしまう場合もあります。相手に合わせて、回答しやすい項目設定を考え、対象者別に内容、項目を設定していく必要があります。

　以下にインタビュー項目を考える際に考慮したい視点、質問項目例を挙げておきます。

### インタビュー項目設計視点の例

- インタビューの目的は何か？
- インタビューを通じて相手とどのような関係を構築したいか？
- 相手の立場の特徴はどのようなものか？
  （職位、キャリア・経験、エンゲージメント活動との関係性、相手と自分の関係性など）
- 相手の思考スタイル、特徴はどのようなものか？
  （すでに相手が知り合いの場合は、相手の思考スタイルに合わせた進め方を考慮した内容にします。初見の場合はインタビュー案内のやりとりや、インタビュー冒頭のやりとりから想定して関わる必要があります）
- インタビューを通じて、相手から聴きたい事柄にはどのようなものがあるか？

## 質問項目例

- ●今の担当業務内容やこれまでのキャリアなど
- ●エンゲージメント活動に対してどのような考えを持っているか？
- ●現場の組織、チームについてどのような課題意識を持っているか？
- ●ER の施策案についてどのような意見を持っているか？
- ●エンゲージメント活動を進める際の課題や問題点、懸念点など
- ●自分自身の仕事でやりたいことがあるか？それができる状況にあるか？
- ●エンゲージメント活動への協力を検討してくれるか？

## ┃ 相手の情報を 把握する

　質問項目を考える際に、可能な限り相手の情報を把握するようにしましょう。

　所属部署や在籍年数、これまでの社内での経歴などの個人に関する基本情報。所属部署の事業内容や方針、所属部署のマネージャーの特徴、顕在化している組織課題がないか、など所属部署に関する情報。など、わかる範囲で情報を集めるようにしましょう。そうした情報が、質問項目を考える際の大きなヒントにもなります。

　「新規事業がうまくいかず、ギスギスしている」「離職率が多い／少ない」「最近、中途社員が多く入った」などの情報があることで、より相手の内面に寄り添った質問項目を考えられるはずです。ただし、同じ社内でも守秘とされている情報の扱いには十分に注意しましょう。

　プレ取材として、メールやチャットツールで、基本情報を事前に相手からもらうのもよいでしょう。テキストで短時間で返答できる程度の質問事項を投げかけ、相手の負担がないように事前情報を把握する方法です。

　在籍年数、これまでの社内での経歴など基礎的な情報でも、知っている、知らないでは雲泥の差です。当日のインタビューで基礎的な情報把握に時間をさかずにも済みます。基礎情報を聞くだけで 10 分が過ぎてしまう……ということは珍しくありません。貴重な時間を有効活用できるように、プレ取材も有効活用しましょう。

# 技術3
# どのように聴くか

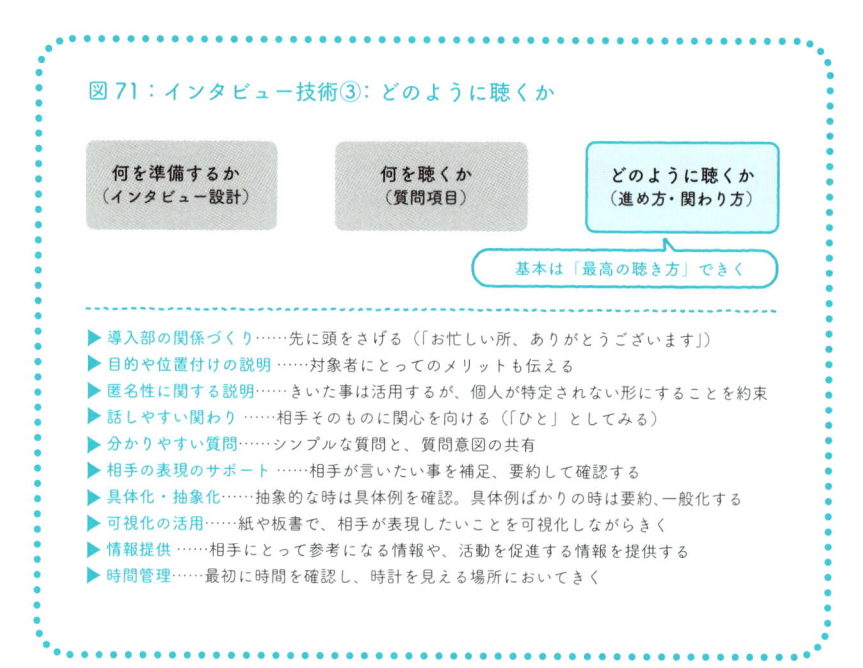

図71：インタビュー技術③：どのように聴くか

| 何を準備するか<br>（インタビュー設計） | 何を聴くか<br>（質問項目） | どのように聴くか<br>（進め方・関わり方） |

基本は「最高の聴き方」できく

- ▶ 導入部の関係づくり……先に頭をさげる（「お忙しい所、ありがとうございます」）
- ▶ 目的や位置付けの説明……対象者にとってのメリットも伝える
- ▶ 匿名性に関する説明……きいた事は活用するが、個人が特定されない形にすることを約束
- ▶ 話しやすい関わり……相手そのものに関心を向ける（「ひと」としてみる）
- ▶ 分かりやすい質問……シンプルな質問と、質問意図の共有
- ▶ 相手の表現のサポート……相手が言いたい事を補足、要約して確認する
- ▶ 具体化・抽象化……抽象的な時は具体例を確認。具体例ばかりの時は要約、一般化する
- ▶ 可視化の活用……紙や板書で、相手が表現したいことを可視化しながらきく
- ▶ 情報提供……相手にとって参考になる情報や、活動を促進する情報を提供する
- ▶ 時間管理……最初に時間を確認し、時計を見える場所においてきく

## 相手の特性に合わせた話の流れを大事にする

　実際のインタビュー時に、一番大事にしたいのが話の流れです。限られた時間内で、インタビュー対象者に積極的に話をしてもらうために、単に事前の質問項目だけを聞くだけでは十分ではありません。相手の特性に合わせて、話の流れを考慮し、インタビューを進めていく必要があります。

　相手の思考スタイルや特徴を知る方法として、特性診断ツールを活用する方法があります。特性診断ツールを活用することで、理論的・統計的なアプローチで、相手の思考の裏にある好き嫌いや大事にしている価値観まである程度知ることができます。

結果、普段接することで見えている傾向の裏付け、新たな一面の発見につながります。こういった観点をおさえると、よりインタビューも行いやすくなります。

ここでは、インタビュー時に活用しやすいハーマンモデルを用いた思考スタイル特性の理解と最適なコミュニケーション方法について解説します。

ハーマンモデルにはＡ、Ｂ、Ｃ、Ｄの四つの思考スタイルが提示されています。Ａは論理・理性脳、Ｂは堅実・計画脳、Ｃは感覚・友好脳、Ｄは冒険・創造脳と言われています。ハーマンモデルの詳細については多くの解説書籍や資料がありますので、本書では割愛させていただきます。

## ┃インタビュー導入部で、思考スタイルをプロファイリングする

インタビューの導入部は、相手の特性を把握し、思考スタイルをプロファイリングするために有効活用できます。

インタビューの導入時には、相手の人事な資源である「時間」をいただくことへの感謝から始めることで、それに対する相手の反応を得ます。

「今日は貴重なお時間をいただき、本当にありがとうございます」というこちらの言葉に対し、思考スタイルＡさん（論理・理性脳）、Ｂさん（堅実・計画脳）は特に反応はなく、Ｃさん（感覚・友好脳）Ｄさん（冒険・創造脳）は、「こちらこそ、ありがとうございます」、「どうぞよろしくお願いします」などの言葉や、笑顔といった表情などの反応を得ることができる傾向があります。

この時点で、ＡさんとＢさんはインタビューの内容自体に重きを置いている思考傾向であること。対してＣさんＤさんはコミュニケーション自体に重きを置いている思考傾向であると推定できます。

このような推定を用いて、早速インタビューに入るか（Ａさん、Ｂさん）、コミュニケーションで関係づくりをしてからインタビューに入るか（Ｃさん、Ｄさん）というように相手の思考スタイルによって対話の流れを大きく２通りに調整します。

次に、インタビューに向けた準備状況にも思考スタイルによりバラつ

きがあるため、個々の準備状況を把握する必要があります。

　導入時、ＡさんＢさんはインタビューの内容自体に重きを置いている様子でした。その中でもＡさんはインタビューの目的や結果を重視するため、自分なりにインタビュー目的の達成のために、何が必要か？について考えてきてくれます。

　一方で、Ｂさんはインタビューの制限時間内で、かつ正確に回答することを重視するため、予め質問への回答内容を準備してくる傾向があります。

　Ｃさん、Ｄさんは、導入時のコミュニケーション自体に重きを置く傾向にあります。Ｃさんは、どうコミュニケーションするか、準備段階においてもインタビューに関わる「人」や表現の仕方に関心をもって準備をしています。

　一方でＤさんは、準備段階ではインタビューへの関心が低く、関心が持てるか否かは当日のコミュニケーション次第という感覚的な傾向があるので、ほとんど準備のない状態で臨みます。

　このことから、準備状況への対応と対話を進めていくにあたり、以下のように対話を工夫することができます。

Ａさん（論理・理性脳）：インタビューの導入段階において、社交辞令や関係性づくりのための対話に時間をかけるよりも、インタビューの開始から早い段階で、今回の目的や改革のゴールをしっかり伝えることが大切です。Ａさんからは、それを聞いた際の率直な感想や意見をもらえる可能性が高くなります。

　　　　　　　目的やゴールがわかれば、発言や協力を惜しまない傾向があるので、いかに目的やゴールを共有していくかがキーポイントとなります。

　　　　　　　また意見に対して、その背景や理由についても明確な主張を持つ傾向があるので、「そのご意見の背景や理由についてお伺いできますか？」と言った背景質問を用いることで活動の企画や方針を考える上で必要な情報も獲得できる可能性があります。

Bさん（堅実・計画脳）：事前案内に沿って予めしっかりと準備をして臨んでくれるBさんに対しては、準備してきていることを尊重して事前の案内通りの順番で話を聴くことが、思考スタイルに沿う対応です。

　逆に、事前に案内した事柄以外について質問が必要になった場合は、コメント準備ができていないため回答に窮することが予想されます。その場合は、インタビュー後のメールで追加の意見を依頼するなど、回答までに時間的な余裕を取ることにも配慮しましょう。

　事前にコメントを準備しているため、予定時間より短く済む可能性があります。効率的なインタビューへの協力に感謝し早めに切り上げるなどの柔軟な対応が求められます。

　堅実・計画脳の傾向が強い人の中には、残り時間を別の話で埋めるような行為に対し違和感を感じる人もいるので注意が必要です。

Cさん（感覚・友好脳）：事前の案内段階から導入時のコミュニケーションまで、Cさんの思考は、インタビュー内容や改革テーマよりも「どのようなコミュニケーションが成されるのか」「自分の言動で周りや相手の反応がどうなるのか」という部分に向けて働く傾向にあります。

　よってCさんの発言には、その都度明確なリアクション（うなづき、相槌、表情の変化など）を示すことで、対話が円滑に進みます。特に賛否が大きく分かれるような質問の場合は、反応を気にして本音が出にくい可能性が高いため、答えやすい質問から順番に行い、その都度のリアクションによって安心感を与えた上で、大事な質問を行うなどの配慮も必要です。

　自分の意見がポジティブに受け取られていると感じ

る対応（「なるほど」、「そうなんですね」など）をすることで可能な限りＣさんの本音を引き出すようにすることがポイントです。

Ｄさん（冒険・創造脳）：導入時のコミュニケーション次第で、関心が持てる場合には協力しようという思考スタイルのＤさんに対しては、こちらの目的についての説明や、質問計画にこだわり過ぎずにコミュニケーションを始めることが大事です。

　Ｄさんは予定調和的な進め方にはあまり関心がありません。よって序盤はＤさん本人が関心を持っていそうな話題から入ると有効です。

　具体的には、最近の関心事や周囲の状況、課題認識などから質問していきます。そうすることによって、Ｄさんの対話に対する興味・関心を引き出すことができ、思考が活性化した状態でインタビュー内容に臨めるようになります。Ｄさんの持つ視点や関心に基づいて対話を進めていけるか否かがポイントとなります。

　このように、インタビューの進め方や質問の観点、言葉遣いや対話テンポなど、相手の思考スタイルに沿った対応をすることで、限られた時間で相手から最大限のコメントを引き出せるようになります。

　上記のような対話の流れの調整や対応に関して、留意しておきたい点が二つあります。

　一つ目は、上に挙げた思考スタイルが一つ該当する場合もあれば、複数該当する場合もあるということです。また、人の思考スタイルは永続的なものではなく、時期やその時に担当している業務特性によって変化することも留意しておきましょう。

　二つ目は、ＥＲ自身にも、思考スタイルの優位性があることです。流れを調整する側である自分自身にも思考スタイルがあるという自覚をした上で、インタビュー内容を俯瞰的に捉えていく必要があります。

# 残すスキル：
# 活動のログを取る

ER はあらゆる場面で活動のログ（記録）を活用していくことになります。
ログを取るポイントを参考に、活動推進に活かせるようにしましょう。

## 活動の中でのログを取るポイント

### ホワイトボードを
### 活用する

職場での対話やワークを行う際に、ホワイトボードを活用してログを取るようにしましょう。ER が手元のノートパソコンやノートなどでメモを取るのもいいのですが、ホワイトボードを使うことで参加者全員に見える化されたログを共有でき、対話の活性化に繋がります。

また、ホワイトボードがあることで対話が「人対人」ではなく「人対テーマ」という構造になりやすくなります。

例えば、対話をしている最中にAさんとBさんの意見が対立したとき、ホワイトボードで見える化がされていないと自然と「Aさん対Bさん」のような構図が生まれやすくなってしまいます。そうなると、本来話したかったテーマからどんどんとそれていき、「AさんかBさんどっちが正しいか」といった本質からずれた対話になってしまいます。

そうならないように、ホワイトボードで見える化しておくと、それが緩衝材となって「Aさん、Bさんはそれぞれ違う意見だけど、今日のテーマにおいてはどっちがいいだろう」「あるいは、他の意見はあるだろうか」と、「私たちとテーマ」という関係性で対話が進みやすくなります。

このように、ホワイトボードでの見える化はログを取れるだけでなく、対話の緩衝材としても機能するためオススメです。対話やワークが終わった後に、スマートフォンなどで写真を撮っておくことも忘れないようにし

ましょう。

　また、昨今ではオンラインのホワイトボードツールの活用も考えられます。オンライン会議の場合はホワイトボードツールを使うことで、対話が促進され、またそのままログとしても残るため、事例化や成果の見える化の際にも活用できます。

　ホワイトボードツールによっては、スタンプなどを使える機能があります。こうしたスタンプは、感情の表現に活用でき、心理状態を扱うエンゲージメントの対話と親和性が非常に高いです。

　Wevox が提供するホワイトボードツール「Wevox Board」は、リアクションやスタンプ機能、質問カードなどによる感情や心の動きの表現に力を入れています。Wevox Board を使って対話をするグループは、エンゲージメントサーベイのスコアにも好影響を与えるデータもあり、可視化はログを取ることに加え、対話の効果向上にも繋がると言えます。

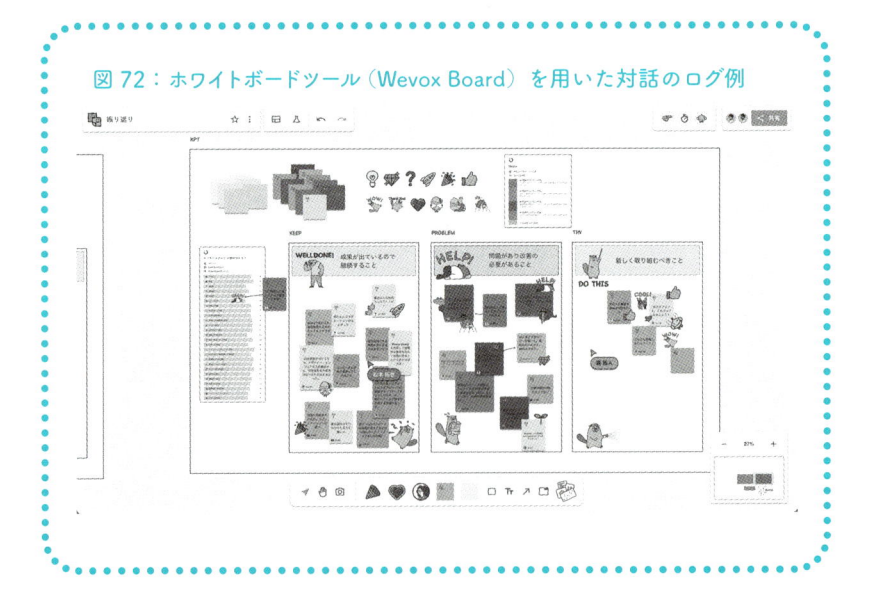

図 72：ホワイトボードツール（Wevox Board）を用いた対話のログ例

## ポジティブ、ネガティブ
## どちらも残しておく

ポジティブな意見だけでなく、ネガティブな意見もログを取っておくようにしましょう。

例えば、対話をスタートした初期段階では、ネガティブな反応を示していたメンバーが何度か対話を重ねるうちに、「メンバーのことを理解できてよかった。仕事がしやすくなった」といった意見を出したとします。このとき、初期段階のネガティブな意見もしっかり残しておけば、より変化がわかりやすくなります。

職場のメンバーの対話ログに加えて、推進チームでの取り組み内容もログとして残すようにしておきましょう。いつ、何をしたか、その際の参加者の様子はどうだったか、振り返りの内容に変化があったか、モデルチームからのフィードバックなどできるだけ細かく、リスト化するなどして残しておくことをオススメします。

こうしたログ自体が事例化のネタを探す際、活動の成果の可視化などにおいて貴重な資料となります。

## 録画、録音、
## 写真撮影を推奨

オンライン会議ツールを用いて、対話やワークを行う際は可能な限り録画機能を使うようにしましょう。録画をする際は予め参加者に「活動のログとして使うため」といった意図を伝えるようにします。録画は簡単にログを取れますし、後で発言者の表情や声色なども一緒に確認できるため、事例化や成果の見える化の際に役立つ資料となります。

対面で行う場合も、できれば録画、それが難しければ録音をするように心掛けましょう。こちらも同じく意図をしっかりとメンバーに伝えます。

ホワイトボードなどを使うにしても、全ての意見を書き残せるわけではありません。また、メンバーの表情や場の雰囲気は動画でないとログとして残すのは難しくなります。

スキル＆スタンス編

参加者の表情、雰囲気からも組織、チームのいい状態、対話の効果というのはとてもよく伝わります。撮影はスマートフォンで十分です。笑顔のシーンや参加者が活き活きと話しているシーン、真剣にワークに取り組むシーンなどが収められるといいでしょう。

動画や写真は事例コンテンツにも使えますし、組織内の各レイヤーへの報告の際にも活用できます。

録画、録音、撮影はうっかりすると忘れてしまいがちです。「あのときのワークすごく雰囲気よかったのに、動画も写真も撮ってなかった！」とならないよう、対話の場では後に使うか使わないかはさておき、録画、録音、撮影を習慣化しておくといいでしょう。

# 課題のログも必要
## 〜課題管理リストの活用ガイド〜

### 図73：課題管理リスト フォーマット＆記入例

**エンゲージメント活動の推進**

| No. | 課題リスト 課題 大項目 | 中項目 | 小項目 | 概要 | やること | 記入者 | 期限 | 進捗 |
|---|---|---|---|---|---|---|---|---|
| | 管理職のエンゲージメント 理解の促進 | 管理職のエンゲージメント 勉強会への参加促進 | 周知の実施 | ・管理職向けにエンゲージメント理解を促す研修を実施する ・興味、関心のある人を中心に募集をかける ・現状だと目標人数に達しないため、周知活動に力を入れる | ・募集メールの作成 ・勉強会の内容がわかる簡易的な資料の作成 ・興味、関心がありそうな人には直接声をかける | | ○月○日 | ・メール作成済 ・資料作成中 |
| | | | | | | | | |
| | | | | | | | | |
| | | | | | | | | |

## 課題管理リストを活用する目的

　課題管理リスト（図73）は、エンゲージメント活動や関係者の対応事項を全て書き出し、活動を体系的に見える化するための重要なツールです。これにより、メンバーが適時かつ効果的に情報を共有し、円滑に活動を進められるよう支援します。

## 課題管理リストを作成し運用するメリット

　エンゲージメント活動の中で課題管理リストを活用することで以下のような効果が得られます。

- 活動を進めていく中で必要となるアクション項目の網羅的な把握
- 検討事項の抜け漏れ防止
- メンバー間の適時かつ適切な連携を促進するためのコミュニケーション機会づくり
- メンバー各自の負荷状況や負荷の配分調整のための補完的ツール
- エンゲージメント活動以外の組織活動（例えば、評価制度の見直し等の人事施策や中期経営計画の策定等の経営企画部門が推進する活動等）との関連づけをリストアップすることで、全社的な視点を考慮しながら活動を進められる

## 活用のポイント

以下に課題管理リストを活用するためのポイントを挙げておきます。

### リストに書き出す内容は？

活動を進める上で必要な「やるべきこと」「検討事項」「懸念点」など、全てをリストに含めます。具体的な課題でなくても、活動中に発生し得る対応事項は全て書き出しましょう。

### 活動の初期段階での書き出し方での注意点は？

特に活動の初期段階では、思いつくままに項目を書き出すことが重要です。何を書くかを迷うよりも、まず書き出す姿勢を重視しましょう。

### メンバー全員で書き出しを推奨

課題管理リストは ER だけといった固定的な運用でなく、活動推進に関わる全てのメンバーが書き込むことを推奨します。思いついた人がどんどん追加していくことで、タイミングよく書き出すことができ、ちょっと気になることや些細なことも書き出し、関係者で共有・対応することが可能となるためです。

### 書き出しの発生順に番号付けをする

書き出す際には、それまでに書き出されている項目の最下段に追記します。追記した事柄には発生順に追番をつけ追加していきます。この方法により、活動が進行する中でどのような課題が出てきたか、時間経過に応じて確認できるようになります。

加えて、書き出した内容ごとに分類番号や体系化をつけて整理する方法も考えられます。

　例えば、「資料調査」という大項目の下に「1. 書籍」「2. 学術論文」「3. 関連ベンダー情報」といった各種調査項目を並べて書き出すといった方法です。

### 重複内容の扱い

　書き出す事柄が以前にリストに挙げたものと似た内容や重複しそうな項目でも、取りあえず追記しておきましょう。同じような表現でも異なる課題が含まれていることがあります。MECE（漏れなく重複なく）を気にしすぎず、抜け漏れの防止を優先しましょう。

### メンバー全員での定期的なリストのレビュー

　リスト内容を定期的にメンバー全員でレビューする機会を設けます。各項目の背景や内容を記載者が説明し、対応の優先順位、主担当者、対応方針をメンバーで話し合いながら決定します。重要な課題については、全員で対応策をブレインストーミングすることが推奨されます。

　定期的に進捗状況を確認し、各メンバーの負荷や対応状況を考慮しながら、最適な課題対応を行うためのツールとしても活かしましょう。

### 記録の保持

　リストに記載した項目は、たとえ対応しない課題となった場合でも削除せず残しておきましょう。これにより、活動中に発生する様々な事象の記録を残せます。

スキル＆スタンス編

# 残すスキル：
## ER を増やす、スキルを受け継ぐ

エンゲージメント活動が定着し、長く継続的に続いていくように、
ER の経験値を残すスキルを身に付けていきましょう。

## 自分自身の活動ログが
## 何よりの参考に

　ER のスキルとして、ぜひ持っていてほしいのが「自分（たち）以外の
ER を増やす」という視点です。これは、推進チーム内に増やすことも意
味しますし、職場に増やしていくという意味でもあります。職場であれば、
キーパーソンやアンバサダーなどに ER としてのスキルやマインドを身に
つけてもらうイメージです。

　ER を増やすために「活動ログ」がここでも効果を発揮します。

　様々な活動のログこそが、他の ER を養成する際の何よりの教科書と
なっていきます。本書もぜひ参考図書として活用していただきたいと思
いますが、組織それぞれの状態、事情に合わせた ER としてのノウハウは、
みなさんにしか蓄積できません。

　本書は ER の基礎ガイドブック的に読んでいただき、個別具体の組織に
合わせた方法論は、みなさんが残す活動ログで学んでもらうことをオスス
メします。

　まだ自分たちですら ER として未熟なのに、いきなり増やすことなんて
頭が回らない……と考えた方もいらっしゃると思います。しかし、いつ、
皆さんが異動や役割変更によって、ER としての活動が制限される状態に
なるかわかりません。

　そんな時、今まさに ER としての成長を遂げようとし、失敗も含めて経
験値を貯めているみなさんの活動や学びの記録を残しておくことはとても
大事になってきます。

# スキルを伝えるための
# 六つの機会提供

　さらに具体的に、ER としてのスキルを周囲に伝えていくための六つの機会提供について解説します。

### 1. 知識として理解する機会の提供

- これまでの活動のログの閲覧（資料や対話の場や説明会、講演などを録画した動画、録音した音声、写真など）
- 本書をはじめとして、先輩 ER が成長するために手にとった書籍
- 先輩 ER 自身の経験を体系化、可視化した資料

### 2. 体験する機会の提供

- 対話の場（ワークショップや振り返りなど）、説明会や講演、表彰式などを参加者として体験できる機会
- 対話の場を通じた組織の変化をオブザーバーとして体感できる機会
- オブザーブ後に振り返りを行い、自身が何を感じたか、何を認識したかなど自己を振り返る機会
- 先輩 ER が組織やチーム、メンバーの特性をどう認識し、どう意図的に関わっているかを紹介する機会
- インタビュースキル、ファシリテーションスキルなどを活かせる体験の提供

### 3. 試行する機会の提供

- 対話の場（ワークショップや振り返りなど）に同席して記録を取る役割を担う
- 後輩 ER の思考、観点、アイデアが実践に値すると判断した場合、部分的にリードしてもらう機会を提供する

### 4. 伴走する機会の提供

- （人事部や経営企画部などの ER の場合）対話の場のファシリテーション、相談会の対応、経営層への報告資料の取りまとめ……などの経験を重ね、任せる範囲を広げていく
- （職場内の ER の場合）チームごとの対話の場のファシリテーションをしてもらう、部門内での相談会を自主的に開いてもらう、部門トップとのコミュニケーションをリードしてもらう……などの経験を重ね、任せる範囲を広げていく

### 5. 育てる機会の提供

- 後輩 ER のさらに後輩に ER としてのスキルやスタンスを、経験値を伝える機会を提供する

### 6. 一連の活動を振り返る機会

- 活動風景、関連書籍、資料を見て理解を深め、自身が何を感じたか、何を認識したかを後輩 ER と一緒に振り返る / 言葉にする機会
- 対話の場づくりを試行して、自身が何を感じたか、何を認識したかを後輩 ER と一緒に振り返る / 言葉にする機会
- エンゲージメント活動をするチームや組織に伴走して、自身が何を感じたか、何を認識したかを後輩 ER と一緒に振り返る / 言葉にする機会
- 後輩 ER にスキルやスタンスや経験値を伝え、自身が何を感じたか、何を認識したかを後輩 ER と一緒に振り返る / 言葉にする機会

　これらの様々な機会と振り返りを通じて、自然と後進が育つようになります。その結果、永続的に組織内に ER が存在する状態を作り出せます。

　こうした組織にまで成長できれば、まさに「自分たちの組織を、自分たちでよくする」組織になれたとも言えます。

　まだ自身が ER として成長中の人からすれば、先が長い話のように思えますが、自身のキャリアを通じて達成する長期的な目標として、ぜひできることから取り組んでみてください。

# 変容のスキル：
## 変化と変容

エンゲージメント活動を推進する際に多くの ER が体験するのが、
マネジャーやメンバー、場合によっては経営層による
「変化への抵抗反応」です。
「抵抗」に対して ER がどのように対応すればよいか
解説します。

## 「変化」と「変容」を扱う

ER はエンゲージメント活動を推進する過程において「変化（Change）」
と「変容（Transition）」を扱う必要があります。

図74 に、組織の変化と人・組織の変容について示します。

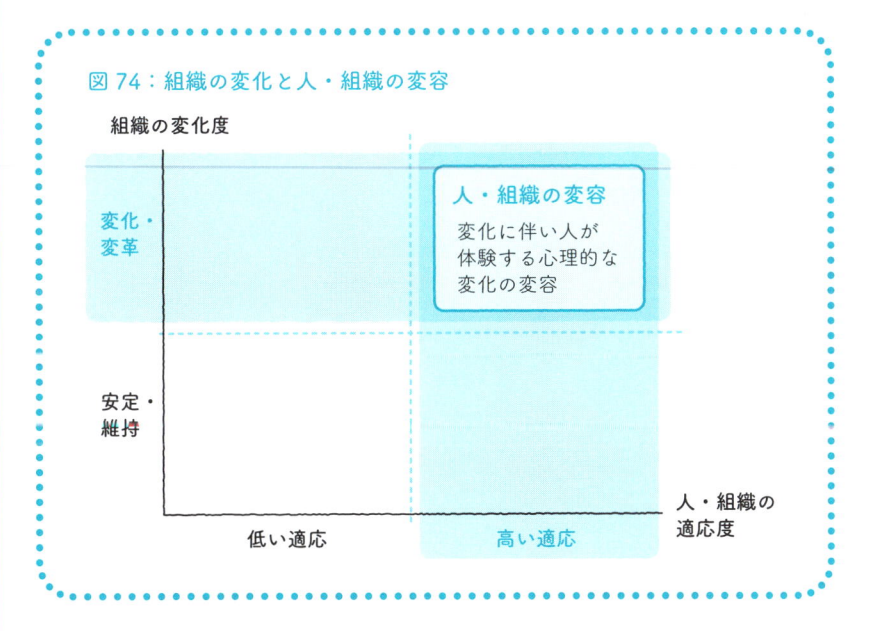

図74：組織の変化と人・組織の変容

組織の変化度

変化・
変革

人・組織の変容
変化に伴い人が
体験する心理的な
変化の変容

安定・
維持

低い適応　　　　　　高い適応

人・組織の
適応度

エンゲージメント活動と関連する組織の変化には以下の例が挙げられます。

- リーダーシップとマネジメントのスタイル変革
- コミュニケーション改革や透明性の向上
- 報酬と評価システムの見直し
- キャリア開発やスキルアップのしくみ
- チーム力開発やコラボレーションの促進
- エンゲージメントの測定と改善

これらの「組織の変化」には多くの場合「組織」と「人」が介在します。そして、その「組織」と「人」が組織変化の過程で直面するのが「変容（Transition）」です。言い方を変えれば「人は変化に直面すると〝抵抗にみえる反応を含むプロセス〟を通じて、変化へ適応していく」となります。

では、人が変化に直面したときに体験する変容の過程とは、どのようなものでしょう。

変容については、これまでさまざまな先人達により研究が進められています。私たちはそれら先人の知恵も参考にしつつ、以下のプロセスで捉えています。

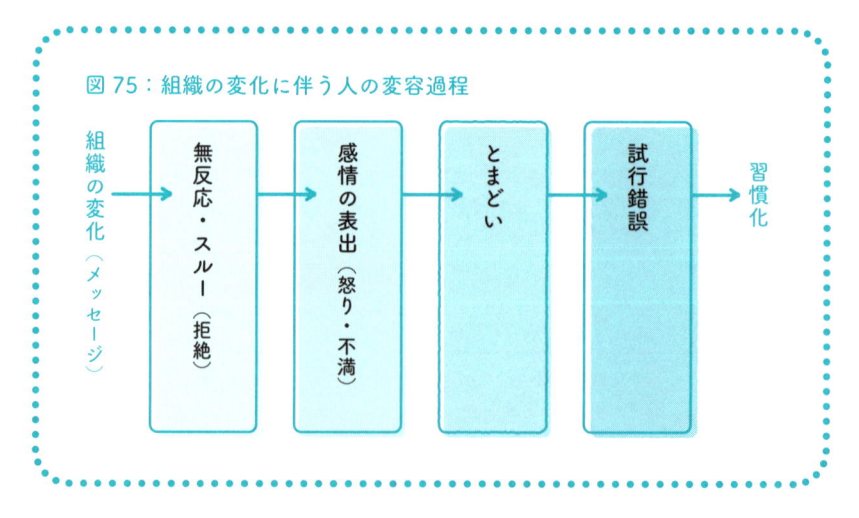

図75：組織の変化に伴う人の変容過程

組織の変化（メッセージ） → 無反応・スルー（拒絶） → 感情の表出（怒り・不満） → とまどい → 試行錯誤 → 習慣化

以下に図 75 の左から順に各ステップの説明と対応について解説します。

## 組織の変化
## （メッセージの発信）

メンバーに対して、組織から「変化に関するメッセージ」が発信された状態です。説明会や講演会など、職場の人たちが初めてエンゲージメント活動の情報に触れるタイミングがこのステップに該当します。

## 無反応・スルー
## （拒絶）

人は初めて聞いたことは、どのように捉えたらよいかわからないため、良し悪しや、自分に関係するのか否かといった判断基準を持たず、反応できません。結果として「無反応」という現象になります。

例えばあなたがチーム内で何か新しいアイデアなどを提案した際に、誰からも何も反応が無かった経験があるかもしれません。それがこのステージです。

このステージにおけるメンバーの（無反応・スルーという）反応は、周りの人の反応を気にしやすい人や感受性が高い人には、自分が拒絶されたように感じるかもしれません。

### 無反応・スルー（拒絶）への対応策

ER の対応策としては、まず人は誰しも、新しいことには反応できない段階があることを知っておくことが大切です。周りの人の無反応な状態が、自分に向けられた特定の行為ではなく、変化の過程において、誰にでも起こる普通な反応であることを認識して対応することが大切です。

この段階は、手を変え品を変え、様々な表現で何度も説明することで、次の段階へと移行していきます。

説明会や講演会は無反応な状態に揺さぶりをかけて、次のプロセスである「感

情の表出」に進んでもらうための、重要アクションとも言えます。

## 感情の表出 （怒り・不満）

　前述の無反応やスルー、拒絶と思われる反応に負けず、変化の必要性を伝え続けたり、実際に自らが発信していることを仲間と共に率先して取り組む（例：モデルチーム活動）ことで、次に起きるのは感情的反応です。

　この反応がどのように表出するかの例として

- なぜ、そんなことをする必要があるのか？
- そんなことをしてうまくいくのか？
- その改革は誰がやるのか？
- 今、担当している仕事はどうしたらいいのか？
- 失敗したらどうするつもりか？
- うちの会社で、そんなことが本当にできるのか？

などがあります。

### 感情の表出（怒り・不満）への対応策

　無反応の対応策と同様、人は新しいことに直面すると、感情的な反応（特に否定的であったり、怒っているように見てとれる反応）をする段階があることを知りましょう。ERの気持ちとしては、職場の人たちのために、よりよい組織、チームづくりをしようと思って活動している時に、このような感情的な反応をされることで、ショックを受けてしまうことがあります。

　一方で、このような感情的な反応が出てくる現象は、前段階の「無反応」とは異なり、伝えているメッセージが相手に届いている結果と捉えることができます。もし「自分には関係ない」と思っているならば、このような感情的な反応は不要だからです。

　よってこのような否定的な反応が表出することはエンゲージメント活動を推進する上では、職場の人たちの認識が前進していると捉えることもできます。

　具体的な対応策としては、否定的な反応や感情（怒り）の反応を、まずは受け止めることが必要となります。受け止めるといっても、自分のせいではないか、などと悩む必要はありません。「そのように捉える人がいるのだな」というように捉え方の一つとして認識することが大切です。

　並行して、このような感情的な反応段階にいるメンバーとは別に、新しいことに前向きに取り組もうとするメンバーや、エンゲージメントに対して課題意識を持っていて、既に取り組みを始めているマネージャーも組織内に存在しているケースも多く見受けられます。ER はこのような活動に前向きに協力してくれるメンバーを発掘することが大切です。

　後述のオススメ図書（P.375）で、エベレット・ロジャースが説明しているように、人によっては、新しいものに対して前向きに反応できるタイプの人たち（イノベーターやアーリーアダプター）もいます。

　新たに始めるエンゲージメント活動に対し、前向きな人を発掘・連携し、小さくてよいので好事例づくりを進めていくことが大切です。この小さな好事例づくりが変化への抵抗に対する大きな対応策となっていきます。前向きな人の見つけ方については後述します。

## とまどい

　ER がマネージャーやメンバーから「無反応」や「感情的な反応」を受けている中、それでもエンゲージメント活動の価値を伝え続けたり、実践し続けることで、メンバーも「困ったな……ER は言い続けているし、いろいろ試行錯誤している。どうしよう……」といった戸惑いが生まれます。

　誰しもやったことがないことには、どのように対応したらよいかがわからないため「とまどい」が発生することも変化への対応時の特徴です。

　この「とまどい」が変容する際にはとても重要な段階と言えます。なぜなら、変わるためにどうしたらよいか、を考えているからこそ「とまどう」ためです。

## とまどいへの対応策

　ER はエンゲージメント活動を推進する中で、関係者達に「とまどい」が発生することを理解し、寛容であることが求められます。

　「とまどい」の期間があることを無視して、活動を進めようとしてもなかなか行動が生まれません。焦らず「とまどい」の期間を扱うことが大切です。

　一方で、「感情の表出段階」でも紹介したエンゲージメント活動に前向きに協力してくれるメンバーとの小さな好事例づくりについてはコツコツと進めることが大切です。

　この好事例づくりが次の「試行錯誤」の段階で有効に働くことになります。

## 試行錯誤

　「とまどい」の過程において、それでも ER が、エンゲージメント活動を推進することの大切さや、組織内でのモデルチーム活動などを通じて小さな好事例づくりを進めている情報が広がっていくと、抵抗反応は「試行錯誤」の段階にはいっていきます。

　この段階では、ER やモデルチームのマネージャー、メンバーに対して、「エンゲージメント活動をどのように進めているの？」「エンゲージメント活動を推進するとどんな効果があるの？」といった活動の進め方について尋ねてみたり、自分なりのエンゲージメント活動の進め方について調べたりといった試行錯誤が生まれます。

　このように試す段階に入ると、やってみてうまく行くことや、うまく行かないことが体験できます。試行錯誤に対してフィードバックがされることでエンゲージメント活動への対応方法を発見していくことになります。

### 試行錯誤への対応策

　ER に求められる対応策は、これまで実践してきたモデルチーム活動などの小さな実践結果を見える化し、試行錯誤を重ねている職場のマネージャーやメンバーへ広く伝えていくことです。ER マトリクスにおける SUPPORT が参考になります。職場への支援を通じて、エンゲージメント活動を組織に広げていくことができます。

## 習慣化

　変容の最終段階では習慣化というエンゲージメント活動を当たり前に実践できる段階があります。この段階に至ると、人によっては最初に「できない・無理」と思っていたことができるようになった経験を通じて「やればできる感（自己効力感）」を感じることができます。

　このような経験を通じて、「もっとできるかもしれない」と、新たな変化に対して前向きに捉える状態を作ることにもよい影響を与えることができます。

### 習慣化への対応策

　習慣化の段階では、ER は各チームでのエンゲージメント活動の事例をインタビューなどを通じて収集し、広く組織に伝播していくことで、さらなる活動の促進を図りやすくなります。

　また、自分たちの事例をインタビューされたり、組織の内外で紹介されることで、「自分たちのやっていることは価値のあること」という認識を高め、自信をつけることができます。

　このように ER が変化への抵抗反応に対して、取り組むことで、エンゲージメント活動を進めることができるようになります。

スキル＆スタンス編

# 人や組織の変容へ
# 対応するコツ

　ERは組織やマネージャー、メンバーから抵抗反応を受けた際に対処するスキルを身につけることが求められます。特に活動の初期段階ではER自身も、活動目的や進め方に確信がある訳ではありません。

　ER自身の内にある「疑問」「不安」「恐れ」「とまどい」「落胆」などに関わるコメントをメンバーからの質問やコメントで受け取ってしまうと、過剰に反応してしまったり、想定外の質問に戸惑ってしまったり、回答に窮する質問やコメントに動揺してしまったりすることはよくあることです。

## ▌人や組織の変容への
## ▌対応ポイント

- ●ネガティブな発言や抵抗と思われる発言に対し、なんとか説得しようと深追いし過ぎない
- ●このような質問やコメントに対しては、「今後、活動を進める際に重要となる学びの視点」として扱う（即答しようとせずに別途、回答することで一次対応する）
- ●ネガティブな発言をする人には、時間をかけてやりとりしながら対応する（変容過程に関わる気持ちで相手に関わる）
- ●相手が変容できればラッキー、変わらなければまだタイミングではないといった程度で相手の変容に関わる

# 人の集まりである組織、チームにも 変容のプロセスがある

　マネージャー、メンバーの一人ひとりに組織の変化に伴ない抵抗反応が起こるように、組織、チームにも変化への抵抗反応が起こります。

　それは組織やチームの雰囲気、ムードといった感覚的なもので認識することができます。

　ERにとっては、活動初期に経営層へ企画を提案する場面や全社向けの説明会、個別チームに対する活動支援のスタート時などで直面することが考えられます。

　ERはこのような場面で、組織、チームにおいても抵抗反応のような状態が起きることを予め想定しておき、どのように対応するか、準備しておくことが大切です。

　組織の変容は、前述した人の変容過程を参考に捉えることができます。人の変容にはない、組織の変容の特徴の例として、説明会の場面などでは、他の人が発言しにくいことを察して代表者として活動に対する疑問や懸念を提示する人が現れるという現象があります。

　このような代表者的な発言をする人は「私だけでなく、他の人もそう思っているはず」といったスタンスをとることがあります。

　ERがその場でいろいろ説明や説得を試みようとしても、「わたしが納得するということでなく、ここにいる他の人がどう思うか」という観点での発言のため、納得を得ることは難しいことがあります。

　その場合は「ご意見ありがとうございます。今後、活動を具体化する中で参考にさせてください」といった形で、一旦受け止めておき、必要であれば、事後に個別に意見交換する、といったアプローチも検討してみてください。

　また、組織の変容は人の変容以上に長期的な視点で捉え、対応していく必要があることも予め理解しておきましょう。

スキル＆スタンス編

## 変化と変容に関する オススメ図書

『トランジション・マネジメント 組織の転機を活かすために』（2017）

ウイリアム・ブリッジス、スーザン・ブリッジズ著／
パンローリング株式会社

組織や個人が変化を乗り越える際に陥りがちな心理的な障壁や段階を、「終わり―中立地帯―新しい始まり」という三段階の移行モデルを用いて解説しています。

『 死ぬ瞬間―死とその過程について、完全新訳改訂版』（1998）

Ｅ．キューブラー・ロス著、鈴木晶訳／読売新聞社

患者が末期疾患に対処する際のメカニズムとして「否認と孤立」「怒り」「取り引き」「抑鬱」「受容」の５段階と「希望」があることを示しています。

『チェンジング・フォー・グッド：
ステージ変容理論で上手に行動を変える』（2005）

ジェイムス・プロチャスカ、ジョン・ソークロス、カルロ・ディクレメンテ著／法研

人が新しい習慣を取り入れる際にどのような段階を経るのか、について行動変容ステージモデル（Transtheoretical Model）の六段階（「無関心期」「関心期」「準備期」「実行期」「維持期」「終結期」）を用いて解説しています。

『CHANGE 組織はなぜ変われないのか』（2022）

ジョン・Ｐ・コッター、バネッサ・アクタル、ガウラブ・グプタ著／
ダイヤモンド社

組織が変革に挑む際に直面する課題や、変革プロセスでの失敗要因、変革の基本ステップや成功するための方法論などについて解説しています。

『実践 チェンジマネジメント
変革プログラムを成功に導き、変化に俊敏な組織をつくる』（2023）

芝尾芳昭、小野弘貴、香川隆、高村智、清水雅也 著／
日本能率協会マネジメントセンター

組織における変革を効果的に推進し、成功させるための手法やセルフチェックのポイント等について解説しています。

『 ADKAR：企業、政府機関、地域社会の変革を
成功に導くためのモデル』（2023）

ジェフリー・M・ハイアット著／日本アタウェイ株式会社

組織や個人の変革を成功させるための具体的なフレームワークとして ADKAR（五つの英単語「Awareness（認識）、Desire（意欲）、Knowledge（知識）、Ability（能力）、Reinforcement（強化）」の頭文字をとって表現）モデルをもとに変革を段階的に支援することで、抵抗を減らし、成功率を高める打ち手について解説しています。

『イノベーションの普及』（2007）

エベレット・ロジャーズ著／翔泳社

新技術やアイデアが社会にどのように広がるかについて、人々を五つのタイプ（イノベーター（Innovators）、アーリーアダプター（Early Adopters）、アーリーマジョリティ（Early Majority）、レイトマジョリティ（Late Majority）、ラガード（Laggards））に分類し、各層の特性と普及のそのメカニズムについて解説しています。

スキル＆スタンス編

# その他のオススメスキルと活かし方、学び方

ER が持っておくといいスキルは他にも多くあります。
紙面の都合上、全てを詳細に解説できませんが、
その他のオススメスキルと参考図書をご紹介します。

## ファシリテーションスキル

　ワークショップのファシリテーション、対話のファシリテーション（テーブルファシリテーション）は、ER が活用する場面が多いスキルです。単なる進行役ではなく、参加者に気づきやエンゲージメントの体感を生み出せるようになるには、という観点でスキルを深めていきましょう。

**オススメ図書**

『世界で一番やさしい会議の教科書　実践編』（2018）
榊巻 亮／日経 BP

## コーチングスキル

　「相談会」（P.233）などよりもさらに一歩踏み込んで、職場の一人ひとり（主にマネージャー）が自分の力で活動を推進できるよう、コーチングを行います。「エンゲージメントには興味はあるけど、うまくやれるか自信がない」というマネージャーやキーパーソンがいる場合、コーチングを通して目標達成と自信に繋がる成長を促すことを目指していきましょう。

**オススメ図書**

『1 兆ドルコーチ シリコンバレーのレジェンド
ビル・キャンベルの成功の教え』（2019）
エリック・シュミット他／ダイヤモンド社

## 聴く力（傾聴スキル）

傾聴スキルはビジネスシーンで欠かせないスキルとして、その重要性は多くの人に知られるようになりました。ER にとっても、「聴く力」はとても重要です。相手の意見に耳を傾け、「この人なら話を聞いてくれる」という信頼関係を築き、そこからいい対話が生まれていきます。聴く力を高めることで、相手の視点に立って話を聴けるようになっていくため、「聴くスキル：インタビュースキル」（P.344）にも繋がる重要なスキルです。

### オススメ図書

『LISTEN ─ 知性豊かで創造力がある人になれる』（2021）

ケイト・マーフィ／日経 BP

## フィードバックスキル

メンバーの成果や取り組みに対して肯定的な評価や感謝の気持ちを伝えることで、彼らの意欲を高めること、「やりがい」や「達成感」の醸成にも繋がります。「I メッセージ（私は~思う）」で伝えつつ、意図や背景を共有することで相互理解にもつながります。

### オススメ図書

『フィードバック入門　耳の痛いことを伝えて部下と職場を立て直す技術』（2017）

中原 淳／PHP ビジネス新書

## 経営視点の組織変革スキル

活動が広がるなかで、経営層の参画・スポンサードが得られると、事業と組織、両面から活動を活発化させていくことができます。そういった活動を仕掛けていくには、次のような書籍から経営視点での組織変革を知り、自社で試そうとする試みが欠かせません。

### オススメ図書

『両利きの組織をつくる 大企業病を打破するための「攻めと守りの経営」』（2020）

加藤雅則、チャールズ・A・オライリー、ウリケ・シェーデ／英治出版

# スタンス

## ER としての望ましいスタンスと NG スタンス

　ER としてエンゲージメント活動を推進していく際には、職場にどのようなスタンスで関わるかが重要になってきます。いくらスキルを磨き、ER マトリクスを活用できるようになったとしても、スタンスが大きくズレてしまえば、人や組織に悪影響をおよぼすリスクすら出てきます。ER にとっての望ましいスタンスと NG スタンスをそれぞれ見てみましょう。

### 望ましいスタンス

**自分は触媒（変化を促す存在）だ**

- チーム、メンバーの変化を促すことに貢献したい
- 相手の知識、経験、発想を最大限活かしたい
- 答えがなければ、共に考えればいい

**正解はない、最適解はある**

- 言うことを聞かない相手にも訳がある
- 職場がよくなる最適解を見つける
- 最適解を見つけるために対話を大切にする

## 完璧よりも最高を目指す

- 周囲の力を活かして、常によりよくなることを考える
- 反対や抵抗、疑問は新たな視点、学びのチャンス

参考：「キーパーソンとの対話」（P.206）、「変容のスキル：変化と変容」（P.365）

# NG スタンス

## 自分は先生だ／マネージャーよりもいいマネジメントができる先輩的存在である

- 相手より知識やノウハウを持っていなければならない
- アドバイスできなかったらどうしよう……
- 答えを提供しないといけない

## 自分は完全でないといけない

- どんな質問にも答えられなければならない
- 職場から反対、抵抗、自分の答えられない質問がこないか不安だ……
- 一度でも失敗をしてはいけない……

## 自分が答えを持っている

- 私の言うことを聞かない相手がおかしい
- このプログラム通りにいかないとまずい……

# 望ましいスタンスの具体的なイメージ

　望ましいスタンスについて、よりイメージを掴むために図76を見てみましょう。

**図76：望ましいスタンスのイメージ**

**NG スタンス A**
・相手のはるか上空から提案する。
（あるべき論でのプレゼンテーション）
・問題指摘中心で、相手の弱みにつけこむ。
・表面的な改善に留まり、現実を変えるところまで
踏み込んだ内容になっていない。

**NG スタンス B**
・クライアントの現実を見ながら提案する。
・自分の得意な提案内容に偏っている。
・情報提供アプローチ中心で、先生的な姿勢。

**望ましいスタンス**
・クライアントに寄り添って改革を支援する。
・できていることを称賛し、（相手を尊重し）よりよくして
いくために何ができるかクライアントと一緒に考える。
・「一緒に実行までサポートさせていただきます」という、
共に変革を実現するパートナーとして関わる。

　スタンス A では、NG スタンスにもあるような、自分が答えを持っている、完全な存在のようなスタンスで職場に入り込もうとしています。これでは、伴走とは言えず、指導に近い形になっています。

　こうしたスタンスで一時的に組織状態がよくなったとしても、それはエンゲージメント活動で目指す「自分たちの組織を自分たちで作る」ではなく、「ER が組織を作る」になっているとも言えます。

　また、職場に入り込んで、各チーム、各個人に合わせた支援をするのではなく、表面的な改善に留まることになります。「上から目線に感じる」と職場から声が上がってきたら、こうしたスタンスになっている可能性が高いです。

　スタンス B では、スタンス A よりも職場に近い位置で支援をしますが、自分が答えだという感覚があり先生のように振る舞います。職場の実態を見て解決方法を考えますが、個々人の Will と向き合うのではなく、自分の得意なアプローチに偏った支援を行ってしまいます。

そのアプローチがピッタリと合うチーム、人であればいいのですが、合わないチーム、人の場合は悪い方向に転がる可能性もあります。また、職場は先生的なスタンスの ER に頼るようになり、自分たちで組織を作るという感覚を持ちづらくなります。

望ましいスタンスでは、職場の中に入り込み、寄り添いながら支援します。職場の一人ひとりの Will を引き出し、一つひとつの行動、考えを称賛し、よりよくするためのアイデアを一緒に考えていくように接します。

「一緒に対話をサポートします」といったスタンスで、共にエンゲージメント活動によるチームの変化を実現するパートナーのような存在として関わっていきます。これこそが、ER が職場を支援するために必要なスタンスと言えます。

**望ましいスタンスの例**

**マネージャー**「最近、チームのメンバーが元気がなくて困っている」

**ER**「元気がない原因はわかっていますか？」

**マネージャー**「いや、わからない。やる気がないのかな」

**ER**「その若手と何か話をしていますか？」

**マネージャー**「特にしてない。忙しくて」

**ER**「エンゲージメントサーベイのスコアを見てみましょうか。……成長や達成感に関わるスコアが低いですね」

**マネージャー**「確かに。見たはずだけど、あまり気にしていなかったな」

**ER**「それぞれのメンバーが成長や達成感についてどう感じているか、振り返りをしてみてもいいかもしれませんね」

**マネージャー**「なるほどね」

**ER**「よければ、私も同席して、一緒に考えますよ。もし時間がなければ、まずは定例ミーティングの中の 15 分ほどでもいいので対話してみましょう」

**マネージャー**「ありがとう。やってみようか」

## NG スタンスを 取ってしまう背景

スタンス A、B をはじめとした NG スタンス取ってしまう背景には、ER 自身の過去の経験、さらには周囲からの期待（ER 頼みの構図になること）が影響しています。

ER 自身が、過去、自分の考えに沿って周囲に的確にアドバイスしながら、チームの先頭に立ち、経営層からの指摘とも真摯に向き合い、目標を達成した・成功した経験を持つとき、ER はどうしてもその経験と同じように活動を進めようとしてしまいます。

また、職場の人たちの活動への理解、共感が不足すると、（自分ではなく）ER が何かしてくれる、ER が答えを知っていると考えがちで、ER 頼みの構図になってしまいます。

こういった ER 自身の経験を当てはめようとしたり、ER 頼みの構図になってしまうと、ER は、悪気なく、むしろ良かれと思って、NG スタンスを取ってしまいます。

また、逆に、ER 自身が仕事における成功体験が少ない場合、「ER という立場を利用して、自分の能力を誇示したい」という思いを無意識に抱いてしまうことがあります。こうした思いの裏側には、「自分はまだこの会社で評価されていない。やりきれていない」という意識が働いているかもしれません。

能力を誇示したいという意識に端を発して、NG スタンスを持ったまま ER として活動してしまうと、エンゲージメントの本質を見失い、自分本意な活動になります。自分の能力を誇示しようとするあまり、先生や絶対的な答えを持つ存在として振る舞ってしまうのです。

仮に、NG スタンスを取り続けてエンゲージメントがいい状態になったとしても、先述のように「自分たちで自分たちの組織をよくする」ことには繋がりません。

また、職場の一人ひとりからすれば、直属の上長とは別で、もう一人上司ができたような感覚を抱くことになります。二人の上司から何かを言われる状況というのは、職場に混乱を招きます。

活動で行き詰まりを感じたら、本項の解説を参考に自分がどういうスタンスで ER として活動しているのか、改めて見直してみることをオススメします。仮に、NG スタンスで活動していたと思い当たる節があれば、なぜ自分が NG スタンスを取ってしまうのか？自分自身にぜひ問いかけてみてください。

問いかけを掘り下げていくことで、きっと、自分が NG スタンスをとる理由（例：きっかけになった出来事、自分が大切にしていること）が見つかるはずです。

ER が自分自身の根底にある「NG スタンスをとる理由」を明らかにすることは望ましいスタンスに自分を近づいていくための第一歩となります。

# 触媒＝組織全員の伴走者

続いて、望ましいスタンスにある、「触媒である」「正解がない」について、さらに深堀りしていきましょう。

一つ目は、触媒についてです。ER にとって大切な触媒という考えの背景には、ER は組織全員の伴走者だ、という考えがあります。これはつまり、特定の階層や役割を持った人に偏った支援を行わないことを意味します。

しかしながら、円滑な活動推進のためには、どうしても役職が上の経営層との関係性を強化したり、意向を聞くシーンも多くなってはきます。そうして、経営層との繋がりを強くし、組織のエンゲージメント活動がより推進されるように取り組むこと自体は重要なことです。

しかし、気をつけたいのが、経営層との繋がりが強くなっていった際に「自分が権力を持っている」あるいは「経営層の右腕として活躍している」という勘違いを起こしてしまうことです。そうなってしまうと、「組織全員の伴走者」ではなく「経営層の執行代理人」となってしまい、ER としての価値はなくなってしまいます。

経営層の右腕だ、といったスタンスが強くなりすぎると、職場の人からすれば「あの人は役員の右腕だから、言うこと聞かないと」と歪な権力構

造が生まれてしまい、適切な関係性を構築できなくなってしまいます。

　気づけば、自分が権力者側に回ってしまい、チームや組織のエンゲージメントを上げるどころか、一方的に活動を押し付ける存在になってしまう。そういったリスクが常に伴う、という自覚を持つことが大切です。

　組織全員の伴走者であるということは、組織の中で「中庸な存在」であり続けることを意味します。中庸とは儒教の考え方で、どこにも偏らず、調和が取れているという意味です。

　どこにも偏っていないからこそ、ER も本音で意見を言える。そういう存在であり続けることが、ER には求められます。

　ER としての活動を長く続ければ続けるほど、様々な利害関係が発生し、中庸な存在でいることが難しくなってきます。特定の部門の利益だけを優先した相談、特定の誰かの利己的な相談……など、ER としての存在感が増せば増すほど、様々な話が舞い込んできます。

　そうした際に、「組織全体の利益になるためには／組織全体のエンゲージメントの実践に繋がるためには」といった視点を常に欠かさずに、話を聞くように心がけましょう。

# 正解がない活動に取り組む人

続いて「正解がない」というスタンスについて深堀りしていきましょう。

ハーバード・ケネディ・スクールで長年リーダーシップ論を説いてきたロナルド・ハイフェッツ氏によると、組織づくりに関わる課題は大きく二つに分類されると言われています。一つは「技術的問題」、もう一つが「適応課題」です。

「技術的問題」は、「職場が暑いからクーラーを増設する」「人が増えたから机と椅子を新たに購入する」といったように、課題に対して何をすればいいか答えが明確な課題のことを言います。

「適応課題」とは、「上司と部下の関係性がよくない」「議論をしても活発な意見が出てこない」など「これをすればいい」という明確な答えが存在しない課題のことを言います。

エンゲージメント活動において向き合う課題は、後者の適応課題であることがほとんどです。「これをすればいい」という答えが存在せず、その人、そのチームによって対応方法が変わってきます。

AチームとBチームでは、上司と部下の関係性を改善する方法は違う。Aさんが意見を言えるようにする方法と、Bさんが意見を言えるようにする方法は違う。このように、答えがない活動に取り組むという前提をERはよく理解しておく必要があります。

私たちが、外部の専門家としてエンゲージメント活動を支援していてよく聞くのが「専門知識をお持ちのみなさんなら、解決方法は教えてくれるでしょう?」といった言葉です。こうした考え方はエンゲージメント活動においては通用しません。

いくらエンゲージメントについて専門的な知識を持っていたとしても、特定の組織、特定のチーム、特定の人に対して有効なアプローチ、つまり正解を持っているわけではないからです。

だからこそ、組織の中にいて職場に近いERが、一人ひとり、一つひとつのチームと向き合い、対応方法、解決方法を見出していく必要があります。本書での解説は全て「こうすれば必ず解決する」という答えではあり

ません。みなさんが、正解のない課題と向き合い自分なりの対応方法を見つけるための「ヒント」です。この前提をぜひ、頭に入れておいていただきたいと思います。

# Column
## 社外コミュニティに参加してみよう

### 仲間はたくさんいる

ER として活動していく上で、ぜひ知ってほしいのが、エンゲージメントや組織づくりをテーマとした「社外コミュニティ」の価値です。

エンゲージメント活動は正解がなく、最適な方法を手探りで見つけていくしかありません。そうした中で、他社の活動事例は大きな参考になります。

しかし、他社の活動事例を知ったり、同じ様に推進者の立場で活動する人たちの「生の声」を聞く機会は多くはないでしょう。

そこで、エンゲージメント活動や組織づくりをテーマにした社外コミュニティに参加することで、他社事例に触れ、悩みや課題感を共有し合う機会を自ら作ることが大切になってきます。

最初は、他社事例が知りたいという動機で参加した社外コミュニティが、いつの間にか、心の支えになることもあります。エンゲージメント活動では多くのもやもやを抱くものですが、同様のもやもやを抱えている推進者と出会い、お互いに励まし合い、エネルギーを与え合うということが、社外コミュニティでは起こり得ます。

このように、社外にも多くの仲間を見つけていくことで、エンゲージメント活動に対する知見やノウハウが増え、同時にエネルギーも蓄えられていきます。

「どんな社外コミュニティがあるのか」という疑問を持つ人もいるかと思います。そこで、本項では私たちが運営するコミュニティ活動「Engagment Dance!」を通じて、社外コミュニティの価値や活動イメージを持っていただきたいと思います。

## Engagment Dance!

~活き活きを生み出すコミュニティ活動~

　私たちが支援する組織でエンゲージメント活動を推進する人たち、あるいは職場でエンゲージメント活動に力を入れて活動する人たち（モデルチームのマネージャーやアンバサダーなど）を中心にしたコミュニティ活動が「Engagment Dance!」です。

　以下のイラストは、Engagement Dance! をイメージしたキービジュアルです。お互いにエネルギーを与え合いながら、それぞれの個性を活かし、価値観にあった各々のダンスをするように、楽しく交流、活動する様子を描いています。

　（モノクロだと伝わりづらいですが、イラスト内の人物は全員描き分けられており、一人として同じ人はいません。それぞれが持つ価値観、お互いの違いを尊重する意味が込められています）

　この Engagment Dance! に参加している人たちは、エンゲージメント活動の推進者が多く、Wevox ユーザー同士としての繋がりやアカデミーEngagement Run! Academy での交流をきっかけにして、コミュニティ活動に

参加しています。

　交流会をメインに全国各地で定期的にイベントが行われており、様々な組織、様々な役職、職種の人たちが参加しています。

　以下に、これまでの活動の一部を写真と共にご紹介します。

## Engagement Dance! の活動の一コマ

スキル＆スタンス編

## 社外コミュニティのメリット

### ● 活動の引き出しが増える

　他者の活動事例に触れることで、「今度そのワークやってみよう」「そうか、説明会でそういう話をするといいのか」など、活動における引き出しが増えていきます。本書で紹介しているアクションも、様々な工夫を取り入れることで、より高い効果を生み出せるようになります。

　また、活動を続けているとどうしても同じような手法を繰り返したり、新しいアイデアが出にくくなったり、といった停滞感が生まれることがあります。そうした際に、他社の活動からヒントを得ることで、凝り固まった頭がほぐされ、新しいアイデアや企画が思いつくことがあります。

### ● 自分の組織を客観的に見れる

　社外コミュニティでは他社の話を聞くだけでなく、自組織の活動についても共有することになります。その際に、「へぇ、経営者とそれだけ近い距離で話せるのはいいね」「そんな熱心なマネージャーがいてうらやましいです」など、社外の人から得られる反応によって、自分たちの組織の特徴に気づくこともあります。

　特に多いのが、自分たちの組織では当たり前だと思っていることが、他社の人からすると「うらやましい」とすら思われるほど素晴らしい活動や状態だということに気づくことです。

　こうした気づきが、ERとしての自信に繋がりますし、自組織の強みを再認識し、活動をさらに促進させるためのカンフル剤ともなるのです。

### ● 同業他社や全くの異業種とも同じテーマで話せる

　私たちがコミュニティ活動をする中でよく口にするのが、「エンゲージメントに競合なし」という言葉です。エンゲージメントというテーマのもとでは、異業種はもちろん、同業他社であっても同じ視点で知恵を共有し合ったり、励まし合ったりできる、ということを意味しています。

　実際に、Engagement Dance! の交流イベントではライバル関係にある同業他社のメンバー同士が、活発に意見交換しあう場面も珍しくありません。

　なかなか接する機会のない、異業種や同業他社の人たちから刺激や学びを得られるのも、エンゲージメントをテーマにした社外コミュニティの価値です。

# Engagement Story
## エンゲージメントストーリー⑪

## 企業横断コミュニティ「HABEE-COME」

「あの人と話したいな」という自分の思いを
大切にして新たな一歩を踏み出そう。
その先には、自分の想像を遥かに超えた
ワクワクの未来が待っている。

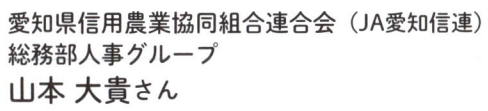

ヤマハハイテックデザイン株式会社
管理課
**坂本 竜一さん**

2001 年にエンジニアとして新卒入社。
2015 年よりグループ内案件を担当する営業を兼務し、その後は営業専任に。2019 年
からは人事として組織開発に関わり、同年 4 月よりスタートした社内のエンゲージメン
ト向上プロジェクトの推進役となる。2020 年からは人事専任となりプロジェクトを牽
引する立場になり、現在はエンゲージメント向上推進や新卒・中途採用など多岐に渡る
役割を担う。

愛知県信用農業協同組合連合会（JA愛知信連）
総務部人事グループ
**山本 大貴さん**

2013 年入会。
入会後、農業制度資金に関わる業務を 2 年、県下 JA 信用事業の企画・開発業務を 5 年経験。
2020 年に総合企画部に配属後、エンゲージメント改善活動に携わり始める。2024 年
に総務部人事グループに異動後も継続してエンゲージメント改善活動を担当し、ボトム
アップの組織づくりを目指し、社内コミュニティの活性化などに取り組み中。

萩原電気ホールディングス株式会社
人事部 人材開発グループ
**梶原 里紗さん**

2017 年 4 月に新卒で萩原電気株式会社（現：萩原電気ホールディングス株式会社）に入
社し、人事部へ所属。採用や福利厚生、労務などの業務に従事しながら、2022 年 4 月
よりエンゲージメントおよびダイバーシティ推進を担当。2023 年より、教育担当も従事。

スキル＆スタンス編

東映株式会社
人事部 人材開発室

# 飯田 友都さん

2012 年新卒入社。
映像作品のライセンス営業と著作権処理・管理部署を経て、2018 年当時新設された経営戦略部ハイテク大使館に異動。2022 年より人事部人材開発室に異動し、育成体系構築や人事評価制度の運営、エンゲージメントサーベイや D&I プロジェクトの事務局などを担当。
サーベイの配信から結果の集計、レポートの作成、社内への発信、および、経営層や従業員の巻き込みなどに携わっている。

※取材時（2024 年 9 月）の部署になります。

　それぞれ違う会社から集まりエンゲージメント活動についての情報交換や勉強会、悩みややりがいの共有などを行っている社外コミュニティが「HABEE-COME（ハビカム）」です。

　発起人は、ヤマハハイテックデザイン株式会社でエンゲージメント活動を担当する坂本さん。これまでコミュニティ運営の経験もなく、どちらかというと控えめな性格だった坂本さんが、一人、二人と声をかけていく間に仲間がどんどんと増え、十二人のメンバーが精力的に活動するコミュニティが生まれました。

　業界も業種もバラバラな会社から、組織づくり、エンゲージメントという共通のテーマで集まったメンバーはときに学び合い、ときに励まし合い、ときに刺激しあいながら、いい組織づくりを探求するための対話やワークを重ねています。そんな HABEE-COME から発起人の坂本さん含め四人のメンバーに集まってもらい、社外コミュニティが自身に与えた影響や参加する価値について語っていただきました。

# 「あの人と話したい」を繋げた先に生まれた
## コミュニティ

**ーまずは、坂本さんに HABEE-COME について伺いたいと思います。HABEE-COME が生まれた経緯から教えてください。**

**坂本：**大きなきっかけは、私が参加している Engagement Run！Academy（以下、アカデミー）での、他社のメンバーとの交流にあります。受講するクラスでは、メンバー同士で考えや意見を共有する機会がたくさんあります。そうした機会に、違う会社で同じように推進者として活動している人たちと話を重ねていくうちに、「もっとこの人と話をしたい」と思う人が何人か出てきました。

　そして、実際に声をかけて、アカデミーとは別の機会にオンラインで話す場を設けたんですね。何人かと話す機会を設けていると、今度はみんなで合宿をしようという話になり、数人のメンバーでオフラインの場で集まって、エンゲージメント合宿を開催しました。合宿に集まった人たちの間で、「これって、もうコミュニティみたいなものだよね」という話が出て、だったら名前を付けて正式にコミュニティにしようと。

　そうやって生まれたのが、HABEE-COME の前身にあたるコミュニティです。そのコミュニティで 2 年ほど活動をしていたのですが、もっと人数を増やしたいと思うようになり、前身のコミュニティは残しながら、新しいコミュニティとして立ち上げたのがこの「HABEE COME」というコミュニティです。そのため、前身となるコミュニティの六人はそのまま参加し、新たに六人のメンバーが追加されて、全員で十二人のコミュニティです。

**ー HABEE-COME という名前の意味は？**

**坂本：**アカデミーに「ハビー」というハチをモチーフにしたキャラクターがいます。ハチは蜜を求めて花や木に集まっては、また飛び立っていく。同様に私たちも、このコミュニティにいろいろな知見や

励み、刺激を求めて集まっては、またそれぞれの組織でエンゲージメント活動に取り組みます。そうした姿を、ハビーと重ね合わせ、「ハビーが集まる場」という意味を込めて、HABEE-COME としています。

ーどのような活動をしているのですか？

坂本：月に1回、オンラインで集まって話し合う場を設けています。時間は1時間と決めていて、テーマが予め決まっていることもあれば、その1ヶ月で起きたことをシェアしたりすることもあります。

それから、不定期でエンゲージメント合宿を行っています。合宿では、みんなにやってみたいことを募って、内容を決めています。例えば、それぞれの社内でやっているワークをみんなでやってみたり、アカデミーで教わった内容をおさらいする勉強会をしたり、外部の専門家と意見交換したり……といろいろなことをしています。オフラインで集まるので、オンラインでできないことをやろう、というのが前提としてありますね。

HABEE-COME の参加企業が愛知・静岡と東京の二つのエリアに集中しており、東京で開催することが多いです。

それから、もう一つの大きな活動として、それぞれの会社を直接訪問するということもしています。

—本書でも他社訪問を一つのアクションとして掲載しています。
　コミュニティの繋がりを活かして、相互に他社訪問を
　行っているのですね。

坂本：そうです。他社訪問をすることで、その会社の歴史を感じたり、組
　　　織の雰囲気を感じたりといろいろと吸収できることがあります。
　　　刺激も受けますし、自分の組織を見直すきっかけにもなる。そう
　　　して得たものは、また自分たちの活動に還元できます。他社を訪
　　　問する価値を、HABEE-COME のみんなも知っているので、相互
　　　に他社訪問しようという動きが連鎖的に生まれていますね。

　　　　他には、コミュニケーションツールで日々やり取りしているの
　　　で、何か相談ごととか、共有したいことがあれば投げかけること
　　　もできます。「こういうときどうしてます？」とか「先日、こうい
　　　うワークをしました」とか、あとは「今度こういうセミナーに行
　　　きます」などなどいろいろなコミュニケーションが生まれています。

　　　　それから、これは活動とは直接関係しないですが、先日は何人
　　　かのメンバーで奥尻に旅行に行きました。他のメンバーは企業の
　　　チーム同士で野球の練習試合を行ったみたいです。

## 自分を理解し、立て直し、一歩前に踏み出せる場

—すごい活発に動いているんですね。
　エンゲージメントというテーマをきっかけに集まり、仲間と言える関
　係性が築けているように思います。
　ここからは他のメンバーにもお聞きしたいのですが、
　社外コミュニティに参加することでの自身の気づきや変化を
　教えてほしいです。

飯田：HABEE-COME に参加して最初に感じたことを誤解を恐れずに言
　　　うと、「頭がおかしい人たちがいっぱいいる」です（笑）。
　　　（爆笑する他のメンバー）

スキル＆スタンス編

飯田：これは、もちろんいい意味で言っています。こんなに組織について本気で考えたり、社外の人と率直に意見交換する人たちがいるんだと。それが、まず大きな気づきというか、衝撃でした。

　それで、HABEE-COME のような場に参加していると、自社の枠の中にいては気づかない自分の違う一面に気づくことがたくさんあるんです。それは、自社の人とは違う視点で、他のメンバーが僕に接してくれるからだと思います。社外コミュニティだからこそ気づける、自分の一面が本当にたくさんあって。

　だから、自分にとっては自己理解に繋がる場だとも思っています。みんなでワークをして、対話を重ねていくと、なんだか自分の思いを鏡のように写してくれてるような感覚にもなるんです。HABEE-COME のメンバーとの対話を通じて、自分の思いに気づける。その感覚が心地良くもありますし、なんだかワクワクする空間だな、とも思います。

梶原：会社の枠にいては得られないものがあるという感覚はすごくわかります。私は、新卒で今の会社に入社して、ずっと人事の仕事をしています。異動もしたことがなく、ずっと同じ環境にいるので、やっぱり新しいものが取り入れられない、価値観が固まったままといった感覚がありました。それが、アカデミーに入り、他社の人と交流するようになって、新しい価値観をたくさん得ることができました。それは、私にとって大きな財産です。

　それから、エンゲージメント活動のように会社にとって直接的な収益に繋がらない新しい取り組みをしていると、「自分がやっていることは意味があるんだろうか」「自分は今どういう状態なんだろう」ということがわからなくなるときが多々あります。そういう思いを HABEE-COME のみんなにシェアすると、「それだけ取り組みしてるのすごいじゃん」って肯定してくれて。

　みんな否定することなく受け入れて、褒めたり、驚いたりしてくれるので、自己肯定感、自己効力感が高まるんです。そうやって、自分に自信を持てるようになることは、エンゲージメント活動を推進していく上でもとても大切です。自分が「できる」と思っ

ていないと、前に進められないので、そのための励み、勇気をこのコミュニティからはもらっていますね。

**山本：**すごくわかります。僕も、HABEE-COME のみんなと話していて、「自分を立て直すとはこういうことか」ということを強く感じるんです。会社とは違う居場所があり、素直に自分の話を聞いてくれて、対話を通じて自分の新しいアイデンティティが生まれる。そんなことをよく感じるんです。自分の会社だけだとやっぱりアイデンティティとか、自分の存在する意味みたいなものが固定化されてしまいます。

　極端な話ですが、会社で駄目なことがあっても、HABEE-COME があるからいいかって気持ちが楽になったりするんです。そうやって、自分を立て直すことで、また前に進むことができます。社外コミュニティに参加し、複数の場に身を置く価値かな、と思います。

　あと、変化という意味では、自分自身の行動量が増えたなと感じています。社内での活動で、これまでだと勝手に自分でブレーキを掛けていたことに対して、「やってみよう」と　歩踏み出せるようになったんです。

　これまでは、「これをやったらどう思われるかな……」という躊躇、戸惑いがありました。それが、HABEE-COME での交流を通じて自信が生まれ、「すぐにやってみよう」と行動に移せるようになりましたね。

**坂本：**私は、何よりも自分自身が楽しんで推進活動をできるようになったことが大きな変化です。心の底から、今の仕事が楽しいと思えています。少し前までは、こういう感覚ってなんかおおげさな気もしていたし、人に言うのも少し躊躇していました。それが、今ではおおげさでもなんでもなく、自然な状態で、楽しめるようになっていますし、楽しいと平気で人に言えるようになりました。

　いつでも相談できたり、気持ちをシェアできる相手がいることが心の安定にも繋がっているんだと思います。

## 社外コミュニティでの刺激や学びが
## アクションに繋がる

— HABEE-COME での活動が、自組織でのエンゲージメント活動に
　影響を与えたことはありますか？

梶原：まだ実行には移せていませんが、以前 HABEE-COME のみんなで
　　　やった画像生成 AI を使ったワークを会社でもやってみたいと思っ
　　　ています。自分の考えや思いを、画像生成 AI を使って絵で表現す
　　　る、というワークです。このワークを入社して 2 年目の若手社員
　　　にやってもらって、1 年の振り返りや、この先どうがんばってい
　　　くかを整理する機会になればいいなと思っています。

飯田：画像生成 AI のように、新しいツールを知ることは、今後の活動で
　　　のアクションの幅が広がるのでとても役に立っています。それか
　　　ら、私はとても慎重な性格で、新しい施策を考えたり、実行する
　　　ときも「これでいいかな……」と立ち止まってしまうことが多々
　　　あるんです。

　　　　そういうときに、HABEE-COME のみんなと話すと、「これじゃ
　　　駄目だ。こんなに取り組んでいる人たちがいるんだから、自分も
　　　やらないと」と一歩踏み出す勇気をもらえます。実際に、この夏
　　　にエンゲージメントに関連して行った施策なども、みなさんから
　　　勇気をもらって実行できたと感じています。

— HABEE-COME のみなさんは、背中を押してくれるような
　存在なんですね。

飯田：そうですね。押すというか、突き落としてくれる感じです（笑）。

坂本：飯田さんの表現が面白すぎます（笑）。画像生成 AI を使ったワー
　　　クは、私も大きなインスピレーションを得ました。私は、他で体
　　　験したワークをアレンジして、自組織に持ち帰るのが好きなんで
　　　すね。そこで、画像生成 AI を使って自己紹介ではなくて、他己紹
　　　介をする、というアレンジを加えて新入社員研修で実施しました。

相互理解にも繋がって、とても評判がよかったですね。

　そうやって、コミュニティで得た知見を社内で活かしていると、「社外コミュニティでの経験とか教わったことをどんどん紹介してほしい」と社員から要望をもらう機会が増えました。

　あとは、先ほども話した他社訪問が、「次は自分たちの会社に来てほしい、次は〇〇さんの会社に行きたい」と連鎖的に繋がっているのも、それぞれがこのコミュニティでの体験を自社に持ち帰ろうとしている現れだと思います。

山本：僕は社内コミュニティの活動においていろいろなインスピレーションをもらっています。みなさんの話を聞いていると、ボトムアップ的に活動を推進している事例が多くて。そういった活動の仕方を、うまく自組織に馴染むような形で試行錯誤してきました。実際、ボトムアップ的な動きが自組織でも生まれてきていて、HABEE-COME で得た刺激や知識をうまく活かせていると思っています。

　それから、HABEE-COME での経験を社内に積極的に共有しているのですが、それが周囲の人にもいい影響を与えています。「自分ももっと積極的にならないといけない」「自分ももっと発信していかないと」と、周囲の人の積極性が増してきたんです。

## 仲間がいるからがんばれる

ーみなさんの組織づくりに臨む姿勢が、
　周囲にもいい影響を与えているようですね。
　最後に、この本の読者に向けて社外コミュニティの価値を
　伝えていただきたいです。

坂本：僕は HABEE-COME の発起人ではありますが、もともとはコミュニティを作ろうという考えは全く持っていませんでした。ただ直感的に、「あの人ともっと話してみたいな」という想いをもとに、声を掛けていった延長線上で、コミュニティができたんです。

　だから、もし社外コミュニティに興味があり行動を迷われている人は、いきなりコミュニティを作ろうとか、何かのコミュニティ

に入らないと、と構える必要はないかな、と思います。「あの人と話したいな」という想いをもとに、動き出してみれば、何かしら繋がりが生まれていくはず。ぜひ、そういった自分の想いを大切にしながら新たな一歩を踏み出してほしいですね。

山本：しがらみのなさが、社外コミュニティの良さだと思います。社内だと上司、部下とかいろいろな利害関係とかがどうしても生まれてしまいます。一歩外に出れば、そういったしがらみとは関係のないところで、対話ができたり、新しい視点をもらえたりします。

　　　そういう経験が自分のエネルギーにもなりますし、気持ちがめげることなく、意欲を持ち続けた状態で活動を続けられるようになると思いますね。

梶原：エンゲージメントという言葉は、最近でこそいろいろなところで聞くようになりました。ただ、自社でエンゲージメント活動を始めた頃はまだまだ新しい考え方で、抵抗感を持つ人も多かったのが事実です。「なんでそんなことやるの？」と、ネガティブな言葉を投げかけられたこともありました。

　　　エンゲージメント活動のように、新しいことをしようとすると、どうしても孤独感を抱いたり、辛い思いをすることもあります。そんなときに、エンゲージメント活動をしている人が他にもいるんだ、仲間がいるんだと知ることができたのは、自分にとってすごく大きな経験でした。

　　　私がコミュニティに入ろうとしたときに、どうしても先にいる人たちのことを「すごい人たち」と思って見てしまい、構えていたところがありました。ただ、それぞれの会社にそれぞれのやり方があるということがわかってきましたし、自分の経験を素直に話すと肯定してくれて、自信に繋がっていきました。

　　　今では、仲間がいるからがんばれると思っています。それぐらい、社外のコミュニティは私にとって財産になっています。ぜひ、社外の人との繋がりを作ってみてほしいですね。

飯田：HABEE-COME のように、自分の弱みを見せられるところって、意外にないなと思います。ちょっとした辛さ、困っていることを社

内だと話しづらかったりするし、友人だと立場が違うので浅い話で終わりがちです。それが、社外かつ同じような立場の人たちの集まりだと、辛さや困りごとを、重く受け止めすぎずに受け止めてくれるような感覚があるんです。そういう対話を通じて、「明日もがんばろう」という気持ちになれる。

　会社でエンゲージメントのことを話していると、「またカタカナ言葉使って」と変な人だと思われがちです。それでも大丈夫なんだ、って肩の荷を降ろせる場に、社外コミュニティがなっているなと思います。これからも、お互いに焚きつけ合うと言いますか、お互いの火を渡し合うようなリレーを生み続けていきたいなと思います。

　きっとそういう場は HABEE-COME 以外にもあるはずなので、ぜひみなさんにも見つけて、参加してもらいたいですね。

# おわりに

## 一緒に組織づくりを楽しもう

　人は、なぜ組織するのか。

　それは、人が一人でできることに限りがあり、一人ではできないことに挑戦するため。そして、一人では到底生み出せないものを、創造するため。

　そう、私たちなりに考えています。

　一人ではできないことがあるから、人が集まり、組織になる。人が集まり、何か一つのことに挑戦するプロセスを通じて、一人ひとりの感情が豊かになり、人生が色濃いものになっていく。

　ワクワク感でいっぱいだった文化祭の前日、部活の大会前に全員で一丸となって練習していた日々、自分たちで遊びを発明してはしゃいでいたあのとき……。こうした、「組織のよさ」の原体験は誰しもが多かれ少なかれ持っているはずです。

　しかし、長い歴史の中で、今、組織には機能的な側面ばかりが求められるようになっています。効率性や生産性を高めるために、組織する。

　こうした機能的な側面ばかりを求める組織づくりにおいて、一人ひとりの感情の豊かさは大事にされづらくなってしまいました。

　本来、人が集まり、組織することで生まれる彩りが、色褪せてしまった。

　しかし、私たちはこうしたピンチとも言える状態を、チャンスだと捉えています。

　組織の機能性だけを追い求めることでのデメリットに、課題意識を持つ企業や人が増えてきている。これは、改めて、組織というものを考え直す絶好の機会です。

　誰もがかつて感じていた組織のよさに真っ向から向き合おう。それが、

私たちがずっと抱き続けている思いです。

「こんな青臭いこと想っていいのかな」「でも、やっぱり、みんなでワクワクすることをしたい」……そんな想いを行動に移していく存在＝Engagement Runner を増やしたいと思い、この本を作りました。

青臭いことを考えている Engagement Runner は、組織の中では少数派になりがちです。それでも、あなたの身近にきっと仲間がいるはずです。

外に視点を向ければ、あなたと同じような青臭い人たちがたくさんいます。我々も、いつでもみなさんの仲間です。

社内や社外の Runner が集まり、Runners になっていく。そのプロセスが、あなたの感情を豊かにし、人生を色濃くしていけるように。

これからも、一緒に組織づくりを楽しんでいきましょう！

# 謝 辞

## 関わっていただいた全ての皆様への感謝

**Wevox チーム 書籍PJ 平木 美紀**

この度は、本書を手に取っていただいた皆さまに心から感謝申し上げます。本書は「エンゲージメント活動の実践」をテーマに、これまで培ってきた多くの知恵と経験を集約し、一冊にまとめたものです。執筆を進める中で、多くの方々の支えと協力があったからこそ、ここまで形にすることができました。関わっていただいた全ての皆様に改めて心より感謝申し上げます。

今回、我々としては書籍の過程においても色々な試みに挑戦させていただきました。一例ですが、一人の著者が書籍を書き上げるのではなく、チームの知見をまとめるという書籍の作り方を実施しました。

別の観点では、この書籍づくりさえもチームづくり、そしてエンゲージメント活動の一環と捉えながら、どうやったらチームの力を掛け算にして、読者の皆様に良いものを届けられるのか？ということを真剣に考え続けた日々でした。色々なチームのメンバーと対話し、原稿作成当初は原稿を作っては壊しを繰り返していたことを思い出します。

そのような試みではありましたが、思いに賛同をいただいて、今回日本能率協会マネジメントセンターの皆様とご一緒させていただく機会に恵まれました。本書の出版にあたり、企画のご提案に対してご快諾いただいた黒川 剛氏に改めて感謝申し上げます。時には、Wevox のコミュニティのイベントにもご参加をいただき、組織の皆さんがどう組織づくりに向き合っているのか？にも触れていただいたことは印象的な出来事でした。

また、黒川氏には本書の制作プロセスにおいて、本来であれば著者側が関わることがない、ブックカバーのデザインプロセスにも「私たち」が参画する機会をつくってくださったり、ブックデザイナーの岩泉 卓屋氏と直接対話させ

ていただくといったチャレンジをご一緒させていただくことができました。

またブックデザイナーの岩泉氏には、ブックデザインの世界に私たちを迎え入れていただき、私たちの思いを取り入れるためにご尽力いただきました。

そして、特に今回私からお礼お伝えしたいのが、書籍のために事例を共有いただいた 20 社以上の Wevox 利用企業様です。今回各社様のリアルな事例の数々は、書籍作りの大事なパートとなりました。具体的、かつ、貴重な実践の数々を惜しみなく、共有いただいたことに、心より感謝申し上げます。お声がけをさせていただいた際には即座に快くお受けいただき、迅速に色々なご協力をいただきました。

書籍に掲載いただくことを心より喜んでいただける方も多く、Wevox が恵まれたサービスであることを実感した日々でした。今回事例をお伺いした皆様におかれましては、本書でご紹介しました Engagement Runner としてご活躍いただいている方ばかりで、Engagement Runner の皆様の思いや実践が読者の皆様に届けばと感じております。また、ご協力いただいた全ての企業様にとっては、今回の事例のご紹介が色々なことにプラスに働くことを心より願っております。

本書が単なる知識の提供にとどまらず、エンゲージメント活動の実践や組織変革のきっかけとなることを祈っていますし、これからもそのような思いを持っている Engagement Runner の皆様をチーム一同、応援し続けていきたいと思います。皆さまの日々の実践や組織づくりに少しでも役立つことを心から願っています。

## ウィー・アーザ・チーム！な人たちへ

フイター 長瀬 光弘

この度は、6 年以上に渡って共に夢を追い続ける Wevox チーム、田中 信さんの共著本に携わることができ、大変光栄に思います。

本書の構成や執筆を本格的に開始する前に、多くの Wevox メンバーにイン

タビューをする機会がありました。

　そのインタビューで主に聞いたのは、「なぜ、Wevox が存在するのか」「なぜ、このチームで働いているのか」「どういう未来を描くのか？」といった「なぜ/Why」の根幹にあたる部分です。

　ともすれば答えることを躊躇してしまう、本質的で、ある種の"重たさ"を伴う問いに、全てのメンバーが堂々と、そして凛々と目を輝かせながら答えてくれました。

　平井 雅史さん、平木 美紀さん、森山 雄貴さん、遠矢 遼さん、川村 静哉さん、川本 周さん、木下 佑一さん、新家 康之さん、竹田 哲也さん、魚住 鵬さん、田上 将吾さん、岩澤 英登さん、中野 貴子さん、堀井 淳平さん、奥田 恵美さん、近藤 美波さん、成沢 彩音さん。

　みなさんが話してくれたことは、本書の構成を考えるうえでとても大きなヒントとなりました。同時に、インタビューを通じて、みなさんの活き活きとしたエネルギーに触れたことは、多大な労力がかかる書籍の執筆を進めるうえで、大きな糧となりました。ありがとうございました。

　そして、共著者として Wevox が目指すビジョンの達成に情熱を注ぎ、膨大な知識、知見を提供していただいた田中 信さん。カバーデザイン案に協力してくれた小野寺 祥平さん、角森 裕子さん、成沢 彩音さん。マーケティング施策に注力してくれた河合 志帆さん、藤澤 久美子さん。チームの定例振り返り会で何度も応援をしてくれた新家 康之さん、新家 美穂さん、鳥崎 乃理子さん、古市 亮太さん、三浦 一平さん、玉置 るみさんもありがとうございました。

　代表して一部のメンバーのみ名前を挙げさせていただきましたが、Wevox チーム全員の誠実で、懸命で、勇敢な姿からは、多くの力を得られました。

　振り返れば、ウィー・アーザ・チーム！なみなさんと、組織やチームについて、社会について、未来について、（他愛もない出来事について）、話した一瞬一瞬が、私にとってのエンゲージメントの実践でした。

　本書をきっかけに、Wevox チームの活き活きとしたエネルギーが多くの人に届き、たくさんのエンゲージメントの実践が生まれることを願っています。

# 「わたしたちのチーム」に名前が
# 掲載されていないメンバーへの感謝

田中 信

　本書の制作過程では様々な活動（社内での対話会や粗原稿のレビューとコメント、書籍タイトルやブックカバー・デザインなどのコンペ参加、Wevox ユーザー様への同行や壁打ち議論、交流会、アトラエバー他での熱い議論など）を進めてきました。その過程で多くの Wevox チームの仲間が関わってくださいました。本書を一緒につくってきた「We」の仲間たちのお名前を以下に掲載させていただき、この場をお借りして感謝申し上げます。

　水野 智大氏、田中 希実氏ほか、アトラエバーで対話したメンバーの皆さま。上記メンバーの中には、私の力不足で十分に参画する機会をつくりきれなかった方がおり、それらの皆さまにお詫び申し上げます。

　本書を世に出すことをご提案した際に快諾いただき、また Wevox ユーザーだけでなく、広く「組織をよくしていくために日々チャレンジをしている仲間たちを永く応援できるものをつくりましょう」と本書を作る上で大切なコンセプトを生み出し、本書の制作過程での様々な障害となる場面においても、よいものを作ることを第一義に判断をいただき、要所では迅速に動いてくださる、まさにサーバントリーダーシップを絵に描いたようなリードをしてくださった森山 雄貴氏に心より感謝申し上げます。

　本書の制作において欠かすことができない長瀬 光弘氏、平木 美紀氏、竹田 哲也氏に感謝申し上げます。長瀬氏には、この書籍制作プロジェクトの始まる前から Wevox のメディア「DIO」の記事制作からお世話になっておりましたが、2024 年は 1 年の多くの時間を本書を制作するための、50 回以上に及ぶ打合せ、膨大な原稿作成、そして書籍全体の内容や構成の見直し（大改造）にご自身で大切な時間を費やしていただきました。

　それも前向きにかつ軽やかに対応いただき何度も訪れた厳しい状況の中でも出版までこぎつけることが出来ました。原稿作成の過程を長瀬氏の間近で見てきた立場の一人として、今回仕上がった本書の制作プロセスにおいて、あと 2 冊は世に出せるほどの粗原稿を文章化して下さっています。今回発表出来な

かった原稿内容についても今後、何らかの形で世に出せるようにチャレンジしたいと思います。

　平木氏も、私が Wevox に関わり始めた当初からいろんな連携をしてきた仲間であり、本書プロジェクトでは、原稿レビューはもとより、プロジェクトを進めるにあたり、全体の進行管理や Wevox ユーザー様や社内の各所との調整、私と Wevox チームメンバーとの日程調整、出版社である JMAM 様の窓口など大変重要な一方で他者からはその活動が認識されにくい役割を一手に引き受けてリードしてくださいました。まさに本書の影のリーダーです。

　竹田氏には、本書のタイトルや表紙デザイン、本書内の図表やイラストなど本書に関わるデザインへご尽力をいただきました。これまでの出版ではあまり例がないと伺いましたが、Wevox チーム内のデザイナーを中心とした表紙デザインの社内コンペや、本書のタイトルを生み出す過程においてリーダーシップをとっていただきました。

　実は表紙デザインについては Wevox チームのコンペを通過したものとは異なるバージョンとなっておりますが、竹田氏が率いる「We」なチームが、別の機会に皆さまにご覧いただく機会を用意してくださることを期待しています。

　本書を世にお披露目するにあたり、私と Wevox とのご縁を繋いでいただいた田丸 浩昭氏、新家 康之氏のお二人に感謝申し上げます。30 年以上にわたり私と一緒に企業向けの様々な支援プログラムを協創（コラボレーション）してきた同志である山田 豊氏に感謝申し上げます。本書に散りばめられた知見は山田氏の存在なくしては生まれませんでした。

　また本書を制作するにあたり、基盤となる経験をする機会を作っていただいた太田 大作氏に感謝申し上げます。またその機会を共に戦い、形にするための議論の相手をして下さったり、世に問う機会を作り出してくださった前出の山田 豊氏、故中村 素子氏、関野 正昭氏、吉田 美加氏、安田 久美子氏、鈴木 清隆氏、山崎 賢司氏、長沼 明子氏、近田 高志氏に感謝を申し上げます。

　本書を通じて、Wevox の利用有無に関わらず、ワクワクと輝きに満ち溢れた組織づくりを目指す仲間のつながりが日本をはじめ世界に広がるきっかけとなることをドリーミングしています。

　本書プロジェクトに関わって下さる関係者全員と、本書を手にとってくださる皆さまの、今後のご活躍とご多幸を心よりお祈りしています。

# わたしたちのチーム

## ナレッジ提供

平井 雅史 / 平木 美紀 / 森山 雄貴 / 谷口 孟史

川本 周 / 清水 謙 / 新家 康之 / 竹田 哲也

魚住 鵬 / 岩澤 英登 / 山崎 俊紀 / 川上 佑貴

新家 美穂 / 鳥崎 乃理子 / 本多 瞳 / 針生 康二

副島 万葉 / 古市 亮太 / 長谷川 夏樹 / 堀井 淳平

近藤 美波 / 吉原 麻衣 / 大符 和音 / 竹内 有沙

瀧田 翔吾 / 須賀 友子 / 笹島 さやか

田中 信

## ブックライティング

長瀬 光弘 / 小澤 未花

## イラストレーション

小野寺 祥平

## ブックデザイン

岩泉 卓屋

## デザイン監修

木下 佑一 / 竹田 哲也

## 進行・調整

平木 美紀

## 企 画

森山 雄貴 / 田中 信 / 平木 美紀 / 川本 周 / 長瀬 光弘

## 【著者】

## 株式会社アトラエ Wevox チーム

株式会社アトラエにおいてエンゲージメントサーベイを軸に、一人ひとりが活き活きと働く組織づくりを目指すプラットフォーム「Wevox」の運営、開発を行うチームメンバー。エンゲージメント分野のパイオニア的存在として、3,530 以上（2024 年 11 月現在）の法人がWevox を導入している。

導入企業のエンゲージメント活動、組織づくりの支援を行う中で培われた独自のメソッドを生かしたアカデミー「Engagement Run! Academy」も運営。

## 田中 信（たなか まこと）

一般社団法人 チームスキル研究所 コ・ファウンダー 理事 研究所長

1986 年～ 1989 年 東京大学生産技術研究所にて極高真空容器材料の表面物性に関する研究に関わる。1987 年芝浦工業大学 工学部卒。

1989 年 芝浦工業大学大学院 工学修士課程修了後、日本能率協会コンサルティングにてコンサルタントとして企業・組織の改革・改善活動の支援に関わる。対象は研究開発、商品開発、新規事業開発など企業内での「新しい動き」を作る活動を中心とする。その後、コンサルティング事業の開発担当として、エグゼクティブ開発、ヒト系ソリューション、GPTW® コンサルタント（兼務）などを担当。

コンサルティング業務と並び、人と組織の力を最大限に引き出す支援として、産業カウンセリング、キャリアカウンセリング、コーチング、ファシリテーション、リーダーシップ、フィードバック、社内コンサルタント育成、チーム開発、瞑想などの調査・研究及びクライアントの先進ニーズに合わせたプログラムの開発＆実施により新分野を開拓してきた。

2009 年独立。エグゼクティブ・コーチング、チーム力開発、企業内研修内製化、インターナルコンサルタント® 養成、組織開発、エンゲージメント向上などを中心にクライアントとのコラボレーションを実現している。

2012 年一般社団法人チームスキル研究所設立、2018 年より株式会社アトラエ Wevox 組織・人材アドバイザー、2021 年より一般社団法人経営支援機構 技術顧問、2024 年より株式会社日本能率協会コンサルティング パートナーコンサルタントなどを兼任。現在に至る。

主な著書に『エグゼクティブ・コーチング』日本能率協会マネジメントセンター（監訳）、『価値創造人材開発戦略立案マニュアル』日本能率協会総合研究所、『人を伸ばす「聴く力」』や『コラボレーション入門』日本能率協会マネジメントセンター（共著）等がある。

## わたしたちのエンゲージメント実践書

2025 年 3 月 10 日　初版第 1 刷発行

著　者 —— 株式会社アトラエ Wevox チーム／田中 信
　　　　　© 2025 Atrae, Inc. ／ ©2025 Tanaka Makoto

発行者 —— 張 士洛

発行所 —— 日本能率協会マネジメントセンター

〒 103-6009　東京都中央区日本橋 2-7-1　東京日本橋タワー
TEL 03（6362）4339（編集）／ 03（6362）4558（販売）
FAX 03（3272）8127（編集・販売）
https://www.jmam.co.jp/

装丁・本文デザイン —— Izumiya（岩泉 卓屋）
印刷所 —— シナノ書籍印刷株式会社
製本所 —— ナショナル製本協同組合

ISBN978-4-8005-9306-1　C 2034
落丁・乱丁はおとりかえします。
PRINTED IN JAPAN